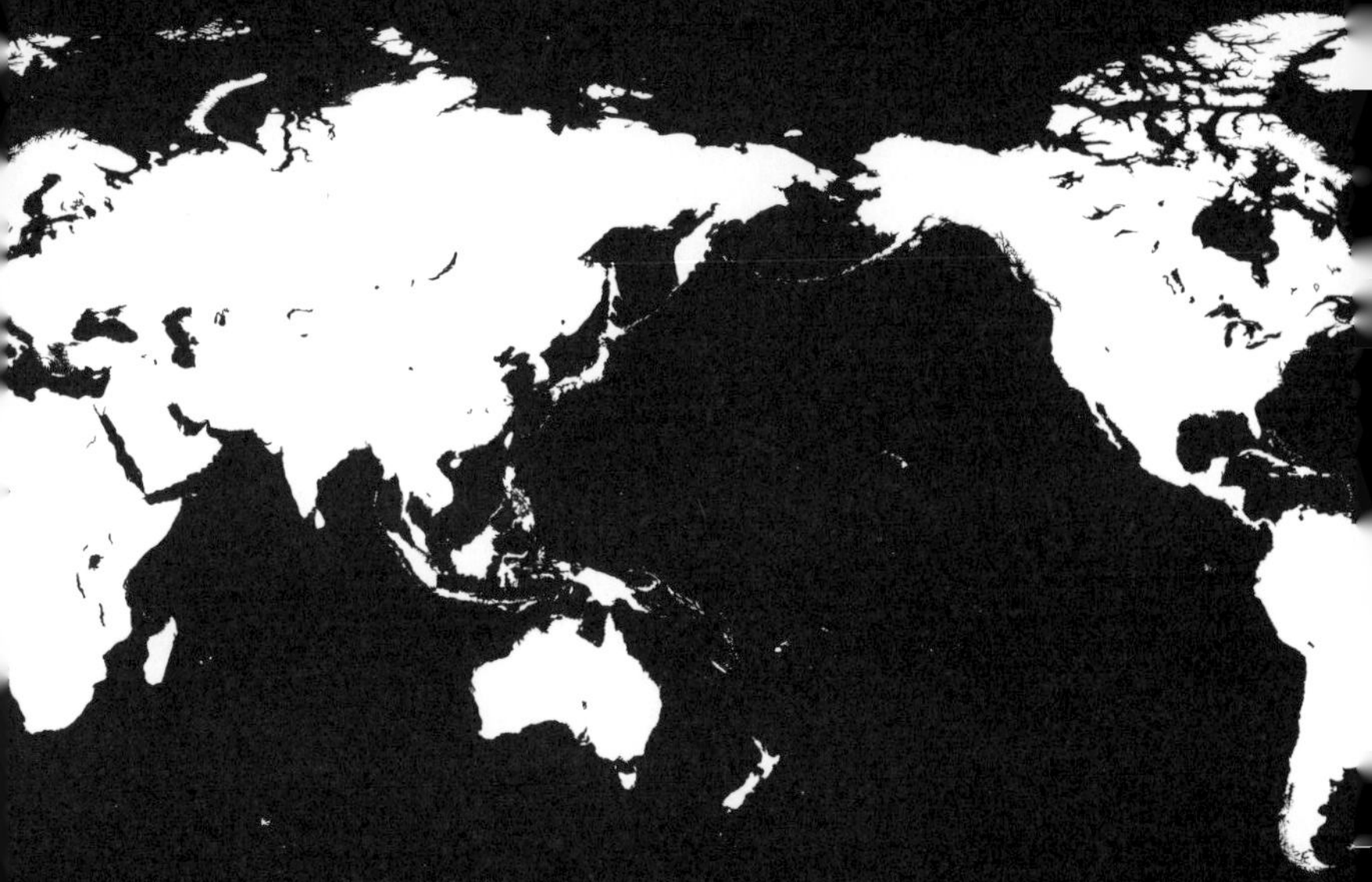

UNDERSTANDING ECONOMICS:
A STATISTICAL APPROACH

経済は統計から学べ!

代々木ゼミナール 地理講師
宮路秀作

ダイヤモンド社

はじめに

統計がわかれば、真実が見える

私たちが見聞きする統計は、その時代の情勢や動向を色濃く反映します。

統計は「経済活動の結果」です。

統計の背景を知れば、経済の「なぜ？」を深く理解することができます。

統計は、１つ１つは無味乾燥なデータに見えますが、組み合わせることで「物語」が生まれます。この物語のことを地理学では**「景観《けいかん》」**といいます。

景観を英訳するとlandscape。これを分解するとland（土地）、scape（風景）です。

データを解きほぐし、「なぜ？」を突き詰め、世界のあり方を理解する。

統計を知識として丸暗記するのではなく、背後にある「景観」に迫る。

これが本書の狙いです。

では「景観」とは何か？

まず、次の「５つの質問」に答えてください。

自信をもって答えられますか？

質問① 日本の貿易額は世界第何位？（２０１９年）

A ２位

B ３位

C ４位

質問② 世界で最も原油産出量が多い国は？（２０１９年）

A ロシア

B アメリカ合衆国

C サウジアラビア

質問③ 世界で最も多く自動車を生産している国は？（2020年）

A 中国

B 日本

C アメリカ合衆国

質問④ 世界で最も多く米を輸出している国は？（2019年）

A タイ

B インド

C 日本

質問⑤ 世界で〝高齢社会〟に突入している国の数は？（2019年）

A 16か国

B 36か国

C 56か国

すべてわかりましたか？　正解は質問①から順にC（4位）、B（アメリカ合衆国）、

A（中国）、B（インド）、C（56か国）です。それぞれの「景観」を簡単に紹介します。

【質問①の答え】

日本の貿易額は、中国、アメリカ合衆国、ドイツに次いで、世界第4位です。**「アメリカ合衆国に次いで世界第2位！」は今や昔。**日本の貿易額も微増傾向にありますが、それ以上に増加した中国やドイツに抜かれて第4位に転落しています。さらに第5位のオランダとは僅差となっています（詳しくは126ページ）。

【質問②の答え】

原油産出量は長らくロシアとサウジアラビアの2トップ状態でしたが、「シェール革命」によりアメリカ合衆国が世界一になりました。**アメリカ合衆国は原油輸入国から輸出国に**なり、また「脱石炭」へと舵を切るようになりました（詳しくは88ページ）。

【質問③の答え】

自動車生産台数は、粗鋼生産量の伸び、経済成長による自動車購買層の拡大にともない、中国がダントツ1位です。**中国が世界最大となったのは2009年。**すでに12年も前のことなのです。いまや中国は自動車輸出国でもあるのです（詳しくは１８８ページ）。

【質問④の答え】

米の輸出量は長らくタイがトップでした。**インドは「緑の革命」によって生産量を増やして自給を達成すると、１９９０年頃より輸出国へと転じます。**その後も生産量を伸ばし、現在はインドが世界最大の米輸出国となっています（詳しくは２３１ページ）。

【質問⑤の答え】

世界の高齢化は急速に進み、**「高齢社会」（65歳以上の人口の割合が14％を超えている）国の数は、実に56か国**です。中でも日本の65歳以上の人口の割合は世界最大（28％）で、世界が日本の高齢化対策を注目しています（詳しくは42ページ）。

統計を知ることで、「経済の真実」に近づく

本書の目的は、「人口」「資源」「貿易」「工業」「農林水産業」「環境」という6つの切り口から知られざる統計データを示し、経済の真実に迫ることです。現在注目されてい

るSDGsの問題にも切り込みます。

さて、みなさんは学生時代、「歴史」や「地理」の授業で、多くの統計を丸暗記してきたはずです。私が小学生のころは「世界一の米輸出国はタイ」と習いました。しかし前述の通り、インドがタイを抜きました。**世界各国の人口や資源の産出量、工業製品の生産量、穀物の輸出入量など、さまざまな統計は日々変化**しています。「景観」をつかむには、正しい最新知識が必要なのです。本書を通して、ぜひ知識をアップデートしてください。

経済を正しく理解するには、何より「土台としての統計」が大切です。統計のドラマティックな変化を見ていくと、経済は一気に面白くなります。

現代世界は、自分の生活や社会、国を幸せにするために鼻息の荒い人たちが日夜努力をする社会の集合体です。そしてその結果こそが、統計データであるといえます。統計データを丸暗記するのではなく、そんな**鼻息の荒い人たちの熱い息吹を感じてほしい。**だからこそ、本書では**統計データの背後に見え隠れする、彼らの経済活動を詳細に追いかけました。**

本書を読み終えるころには、これまで頭の中でバラバラになっていた知識が結合し、「1枚の絵」として完成しているはずです。そのとき、みなさんは「経済の真実」に近づいているでしょう。楽しみにしておいてください。

経済は統計から学べ！ 目次

UNDERSTANDING ECONOMICS : A STATISTICAL APPROACH

第4章
工業とデータ――「世界の工場」の行く末

第6章 環境とデータ――神が与えた「地の利」

序　章

経済を読み解く「6つの視点」

UNDERSTANDING ECONOMICS : A STATISTICAL APPROACH | PREFACE

本章に登場する主なキーワード

人口、少子高齢化、出生率、潜在扶養指数、社会保障制度の維持、資源、中東諸国、東南アジア、オイルショック、輸出余力、貿易、産業の空洞化、国際分業体制、工業、第四次産業革命、IoT、ビックデータ、AI、農業、食料供給量、スマート農業、環境、持続可能、SDGs、ESG課題、パリ協定

POINT OF VIEW 1

人口

少子高齢化で世界はどうなる?

NO. 01

UNDERSTANDING ECONOMICS: A STATISTICAL APPROACH

「人口」視点で経済を考える

人口が多ければ労働者が多く、生産量も多い。そして消費者が多く、市場も大きい。経済の先読みに「人口」という視点は欠かせません。

第二次世界大戦後、世界人口は「人口爆発」と呼ばれるほどの急増を示し、これは特に発展途上国を中心とした人口増加でした。**1950年におよそ25億人だった世界人口は、2000年にはおよそ60億人にまで増加し、50年間で2・4倍**になりました。このペースを維持すると、2050年には144億人にまで増加することになります。

しかし2019年、国際連合は「2050年の世界人口はおよそ97億人に達し、2100年頃の110億人で頭打ちとなる」と予測しました。発展途上国が中進国（中所得国）へと移行し、「家族計画」という考え方の普及により、出生率が低下傾向にあるためです。

また先進国では、少子化と平均寿命の延びによって高齢化が進み、死亡率が増加しています。いずれ世界は人口減少社会へと突入すると考えられています。

２０５０年までの世界人口の増加は、インドやナイジェリア、パキスタン、コンゴ民主共和国、エチオピア、タンザニア、インドネシア、エジプトといった発展途上国8か国と、移民が多く、その移民を中心に多産傾向にあることなどから人口増加が続くと考えられるアメリカ合衆国とで過半を占めると考えられています。また**２０２７年頃には、インドが中国を抜いて世界最大の人口大国になると予測**されています。

人口減少社会へと突入したことを背景に、日本は潜在扶養指数が１・８と、世界で最も低くなっています。

潜在扶養指数とは、生産年齢人口（15歳以上65歳未満の人口）を従属《じゅうぞく》人口（15歳未満の人口と65歳以上の人口の合計）で割った値です。値が小さいほど従属人口を支える人数が少ないことを意味します。

２０５０年までに潜在扶養指数は世界48か国が2を下回ると考えられ、**多くの国で高齢者向けの公的医療、社会保障制度の維持という大きな課題に直面**することとなります。

こうした「変化」が労働市場や経済状況に与える影響を考えつつ、次世代の新しい価値を創っていく必要があるのです。

POINT OF VIEW 2

資源

経済とは「土地と資源の奪い合い」

NO. 02

UNDERSTANDING ECONOMICS : A STATISTICAL APPROACH

「資源」視点で経済を考える

世界に存在する土地と資源には限りがあります。人口増加や経済発展にしたがって増えることはありません。だからこそ争奪戦が繰り広げられるのです。

日本は資源小国であり、自給できると考えられるのは硫黄と石灰くらいです。これだけで工業製品を作るのは不可能です。そのため鉄鉱石や石炭、石油、天然ガスなどの原燃料をほぼ輸入でまかなっています。鉄鉱石はオーストラリアやブラジル。石炭はオーストラリアやインドネシア、カナダ。石油はサウジアラビアやアラブ首長国連邦、クウェート、カタールといった中東の産油国。天然ガスはオーストラリアやマレーシアなどからそれぞれ輸入しています。これらの国々と良好な関係を保つのは必須といえます。

加えて、**中東諸国と日本を結ぶルート上には東南アジアが位置しているため、日本は東**

南アジア諸国とも良好な関係を築く必要があります。

もっとも、資源輸出国は輸出余力が大きいから輸出が可能なのであって、今後の経済発展によって国内需要が高まり、輸出余力が小さくなる可能性も考えられます。

また中国やインドといった人口大国の経済発展により、両国の原燃料需要が高まると、世界市場での資源争奪戦が激しくなり、原燃料の調達が容易ではなくなります。**中東情勢とは関係のないところで「オイルショック」が起きることも十分に考えられる**のです。

日本は森林面積の割合が68・5%と高く、森林資源が豊富に存在しますが、日本列島のおよそ7割が山地や丘陵《きゅうりょう》地であるため、森林を伐採し、それを運搬するのが物理的に困難です。そのためカナダやアメリカ合衆国、ロシアなどから多くの森林資源を輸入しています。

また年降水量がおよそ1800㎜と多く、水資源に恵まれますが、山地や丘陵地が多いため、雨水が短時間で海に流れ出てしまいます。そのため適宜ダムを造ることで水資源を確保し、河川の流量を調節することで大雨に対応しています。

資源は、国のおかれた自然環境によっても利用可能な量が変化します。「地の利」を活かせる国があれば、恵まれない国もあります。**限りある資源の調達には、こうした「背景」を熟知することが欠かせません。**これは現在だけの話ではなく、過去においても、そして未来においても変わりません。

POINT OF VIEW 3

貿易

生き残るには「強み」を磨くしかない

NO. 03

UNDERSTANDING ECONOMICS: A STATISTICAL APPROACH

「貿易」視点で経済を考える

国内需要に国内生産が追いつかないときは輸入し、国内生産が国内消費を上回るときは輸出することができます。国家間の貿易をみると、その国の経済状況がみてとれます。**日本は資源小国**であるため、原燃料の需要を国内産出量で満たすことができません。そのため諸外国から輸入します。この時点でコスト高となってしまうため、**技術力を高め、付加価値の高い工業製品を作る努力**をしてきました。

しかし、輸出を過度に進めていくと貿易摩擦が発生します。1980年代の日本とアメリカ合衆国との自動車貿易摩擦が好例です。そのため自動車企業は、輸出市場との貿易摩擦を回避するために、海外への工場進出を進めます。結果、日本では製造品出荷額や就業機会が減少して、「産業の空洞化」が起こりました。

近年は、**国際分業体制が進展**しています。国際分業体制とは、世界各国がそれぞれ得意とする分野の製品を生産し、それを輸出し合う体制のことです。自国で生産するよりもコストを削減できます。その中で日本は「最終消費需要向け輸出」よりも「中間需要向け輸出」のほうが大きくなっています。つまり、**最終財（完成品）の組み立てよりも、他国での製造工程に中間財（部品や機械類）を供給する役割にシフトしている**といえます。

こうして日本は「原材料を輸入して工業製品に加工して輸出する」という加工貿易の性格が弱まり、現在では中間財である部品を輸出し、他国で生産された完成品を輸入するようになっています。

しかし、日本から輸出された部品が完成品となって、それらのすべてが日本へ輸出されるわけではありません。第三国へと輸出されるケースもあるため、**日本の輸出は実質的に第三国の国内需要によって増減**することとなります。

経済のグローバル化の進展によってヒト・モノ・カネ・サービスが国境を越え、また情報技術の進展によって情報伝達の時間距離はゼロになりました。世界の多くの人々が同じようなベクトルを向くようになり、世界的な均質化は当面の間は進むでしょう。そのため国内生産できないものは輸入してまかなうようになり、国際分業体制はより深化すると考えられます。

POINT OF VIEW 4

工業

「産業革命」から読み解くこれからの世界

NO. 04

UNDERSTANDING ECONOMICS: A STATISTICAL APPROACH

「工業」視点で経済を考える

世界における工業発展は、18世紀後半にイギリスから始まった**第一次産業革命**を契機とします。ジェームズ・ワット（イギリス）によって改良された蒸気機関が利用されるようになり、昼夜を問わず工業製品を生産するようになりました。需要を超えた生産が行われると、余った工業製品を売るための市場の獲得が急務となり、世界各地で植民地争奪戦が始まりました。また、蒸気機関を搭載した蒸気船や蒸気機関車の登場により、遠隔地への大量輸送が可能になり、本格的な貿易が始まりました。

第二次産業革命は19世紀後半から始まりました。それまでの石炭から、石油や電気を新たなエネルギー源とする重工業中心の経済発展がみられました。アメリカ合衆国の発明家トーマス・エジソンが電球を発明したのもこの頃（１８７９年）です。大量生産、大量輸送、大量消費の時代の幕開けでした。特にフォード・モーターが生産したフォード・モデルＴは第二次産業革命を象徴する工業製品だったといえます。

第三次産業革命は20世紀後半のことでした。電子技術やロボット技術が活用されるようになると、あらゆる産業で自動化が促進されました。「ＩＴ革命」と呼ばれる、情報技術による社会生活の変革がみられました。労働生産性が上がり、先進国の高い技術力と発展途上国の賃金水準の低さが組み合わさり、利益の最大化を図れる場所での製造が始まります。中国の経済成長が本格化した時代でもあり、発展途上国の工業発展を促しました。

第四次産業革命は２０１０年頃より進んだ技術革新のことです。ＩｏＴ（Internet of Things）は「モノのインターネット」と呼ばれ、家電製品や自動車などの「モノ」が直接インターネットに接続されるようになりました。ビッグデータと呼ばれる大量のデータは、人工知能（ＡＩ）によって分析され、最適化された生産やサービスが可能となりました。

先進国では第四次産業革命が起こり、次世代の技術開発が進んでいます。

一方、**新興国では、豊富な人口、低賃金労働力の存在、原燃料資源などを好材料に、先進国の企業を誘致し、製造拠点や供給元になろうとする動きが活発化**しています。いまや「世界の工場」となった中国だけでなく、工業立地の最適化は日々変化しており、世界はめまぐるしく変化し続けています。

POINT OF VIEW
5
農林水産業

先進工業国は先進農業国でもある

NO.
05
UNDERSTANDING ECONOMICS: A STATISTICAL APPROACH

「農林水産業」視点で経済を考える

人類が初めて農業を行ったのは、メソポタミア地方だったと考えられています。今から約1万年前に最終氷期が終了したことで、地球が温暖化し、農業活動が可能となりました。最初に作られたのは小麦だったと考えられています。

農業が始まったことで、獲得経済期では不安定だった食料供給量が安定しました。そして世界の人口は増加の一途をたどります。**約1万年前、およそ500万人だった世界の人口は、西暦元年頃には2億5000万人にまで増加**したと考えられています。食料供給量の安定が、いかに人口増加に影響を与えたかがわかります。

機械がなかった頃、農業は人間の手によって行われるものでした。そのため生産量を大幅に増やすことは難しく、労働力を確保するために子供が多くもうけられました。欧米諸国ではアジアやアフリカの植民地から、現地住民を別の植民地へ農業奴隷として連れ出しました。その後は農業機械が登場し、また化学肥料の発明などによって生産性が向上しました。そして、**少ない労働力で農業が行えるようになると、工業化が進み、出生率は下がっていきます。**世界でいち早く工業化を達成したヨーロッパ諸国は、どこの地域よりも早く少子化が訪れました。

近年では、スマート農業と呼ばれる「ロボット技術や情報通信技術を活用した高品質農作物の生産を実現する農業」が注目を集めています。重労働として敬遠されていた農業が見直され、新規就農者の確保、ひいては栽培技術の継承、食料自給率の向上などが期待できるようになります。このように先進工業国は同時に先進農業国でもあります。農業は工業発展によっても成長するのです。

西アジアのイスラエルでは、国土の南半分に砂漠気候が展開しているため、農業活動が困難です。しかし、チューブを通して効率よく農作物に水を供給するシステム、点滴灌漑《てんてきかんがい》を発明しました。これによって食料供給量が安定し、イスラエルの増えゆく人口を支えることができています。世界では日々、課題を解決するために新しい技術が生まれています。それは農業分野においても同様であり、**ビッグデータ、人工知能（AI）、IoTの活用によって今後の農業のあり方が大きく変わろうとしています。**

POINT OF VIEW
6
環境

経済発展と持続可能性を両立させる

NO. 06
UNDERSTANDING ECONOMICS: A STATISTICAL APPROACH

「環境」視点で経済を考える

「限りある資源は現在の世代だけのものではなく、将来世代のものでもある」という考え方、「sustainable development」が生まれました。これは**「持続可能な開発（発展）」と呼ばれ、環境と開発の共存が叫ばれるようになりました。**特に１９９２年の「環境と開発に関する国連会議（地球サミット）」ではこの考えを元に「リオ宣言」や「アジェンダ21」として具体化され、その後の地球環境問題に対する取り組みに影響を与えています。

日本は自然環境が豊かな国であることもあり、今後の経済成長と環境保全の両立をはかるために「経済のグリーン化」の考えが必要不可欠であると考えられています。

例えば、地球温暖化、それに起因した生態系の変化などは、経済活動によってもたらされたものです。より多くの人が環境意識を高め、環境への影響を理解し、環境に良いと判断した経済活動を進めていくことが必要であると考えられています。

ＳＤＧｓ（Sustainable Development Goals）は、「持続可能な開発目標」という日本語訳が当てられます。２０１５年９月の国連サミットで採択されました。「地球上の誰一人取り残さない（leave no one behind）」ことが理念として掲げられ、２０１６〜２０３０年の15年間で、世界各国が達成すべき17の目標、１６９のターゲットが示されました。

また経済・投資活動には、「環境（Environment）」「社会（Social）」「管理体制（Governance）」を反映させようという考えが広まりました。これは「ＥＳＧ課題」と呼ばれ、**「脱炭素社会の構築を目指す」**ことなどが好例です。

さらに２０１５年の地球温暖化防止パリ会議には、気候変動枠組み条約加盟国（１９６か国）が参加し、翌年にパリ協定が発効されました。発展途上国には排出規制がなかった京都議定書と違って、より**地球規模での気候変動への取り組みが強化**されました。

地球上、すべての国や地域で「地の利」が同じということはありません。それぞれの国や地域に存在する「地の利」を活かし、経済活動や生活様式が構築されています。しかし、欧米諸国が定めたローカルルールが、さもグローバルルールであるかのように喧伝され、日本政府や日本企業が振り回されることが多くなりました。**日本には日本の地の利があり、それに最適化した経済活動を追求する**姿勢もまた、忘れてはならないのかもしれません。

第1章

人口とデータ

——残酷な未来と課題

UNDERSTANDING ECONOMICS : A STATISTICAL APPROACH | CHAPTER 1

本章で取りあげる主な統計

世界の人口トップ10、年齢別人口構成、人口高齢化の推移と予測、日本の出生数と死亡数および65歳以上人口の推移、世界の人口密度、1人当たりGNI、人口と1人当たりGDPの変化、主要国の1人当たり労働生産性、若年労働者の失業率とニートの割合、ブラジルの合計特殊出生率、難民の発生数と発生国

NO.
07
UNDERSTANDING ECONOMICS: A STATISTICAL APPROACH

人口から読み解く「これから伸びる国」

世界の人口トップ10

世界銀行の統計によると、世界の人口は76億7353万人（2019年）です。2006年時は約65億9300万人だったので、毎年約8300万人ずつ増えている計算になります。ドイツの人口が8313万人ですので、「毎年ドイツが誕生している」といっても過言ではありません。

世界で最も人口が多いのは中国です。第2位のインドとともに10億人を超えています。3億人を超えるのはアメリカ合衆国、2億人を超えるのはインドネシア、パキスタン、ブラジル、ナイジェリアです。アメリカ合衆国のように移民などの社会増加も大きな要因になっている国がありますが、一般的に**劇的な人口増加は高い出生率と低い死亡率によってなされます。**

人口1億人を超える国

1.	中国	1,397,715	8.	バングラデシュ	163,046
2.	インド	1,366,418	9.	ロシア	144,374
3.	アメリカ合衆国	328,240	10.	メキシコ	127,576
4.	インドネシア	270,626	11.	日本	126,265
5.	パキスタン	216,565	12.	エチオピア	112,079
6.	ブラジル	211,050	13.	フィリピン	108,117
7.	ナイジェリア	200,964	14.	エジプト	100,388

2019年：単位＝千人

POINT

OECD加盟国はアメリカ合衆国、メキシコ、日本のみ。発展途上国が目立つ

出典：The World Bank（世界銀行）

中国は1979年から2016年まで続いた「一人っ子政策」によって急激に出生率が低下し、人口増加は鈍化しました。インドも人口抑制政策を進めていましたが、2010〜2017年の年平均増加率は1・2％と依然として高水準です（2000〜2010年は1・6％）。人口増加は鈍化していますが、本来は人口を11億人に抑えることが目標でしたので、実質的には失敗といえるでしょう。次ページのグラフからも**インドが中国を抜いて世界最大の人口大国になる**と容易に想像がつきます。

世界には人口1億人を超える国が14か国存在します。この中でOECD加盟国はアメリカ合衆国、メキシコ、日本の3か国です。**人口大国は一般的に発展途上国に分類**

中国とインドの人口推移

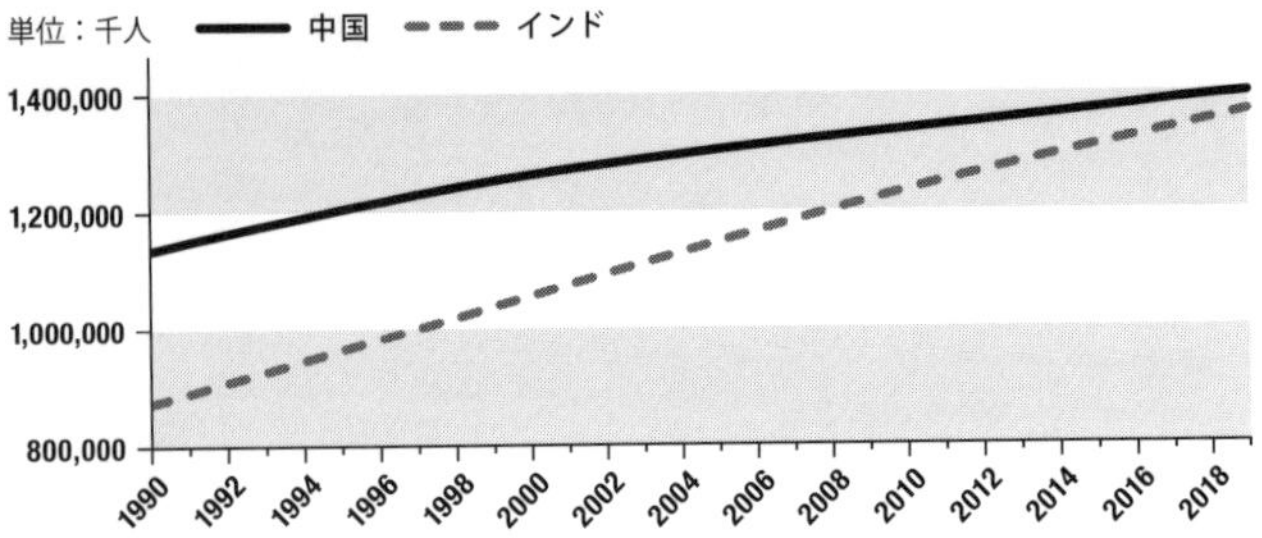

POINT

インドが急伸！　世界一の人口大国になる？

出典：The World Bank（世界銀行）

される国が多いことがわかります。機械化の進展が遅れ、依然として労働集約的な農業が中心の国では、子供が労働力として期待されるため出生率が高い傾向にあります。また、医療技術の進展や医薬品の普及などによって乳幼児の死亡率が低下し、これが劇的な人口増加の背景となっています。

アメリカ合衆国は移民が多いこと、ヒスパニック系やアフリカ系を中心に多産の傾向にあることなどを背景に、今後も人口増加が続くと考えられています。

特に人口が急増している国として、パキスタン、ナイジェリア、フィリピンがあげられます。国際連合によると、２０５０年の３か国の人口はパキスタンが３億３８０１万人、ナイジェリアが４億１３１１万人、フィリピンが1億4448万人にまで増加すると予測されています。フィリピンは国民の約8割がカトリックを信仰しており、彼らは人工妊娠中絶だけでなく避妊にも否定的な考えを持っています。さらにフィリピンでは「大家族主義」の価値観が根づいていて、出生率が減少傾向にあるものの、依然として高い水準にあります。パキスタンやナイジェリアでは子供を多くもうけることで「働き手」を確保しようとするため、避妊などを拒絶します。これは3か国に限った話ではありませんが、発展途上国ではよく見られる傾向です。

ロシアに学ぶ「少子化対策」

一方、人口の微減傾向が見られるのがロシアと日本です。しかし**ロシアは「母親資本」の導入によって出生率がV字回復**しています。

「母親資本」とは、2007年よりロシアで始まった出生率の改善を目的とした政策のことです。受給要件を満たせば、第2子を産んだ際に、100万円程度の補助金がもらえます。ロシアの業種別平均年収と比較すると、この額は年収の0・5〜2倍に値します。第3子以降に関しては教育費の援助や土地の無償供与など別の優遇策があります。日本は依然として少子化対策への「本気」が見えてこない状況にあります。

NO.

08

UNDERSTANDING ECONOMICS: A STATISTICAL APPROACH

経済の先読みには「労働者の割合」が効く

年齢別人口構成

人口構造を表す指標として、幼年人口（15歳未満）、生産年齢人口（15歳以上65歳未満）、老年人口（65歳以上）の3つがあります。

次ページの上の表を見てください。幼年人口割合が45％を超える国をあげました。出生率が高い国においては、幼年人口割合が高い傾向にあります。続いて、下の表を見てください。幼年人口割合が低く、出生率が低い国では、相対的に老年人口割合が高くなる傾向にあります。

「少子高齢化」という言葉がありますが、「少子化」と「高齢化」は別にして考えなければなりません。**「少子化」**とは幼年人口数が少ないため、幼年人口割合が低い状態を指します。一方の**「高齢化」**とは老年人口割合が高い状態のことであり、必ずしも老年人口数

国の未来は「ここ」を見ればわかる！

幼年人口割合が高い国

（2018年）

国名	幼年人口割合（%）	老年人口割合（%）	出生率（人）※
ニジェール	50.0	2.6	46.1
マリ	47.5	2.5	41.5
チャド	47.1	2.5	42.2
ウガンダ	46.9	1.9	38.1
アンゴラ	46.8	2.2	40.7
ソマリア	46.6	2.9	41.8
コンゴ民主共和国	46.2	3.0	41.2
ブルンジ	45.5	2.3	39.0

POINT

出生率が高く、老年人口割合は低く抑えられている

幼年人口割合が低い国・地域

（2018年）

国名	幼年人口割合（%）	老年人口割合（%）	出生率（人）※
ポルトガル	13.5	22.0	8.5
イタリア	13.3	22.8	7.3
韓国	13.0	14.4	6.4
台湾	12.9	14.6	7.7
日本	12.7	27.6	7.4
シンガポール	12.3	11.5	8.8
香港	11.9	16.9	7.2

※人口1,000人当たりの年間出生数

POINT

出生率は低く、老年人口割合が高くなっている

出典：The World Bank（世界銀行）

が多いわけではありません。

少子化と高齢化にはタイムラグがある

つまり少子高齢化とは、「生まれてくる赤ちゃんが減り、子供の数が少なくなり、相対的に高齢者の割合が高まっている」状態です。そのため、**少子化が必ず先に起き、その後に高齢化が起きます。**「少子化」と「高齢化」にはタイムラグがあるのです。

実際、韓国は出生率が低くて幼年人口割合が低下していますが、まだ深刻な高齢化（＝老年人口割合の上昇）はみられません。香港や台湾なども同様で、今のところ「少子化だけ」が起きているといえます。しかし、**日本やイタリア、ポルトガルなどでは「少子高齢化」が起きている**といえます。

生産年齢人口は、アラブ首長国連邦、カタール、バーレーン、クウェートなどの中東の産油国で高い傾向にあります。これは多くの外国人が出稼ぎに来ていることが背景にあり、彼らの多くが若年層だといわれています。一生、彼の地で過ごすのではなく、ある程度の年齢を重ねると母国へ帰ります。新しくやってくる若年の出稼ぎ労働者と入れ替わるため、労働者は若い状態で保たれています。そのため、これらの産油国は、総じて老年人口割合が低い傾向にあるのです（詳細は68ページ）。

しかし、**特定の産業に依存する構造**であるため、その産業が衰退すると、出稼ぎ労働者が減少し、人口構造が一気に変化する可能性があるのです。

労働者は「消費者」としても国を支える

労働者は消費者であり納税者です。労働者の減少は国内市場の縮小を意味します。日本のように貿易依存度が低く「実は内需で稼いでいる」国において、労働者の減少、つまり少子化は危機的状況をもたらします。韓国や台湾のように「国内市場がそれほど大きくなく、少子化の進展が著しい国・地域」は国外市場の取り込みが重要です。実際に、韓国や台湾の貿易依存度は日本よりも高く、世界市場で戦える技術水準の向上に余念がありません。そのように考えると、**「出生率が高く、市場の拡大が見込めて、鉱産資源の産出量が多い（原料の現地調達ができる）国」が経済成長を遂げる**といえるでしょう。

私が注目しているのはインドネシアです。2億7000万人を超える人口を誇り、出生率も高く、十分な内需が見込めます。加えて、石油、石炭、天然ガスといった資源に恵まれています。かつての中国やインドと似た環境であり、今後の動向が見逃せません。

データが示す世界の「超高齢化」

NO.
09
UNDERSTANDING ECONOMICS: A STATISTICAL APPROACH

人口高齢化の推移と予測

一般的に老年人口（65歳以上の人口）割合が7％を超えたら「高齢化社会」、14％を超えたら「高齢社会」、21％を超えたら「超高齢社会」といいます。

世界銀行の統計（2019年）によると、統計データの存在する194の国と地域において、老年人口割合が**7％を超えているのは97か国**（50％）、**14％を超えているのが56か国**（28・87％）、**21％を超えているのが7か国**（3・6％）です。上位国は日本（28％）、イタリア（23・01％）、ポルトガル（22・36％）、フィンランド（22・14％）、ギリシャ（21・94％）、ドイツ（21・56％）です。**世界的に見ても日本が飛び抜けて高い**ことがわかります。日本は平成になってからの少子化の進展が著しく、老年人口割合が急激に高まっています。今後もこの傾向が続けば、老年人口割合が2030年には30・3％、20

50年には36・4%にまで上昇すると予測されています。

今後は台湾や韓国なども急激に高齢化が進み、台湾の老年人口割合は2030年には23%、2050年には34・5%、そして韓国は2030年には23・9%、2050年には35・3%にまで上昇すると考えられています。世界的にも老年人口割合が高まる傾向にあり、2030年には11・7%、2050年には15・8%になると考えられています。

出生率にも目を向けてみましょう。先進国はこれまで以上に出生率の低下が進むと考えられており、老年人口割合が高まるでしょう。現在は「自動」をキーワードにさまざまな場所で技術革新が進んでおり、**「多くの労働者を使って何かをする」という発想から脱却しつつあります。「自動」とは機械等が自ら作業し、作業中に人間の手を必要としない状態**です。自動化の目的は、低コストや快適性の実現です。前者はファクトリーオートメーションや自動販売など、後者は自動運転や全自動洗濯機などが好例です。

また、発展途上国は経済水準の向上によって「家族計画」という考え方が普及し、出生率は低下していくと考えられます。現在、毎年およそ8300万人ずつ世界の人口が増加していますが、今後はこの数値は小さくなっていくでしょう。

次ページの図は、センター試験で出題された問題から抜粋したもので、1950年から2030年にいたる80年間の世界の人口構成の推移を5年ごと、年齢3区分別に見たもの

世界の人口構成推移（1950～2030年）

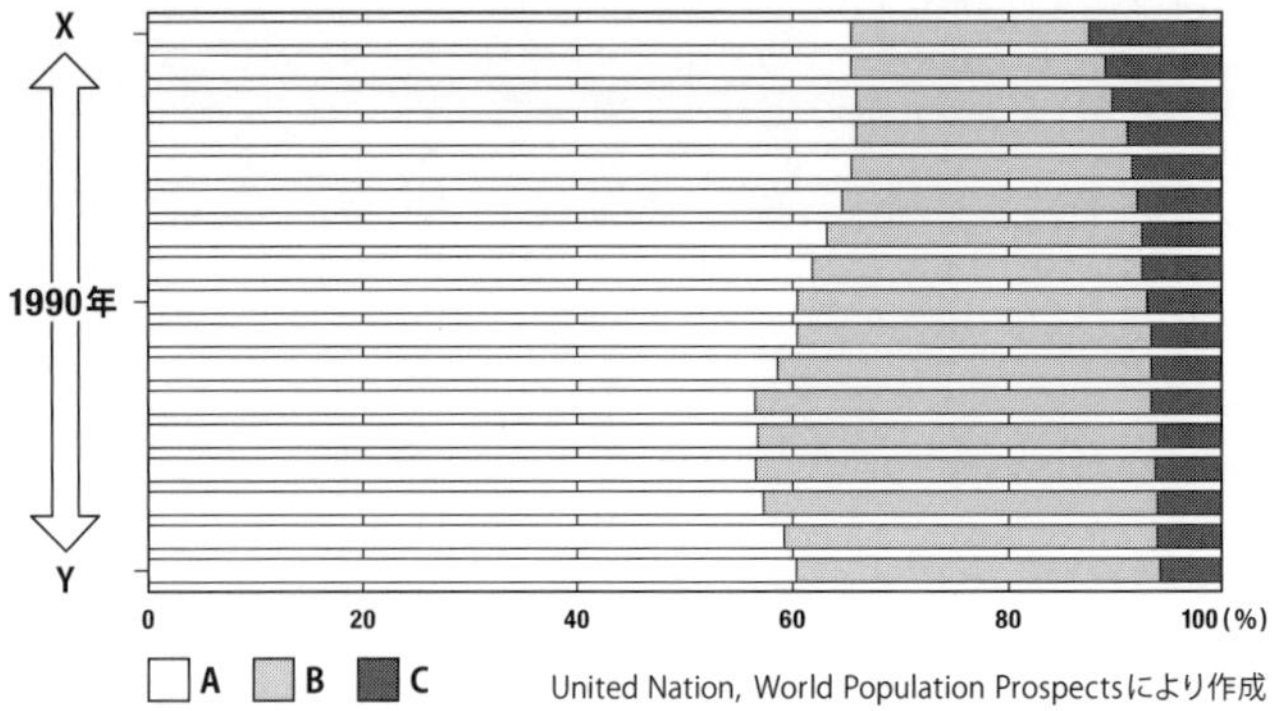

出典：大学入学者選抜大学入試センター試験・地理B（2002年）

です。Aが生産年齢人口割合、Bが幼年人口割合、Cが老年人口割合、Xが２０３０年、Yが１９５０年です。このグラフでは、Xの年（２０３０年）に向かって、C（老年人口）が増加していますので、やはり世界的に老年人口割合が高まっていくと考えられます。人口構成が変化することは間違いないわけですから、これを踏まえた産業構造の構築が必要になってきます。

一般的に**「高齢化」の問題点として、社会保障費の負担増大**が考えられます。これによる税負担は、より一層の出生率の低下を招くでしょう。日本は世界に類を見ない水準で高齢化が進んでいます。日本がこれをどのようにして乗り切っていくのか、世界中が注目しています。

日本で急速に少子化が進んだ2つの理由

NO. 10
UNDERSTANDING ECONOMICS: A STATISTICAL APPROACH

日本の出生数と死亡数および65歳以上人口の推移

先にも述べましたが、少子高齢化は少子化と高齢化を別々に分けて考える必要があります。少子化は幼年人口数が減少し、全人口に対する幼年人口割合が低下することを指します。一方の高齢化とは、少子化の進展にともなって全人口に対する老年人口割合が上昇することです。つまり少子高齢化は、必ず少子化が先に起きます。

２０１９年の日本の出生数は86万５２３９人。**前年よりも５万３１６１人減少**し、４年連続で過去最少を記録しました。合計特殊出生率（15〜49歳の女性が生涯に生む子供の数）は１・36。２０１８年から０・06ポイント減少し、４年連続で低下しました。

出産時の母親の年齢をみると、**１９７０年当時は25〜29歳が最多**で、以下20〜24歳、30〜34歳、35〜39歳と続いていました。**現在は30〜34歳が最多**で、以下25〜29歳、35〜39歳、

20～24歳と続きます。そして25～39歳の女性人口が減少傾向にあり、今後も増加の見込みがありません。現在日本で少子化が進んでいるのは、**①母となる女性そのものが減少し、②晩産化の傾向があることが原因**と考えられます。また、新型コロナウイルスによる社会不安が出生数の低下を加速させるかもしれません。

一方の死亡数は１３８万１０９３人と前年よりも１万８６２３人増加しました。自然増減（出生数－死亡数）は51万５８５４人の減少となり、減少数は前年より７万１７８４人増えました。戦後、日本で初めて自然減少となったのは２００５年です。２００６年は自然増加に転じたものの、２００７年以降は再び自然減少となりました。しかし、少子高齢化はすでに１９９０年代後半には傾向が現れており、**老年人口割合が幼年人口割合を超えたのは１９９７年。**もう四半世紀近い時が流れています。

ベビーブーム世代が年金受給者に

日本では１９４７～１９４９年と１９７１～１９７４年にそれぞれ出生数の大幅な増加が見られ、ベビーブームと呼ばれました。前者のベビーブームは敗戦直後の社会的混乱期を脱して出生数が増加し、３年間で８００万人を超える出生数を数えました。彼らは「団塊の世代」とも呼ばれ、2014年以降は年金受給者に転じています。

後者のベビーブームは4年間で毎年200万人を超える出生数がありました。彼らが大学入学を迎えた1990年代前半は特に進学競争が厳しく、私が身を置く予備校業界も活況を呈《てい》していたようです。

前述の通り、老年人口割合が7%を超えると高齢化社会、14%超が高齢社会、21%超は超高齢社会といわれます。

日本の老年人口割合がそれぞれの水準に達したのは、**7%超が1970年、14%超は1994年、21%超は2007年**です。そして2019年は28%となっています。急速な高齢化は、急速な少子化が背景にあります。このままでは現役世代は高齢世代を支えるだけの存在になってしまうでしょう。**「生む」と「育てる」は別**です。日本政府には一刻も早く、**両方が充実した社会づくり**をお願いしたいところです。

例えば、フランスやスウェーデンなどは政府が積極的な少子化対策を講じたことで、人口置換水準（合計特殊出生率2・1程度）に近づくまで合計特殊出生率が回復しました。

フランスでは1990年代以降に、保育の充実などによって、出産・育児と労働の両立を支援する取り組みを進めました。1993年に1・73と底を打った合計特殊出生率は、その後、2010年には2・03にまで回復しました（2018年は1・88）。またスウェー

日本の年齢別人口構成の推移（1990～2019年）

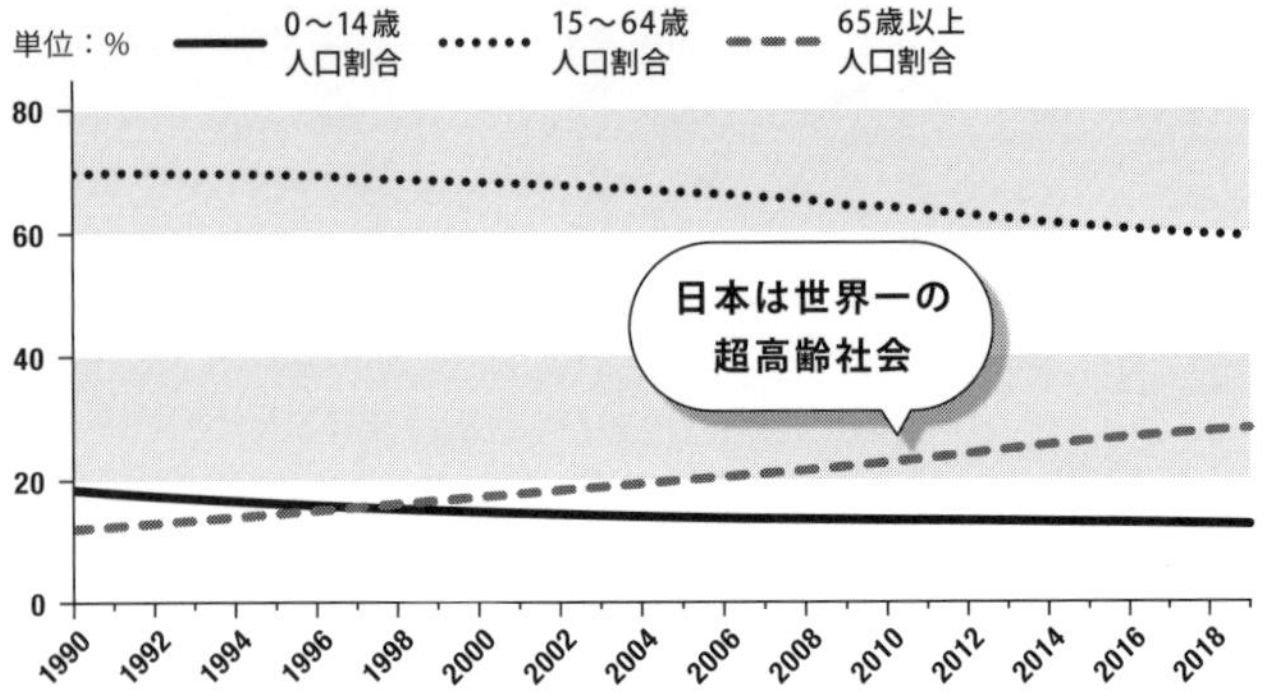

出典：The World Bank（世界銀行）

デンでも、出産・育児と労働の両立を支援しました。子供の数に応じて加算される児童手当制度、両親保険（1974年より導入された両親が取得できる育児休業の収入補填制度）などです。スウェーデンは1998年に1・5だった合計特殊出生率が2010年には1・98にまで回復しました（2018年は1・76）。

日本は、2005年に1・26と底を打ち、2015年には1・45にまで回復しました。しかし、50年近く合計特殊出生率が低下傾向にあったため、そもそも**母親になる人数が減っており、出生数の大幅な改善には至っていません。**2人目が生まれた段階での手厚い給付制度を創設するなどの政策が必要と考えられます。

アジアとヨーロッパを比較！人口増加のメカニズム

NO.
11
UNDERSTANDING ECONOMICS: A STATISTICAL APPROACH

世界の人口密度

国の人口密度とは、各国の人口を国土面積で割った値です。この人口とは、国籍・在留資格など関係なくすべての居住者を指し、一時的な難民は含みません。また国土面積に河川や湖沼などは含まれません。

世界の人口密度は59・４人／㎢です。ミニステートと呼ばれる国土面積が極めて小さい国は、人口密度が極端に大きくなりがちです。

例えば、モナコの人口密度は１万９１９６人／㎢であり、東京都新宿区とほぼ同水準。**東京23区は千代田区を除けば、すべて１万人を超えています。**中でも文京区、台東区、中野区、豊島区、荒川区は２万人を超え、ミニステートのようです。

ミニステートを除いた国の中で、人口密度（人／㎢）が高いのはバングラデシュ１２５

世界の人口密度（2019年）

国境線データ：©The World Bank

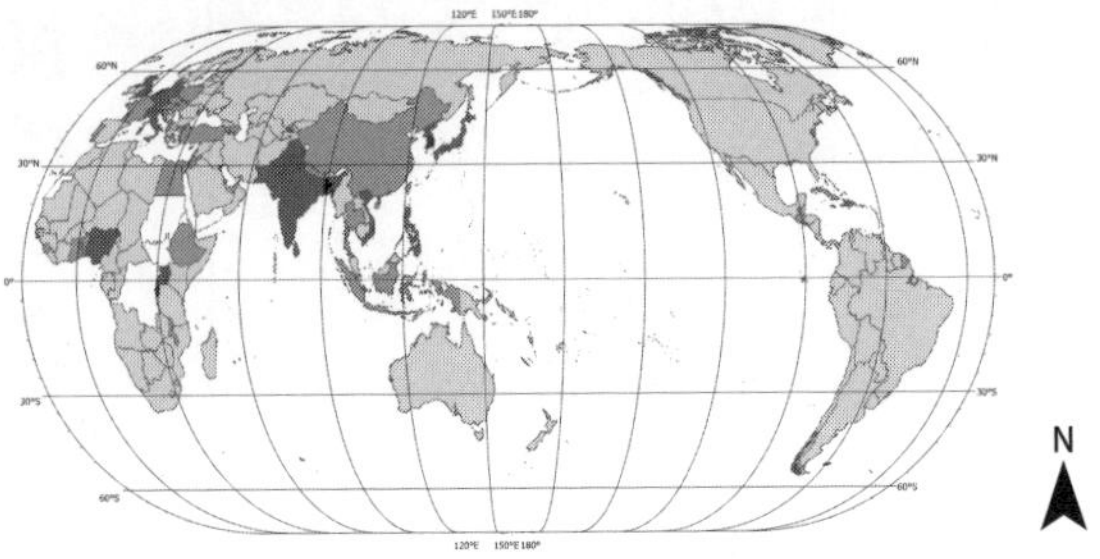

凡例　≦100　≦200　≦500　≦1000　>1000　データなし

出典：The World Bank（世界銀行）

2・5、韓国530・4、オランダ514・4、インド459・5、イスラエル418・3、ベルギー379・2、フィリピン362・6、スリランカ347・6、日本346・3、ベトナム311・1などです。

地域ごとに見ると、**「東・東南・南アジア」**と**「西・南ヨーロッパ」**で**高い水準**です。前者は人口支持力が高く、後者は経済水準の高さが背景と考えられます。

人口支持力とは、ある地域において居住する人々を扶養できる力のことです。（実際には存在しませんが）他地域との交流が一切見られない地域であれば、人口支持力は「食料生産量」や「獲得経済による収穫」による食料供給量で決まります。

東・東南・南アジアは夏季にモンスーン

（季節風）の影響をうけて高温多雨となります。これらの地域はモンスーンアジアとよばれ、米の生産量は世界の約90％を占めます。**米は単位面積当たりの生産量が極めて高い穀物であり、人口支持力に大きな影響を与えます。**

一方、西・南ヨーロッパは畑作中心です。人口支持力は米ほど高くありませんが、農業先進地域であり、安定した食料供給が可能です。さらに工業発展によって世界的に経済水準が高く、就業機会が多い地域です。そのため人口が集積しています。このように人口が集積している地域を人口稠密《ちゅうみつ》地域といいます。

一方、人口密度が小さい地域は、食料供給が困難な地域です。一般的に、年降水量が少ない乾燥地域（年降水量250㎜未満が目安）、気温が著しく低い寒冷地域（最暖月平均気温10℃未満）では植生がほとんど見られません。つまり**農業活動が難しい地域では、人口密度が小さくなります。**

世界第6位の国土面積を誇るオーストラリアは、国土面積の59・2％が乾燥気候のため、人口密度は3・3人／㎢しかありません。他にもモンゴル（2・0人）やナミビア（3・0人）、リビア（3・8人）など乾燥地域が広く展開する国で小さくなっています。さらにはアイスランド（3・6人）やカナダ（4・1人）、ロシア（8・8人）など寒冷地域も人口密度が小さい傾向にあります。

NO.

12

UNDERSTANDING ECONOMICS: A STATISTICAL APPROACH

GNIから読み解く人口小国の強み

1人当たりGNI

「GNI」とはGross National Incomeの略で、国民総所得を指します。GDP（国内総生産）と同様、経済の成長を計る上で重要な指標です。しかしGDPは「ある年に国内で生産されたモノやサービスの付加価値」であるのに対し、GNIは「当該国の居住者が、ある年に国内外から1年間に得た所得の合計」なのです。**近年は国外からの所得が増加していますので、GNIへの関心が高まっています。**「1人当たりGNI」は、各国・地域のGNIを人口で割って算出したものです（各国・地域の算出方法、改訂時期の違いや為替レートによって数値や順位には差が生じる）。

上位国の常連はモナコ、リヒテンシュタイン、バミューダ、スイス、ノルウェーなどの人口小国です。上位10か国のうち人口が1000万人を超えているのはアメリカ合衆国だ

1人当たりGNIのトップ10（2019年）

順位	国名	GNI／人（米ドル）	人口（万人）
1	モナコ	190,532	3.9
2	リヒテンシュタイン	189,586	3.8
3	バミューダ	118,407	6.3
4	スイス	85,718	859.1
5	ケイマン諸島	83,965	6.5
6	ノルウェー	78,185	537.9
7	マカオ	76,788	64.0
8	ルクセンブルク	73,565	61.6
9	アイスランド	72,716	33.9
10	アメリカ合衆国	65,897	32,906.5

POINT

人口小国が目立つ。人口1,000万人を超えるのはアメリカ合衆国のみ！

出典：United Nations（国際連合）

け。また上位35か国においても、人口が5000万人を超えているのは5か国にすぎません（アメリカ合衆国、ドイツ、日本、フランス、イギリス）。

1人当たりGNIが6万米ドルを超えるのは13の国と地域です。これらの国では**観光業や金融業、鉱業など所得の高い特定産業への依存度が高く、アメリカ合衆国以外は人口小国**です。よって1人当たりGNIが高くなります。人口が数百万人程度であれば、特定産業が1つ発達するだけで1人当たりGNIは高くなる傾向にあります。

これを日本の人口規模に当てはめるとどうなるでしょう。「約8000万人が自動車産業に従事」といった、高所得の特定産業への従事者が数千万人存在する形になります。もちろんこれは非現実的です。

日本のような人口規模では、上位国と同じ状況を作りだすことは不可能でしょう。上位35か国のうち人口が1億人を超えているのは、アメリカ合衆国と日本だけです。

「中所得国の罠」とは？

低所得国（1000米ドル未満が目安）は自国の低賃金労働力を武器にして経済成長することで中所得国（3000米ドルから1万米ドルが目安）入りします。しかし、賃金水準の上昇や後発新興国の追い上げ、先進国の技術革新に追いつけないなどの要因で経済成長が停滞します。これを「中所得国の罠」といいます。

世界銀行が公表した報告書には、**1960年に中所得国であった101か国・地域のうち、2008年までに高所得国に成長したのは13か国・地域**（日本含む）だけでした。人口は数百万人規模から1000万人前後が大半です。数千万人規模の人口を有するのは韓国やスペインくらい。日本ほどの人口規模を有する国は他にありません。

経済成長とリンクする「人口転換」とは？

人口と1人当たりGDPの変化

NO. 13

UNDERSTANDING ECONOMICS: A STATISTICAL APPROACH

「人口転換」とは、多産多死型から多産少死型、そして少産少死型へと人口動態が移行することを指した用語です。遅かれ早かれ、多くの国が人口転換を経験します。

現在、世界において**多産多死型となっている国は、ナイジェリアやチャド、ソマリアなどの一部のアフリカ諸国を除き、ほとんど存在しません。**医薬品の普及や医療技術の進展、衛生環境の改善、食料事情の向上などから、乳幼児を中心とした死亡率が低下し、多産少死型となっています。このとき最も人口が増加します。

第二次世界大戦後の世界人口の増加は、発展途上地域を中心としたもので、「人口爆発」と称されました。その後、経済成長にともなって生活水準が向上すると、家族計画が普及して出生率が下がり、少産少死型へと移行します。さらに少子化が起こると、幼年人口割合が低下し、相対的に老年人口割合が高まります。これが少子高齢化であり、高齢者を中心に死亡率が上昇し始めます。

世界に先駆けて出生率が低下し、少子化が始まったのは欧米諸国です。しかし、日本では第二次ベビーブーム（1971〜1974年）をピークに出生率が低下し、それ以降は急速に少子化が進行。先んじた欧米諸国よりも短い期間で老年人口割合が高まりました。前述の通り、老年人口割合は7％超で「高齢化社会」、14％超で「高齢社会」、21％超で「超高齢社会」と呼ばれます。左の表をみると、**日本は、高齢化社会に突入したのはアメリカ合衆国より遅く、高齢社会や超高齢社会に突入したのはアメリカ合衆国よりも早かった**ことがわかります。つまり短期間で少子高齢化が進行したということです。

一般的に人口転換は、発展途上国ほど遅くなります。表中の**インドの老年人口割合は2005年でも5％未満**です。発展途上国は産業の中心が農業であり、しかも機械などを活用した農業ではなく、労働集約的なものが中心です。そのため子供が貴重な労働力として期待されて多産の傾向にあり、相対的に老年人口割合が低くなります。

その後、人口転換が進むにつれて人口増加率が低くなり、労働力不足が起こります。結果として、国内市場が縮小、少子高齢化にともなって社会保障費の負担増大などから経済が低迷し、1人当たりGDPが伸び悩むのです。

主要4か国の人口と所得の変化

国	中国			インド			日本			アメリカ合衆国		
人口と所得の変化	人口の変化（指数）	老年人口割合（%）	1人当たりGDPの変化（指数）	人口の変化（指数）	老年人口割合（%）	1人当たりGDPの変化（指数）	人口の変化（指数）	老年人口割合（%）	1人当たりGDPの変化（指数）	人口の変化（指数）	老年人口割合（%）	1人当たりGDPの変化（指数）
1960	100	3.7	100	100	3	100	100	5.6	100	100	9.1	100
1970	125	3.7	119	123	3.3	120	112	6.9	217	112	10.1	132
1980	151	4.7	181	155	3.6	128	126	8.9	300	123	11.6	163
1990	178	5.6	380	194	3.8	176	133	11.9	442	135	12.6	205
2000	195	6.8	921	235	4.4	250	136	17	490	151	12.3	255
2005	202	7.5	1,423	255	4.7	315	137	19.7	516	158	12.3	276
2010	207	8.1	2,371	274	5.1	411	137	22.5	517	165	13.0	276
2015	213	9.3	3,386	291	5.6	530	137	26	547	172	14.6	297
2020※	218	12	4,294	306	6.6	652	135	28.4	571	177	16.6	317

※「1人当たりGDPの変化」（指数）のみ、2019年統計を使用

出典：United Nations（国際連合）

世界最高の労働生産性を誇る国は？

NO. 14

UNDERSTANDING ECONOMICS: A STATISTICAL APPROACH

主要国の1人当たり労働生産性

1人当たり労働生産性は、実質GDP総額を総就業者数で割って算出した値で、ILO（国際労働機関）による統計です。**「労働の成果」を「労働の量」で割ったもの**であり、労働者1人が生み出す労働の成果を指します。

日本でも「働き方改革」と称して、長時間労働の是正、業務の効率化による労働生産性の向上などの意識が高まっています。実際に、「日本は労働生産性が低い」といわれることが多く、解決は急務です。

1人当たり労働生産性（米ドル、2019年）の上位国・地域は、ルクセンブルク19万9367を筆頭に、以下、マカオ17万8687、ブルネイ15万9118、アイルランド15万5654、シンガポール15万1522、カタール15万376、ニューカレドニア13万2

228、ノルウェー12万9989、サウジアラビア12万2167と続きます。

日本は7万5384とOECD加盟国37か国中21位で、2012年以降はほぼ横ばいで推移しています。しかし、生産年齢人口割合は低下の一途をたどっていますので、**1人当たり労働生産性は上がりも下がりもしていないのに、労働者だけが減っている状況**です。日本は少子高齢化が進行しているため、中長期的にはさらなる労働力不足が懸念されます。そのためにも1人当たり労働生産性の向上が不可欠です。

労働生産性を上げる方法

1人当たり労働生産性の世界最高はルクセンブルクです。ルクセンブルクの人口は約62万人であり、国土面積は神奈川県と同じくらいです。法人税率を低く抑えることで**外国企業を誘致**し、生産性が高くなりやすい**金融業や不動産業、鉄鋼業がGDP比で高い割合を占めている**ことが世界最高の「背景」といえます。

1人当たり労働生産性の伸びが著しいのがアイルランドです。1991年の1人当たり労働生産性は、アイルランドが6万3051、日本が6万1382と同水準でした。アイルランドは1990年代後半より、ルクセンブルクと同様に法人税率を低く抑え、外国企業の進出を促しました。

特にアメリカ企業の進出が相次ぎ、ヨーロッパでの拠点をアイルランドに置く企業が増えました。こうして高い水準での経済成長がみられ、2019年の1人当たり労働生産性は1991年比で上昇幅が2・5倍と突出しています。

経済成長で輸出品目も変化する

1990年代初頭までのアイルランドは**「機械類」**や**「肉類」**などの輸出が中心であり、最大貿易相手国はイギリスでした。しかし、現在は**「医薬品」**や**「化学薬品」**などが輸出の中心であり、最大貿易相手国はアメリカ合衆国となっています。アイルランドの公用語の1つが英語であることも、アメリカ企業の進出を促した要因であると考えられます。

また19世紀半ば、アイルランドでジャガイモ飢饉が発生したさい、多くのアイルランド人が食料難民となってアメリカ合衆国へと渡りました。アイルランドとアメリカ合衆国は歴史的にも縁の深い国といえます。

技術革新で職を失うのは、中高年より若者である

NO. 15
UNDERSTANDING ECONOMICS: A STATISTICAL APPROACH

若年労働者の失業率とニートの割合

ILOは2020年1月に「米中貿易摩擦による世界経済の減速を背景に、2020年の世界全体の失業率は5・4%になる」という予想を発表しました。

世界の失業率はリーマン・ショックの後、2009年から2018年まで低下傾向が続いていました。ILOの指摘で興味深いのは、「技術革新によって作業の自動化などが進行すると、職を失う危険性は年長者よりも若年層のほうが高い」というものです。**自動化、そして職業訓練の多くが汎用性に乏しいこと、また資格に見合った職業が不足していることなどから、若年層の未来は不確実**といえます。

これは「職業訓練によって学ぶことができる各職業固有の技能は、一般教育によって得られる技能よりも早く陳腐化する傾向がある」という事実を反映したものでした。

若年労働者とは15歳から24歳までの労働力人口のことです。２０１９年、世界の若年労働者の失業率は13・6％でした（日本は3・7％）。２０００年の12・5％から1％も上昇しています。さらに地域ごとのばらつきが大きく、**「アフリカだから高い！」とか「ヨーロッパだから低い！」といった傾向が当てはまりません。**国ごとの政策などが大きく反映されます。しかも２０２０年には新型コロナウイルスの影響によって、こうした数値は大きく変動することが予想されます。

ヨーロッパの労働市場で起こっていること

ヨーロッパの若年労働者の失業率は比較的高い傾向があります。この背景を考えていきましょう。日本の雇用は、若いときに多種多様な経験を積ませて育てますので、どうしても、いわゆる「長い下積み期間」が生じてしまいます。そのため、大学時代に修めた学問と親和性の低い仕事に就いている人が少なくありません。

しかしヨーロッパでは、**ポストありきで採用するジョブ型雇用が多い**のです。高い専門性を身につけた人は実力が認められれば若くして昇進していき、大金を手にすることもあるでしょう。しかし、それは一部のエリートだけの話であって、それ以外は年齢を重ねて

若年労働者の失業率（2019年）

国境線データ：©The World Bank

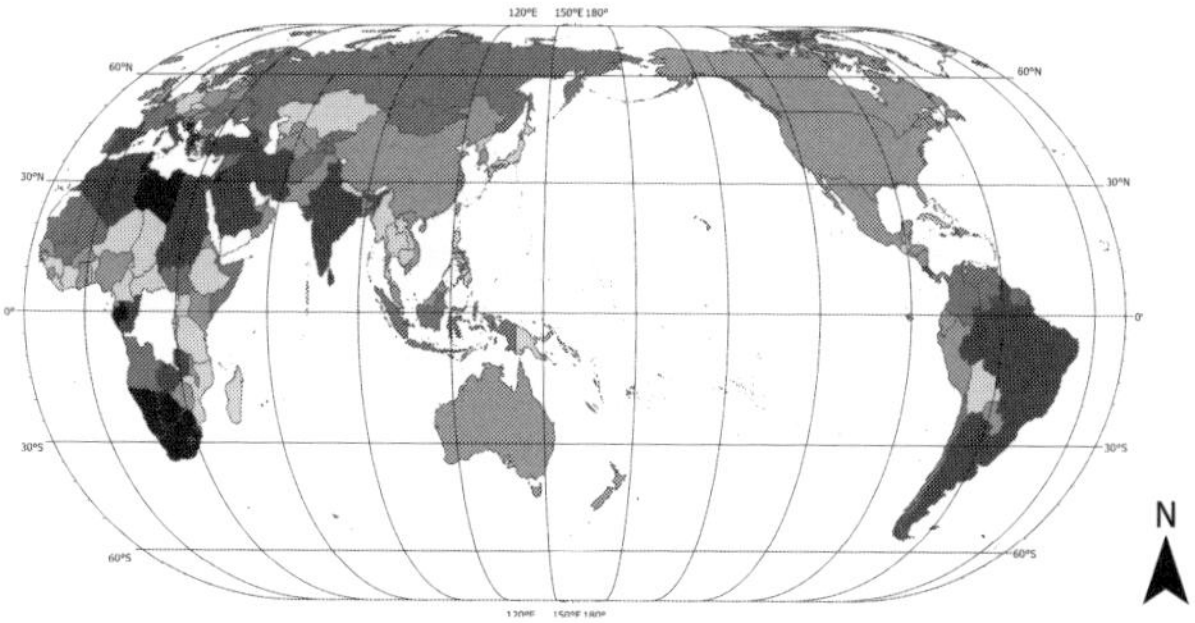

凡例（%） ≦7.0 ≦14.0 ≦21.0 ≦35.0 >35.0 データなし

若者のニートの割合（2019年）

国境線データ：©The World Bank

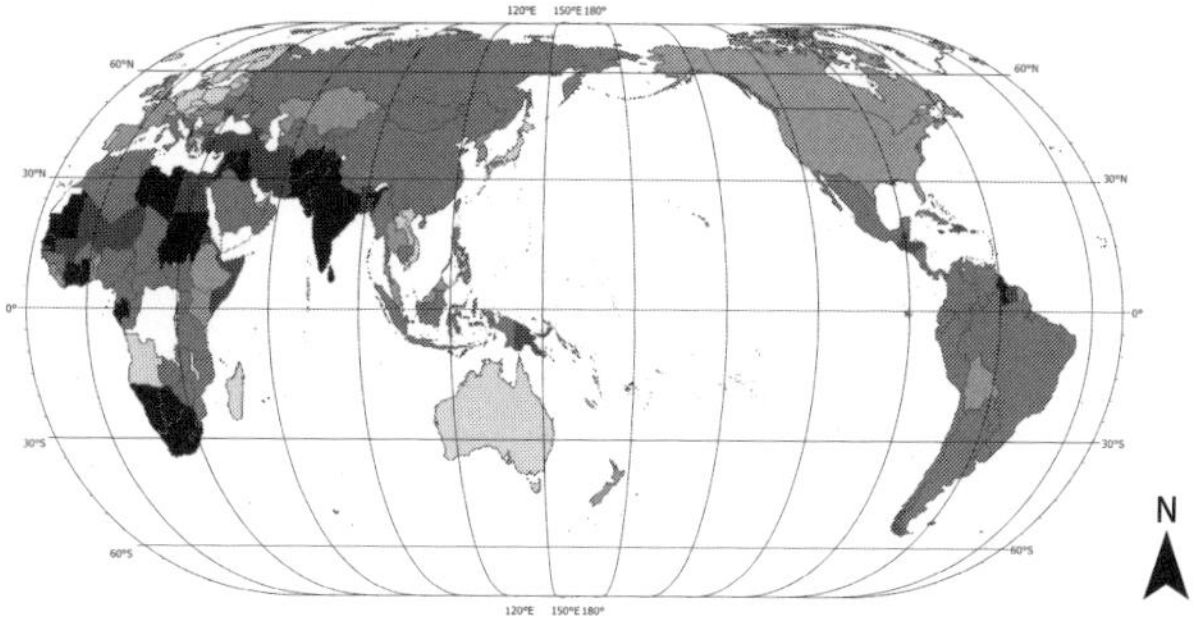

凡例（%） ≦10.0 ≦15.0 ≦25.0 ≦30.0 >30.0 データなし

出典：International Labour Organization（国際労働機関）

も同じ仕事を同じ年収で続ける人たちが多いのです。

こうした背景から、**ヨーロッパは「若年層に厳しく、中年層以上には優しい社会」**といえるでしょう。中年層以上のノンエリートにはそれほど高い給与を支払う必要がなく、教育研修などのコストもかかりません。むしろ熟練労働者として年々実力を高めています。

しかし、若年層は中年層と大して給与は変わらないにもかかわらず、技術的な熟練度は低い。これが若年層の雇用をためらう背景となっています。**中年層以上は失業率だけでなく転職率も低いのが特徴**です。

むしろ給与が大して上昇しないことから、仕事に対するモチベーションがそれほど高くなく、プライベートを削ってまで仕事をしようとはしません。そのため勤務時間が短く、休暇はしっかりと取る傾向にあります。女性であれば、仕事と家事や育児を両立させやすい。男性も積極的に育児に参加しやすくなるわけです。

「Not in Education, Employment or Training」の略をニート(NEET)といい、就業や就学、職業訓練の受講をしていない状態を指します。ILOは、いわゆる**ニート状態の若年層が増加傾向**にあることも示しました。中でも、若年層のニートの数は世界で2億6700万人(うち1億8100万人が女性)となり、**世界の同世代の人口の約22%に達します。**特に南アジアから西アジア、アフリカ諸国で高い傾向を示しています。

ブラジルを襲う「新興国の少子化問題」

ブラジルの合計特殊出生率

NO. 16
UNDERSTANDING ECONOMICS: A STATISTICAL APPROACH

突然ですが、ここで問題です。

問 **ブラジルの合計特殊出生率はどのくらい?**

合計特殊出生率とは、1人の女性(出産が可能とされる15~49歳の女性)が出産する子供の数です。一般に発展途上国で大きく、先進国で小さい傾向があります。**人口を維持するために必要な値は2・1程度**とされています。一般に生活水準が向上すると、人間はそれを維持しようと考えるので、子供を少なくして生活しようとします。家族計画が重要視され、出生率が下がっていきます。

さて、ブラジルの合計特殊出生率ですが、実は１・73（２０１８年）です。１９６０年当時は６・28と大きかったのですが、その後徐々に低下し、２００４年にはついに２・１を下回りました。60年近くたって、ブラジル社会は劇的に変化しました。ちなみに、**ＯＥＣＤ加盟国で2を上回っているのは、イスラエル、メキシコ、トルコだけ**です。経済水準が上がれば上がるほど、出生率は下がる傾向にあります。

世界銀行がまとめた世界開発指標（ＷＤＩ）によると、ブラジルの所得区分別１人当たりＧＮＩは、中所得国（上位）に該当します。これは高所得国の次の水準であり、中所得国（下位）、低所得国と続きます。

ブラジルは、生まれてくる子供の数が減少傾向であるにもかかわらず、人口は増え続けています。これは、**平均寿命が延びたことで死亡率よりも出生率のほうが高くなっているため**です。その分、老年人口割合（65歳以上人口割合）は増加の一途をたどっており、ついには２０１１年に７％を超えて高齢化社会へと突入しました。この傾向は続くと考えられていて、将来的にはより多くの年金受給者を減りゆく労働者で支えなければいけません。

人口が増えれば、教育の充実、社会資本整備が必要です。しかし、ブラジルは国家予算の約43％が年金支給、約７％が医療費にそれぞれ使われています。**６・０を超えていた合計特殊出生率が３・０を下回るまでに要した年月はわずか26年。トルコは27年、中国は**

世界の合計特殊出生率（2018年）

国境線データ：©The World Bank

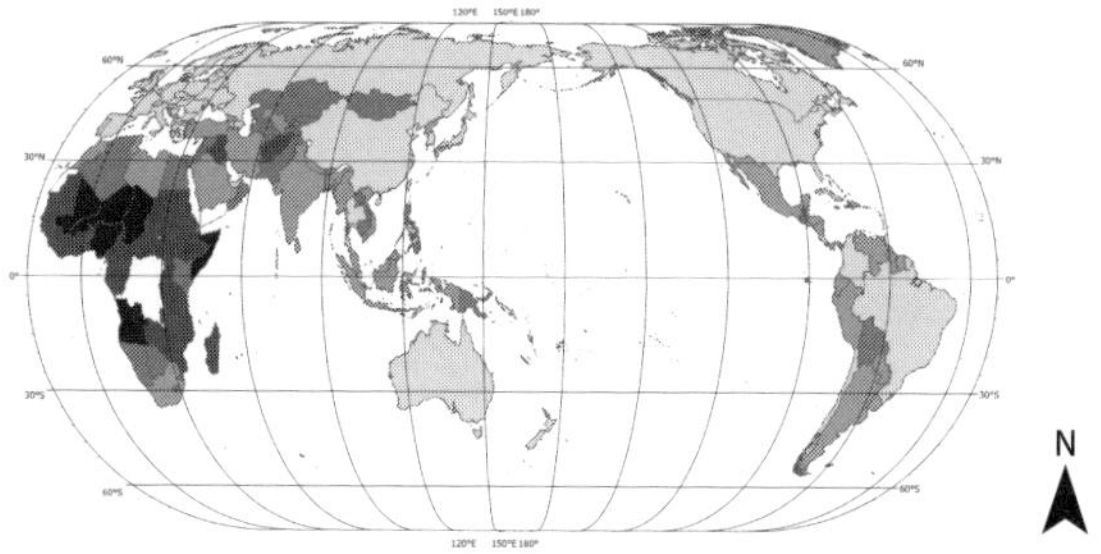

凡例（人）　≦1.9　≦2.5　≦3.6　≦5.0　>5.0　データなし

出典：The World Bank（世界銀行）

もっと少なく11年でした。

老年人口割合の増加が医療費の増大につながったと考えがちですが、乳幼児死亡率を下げるためにも医療費は使われてきました。ブラジルは、新生児死亡率、乳児死亡率、幼児死亡率すべてが大幅に減少しました。これは素晴らしいことなのですが、**医療費の増大による財政の圧迫**という現実がのしかかっています。まさに、日本と同じ道を歩んでいるわけです。

ブラジルの人口は、２０４７年に２億３３２０万人でピークを迎え、その後は徐々に減少すると考えられています。もちろん老年人口割合は増加の一途をたどり、30年後には約25%にまで達すると予測されています。

少子高齢化を逃れる産油国のしたたかな戦略

NO.
17
UNDERSTANDING ECONOMICS : A STATISTICAL APPROACH

老年人口割合と合計特殊出生率

少子化によって、老年人口割合は上昇します。中国は1979年より「一人っ子政策（2016年に廃止）」を開始したことで出生数が減少し、徐々に老年人口割合が増加しました。中国の老年人口割合は**1990年に5・6%**でしたが、**2019年には11・5%**にまで上昇。特に2010年以降の上昇幅が大きくなっています。

逆に、出生数が多い発展途上国では老年人口割合は低い傾向にあります。これらの国は労働集約的な農業が主産業であり、子供が労働力として期待されることから、出生数が多く、相対的に老年人口割合が低くなります。

アラブ首長国連邦（1・2%）やカタール（1・5%）、バーレーン（2・5%）、クウェート（2・8%）の4か国は、老年人口割合が低い国として有名です。

しかし、合計特殊出生率はアラブ首長国連邦（UAE）1・41、カタール1・87、バーレーン1・99、クウェート2・08にすぎません。人口維持に必要とされる2・1を下回っており、周辺の中東諸国と比較すると低い傾向にあります。これらの国は産油国であり、石油産業に従事する外国からの出稼ぎ労働者が多いことで知られています。

出生率が低いのに「少子高齢化」にならない理由

UAEの人口（2019年）は977万人ですが、1960年代には10万人程度の人口しかいなかったといわれています。「60年間でおよそ98倍！」という単純な話ではなく、**出稼ぎ労働者の流入が原因**です。1980年代の逆オイルショックによって、石油価格が不安定になり、石油や天然ガス以外の産業を発展させようと、新しい産業における労働力の受け入れを進めたことが背景です。

特に2003年（371万人）から2011年（895万人）にかけては高い水準で人口が増加しました。職を求めてくる外国人の多くが若年層であり、生産年齢人口（15〜64歳）に分類されます。

しかし**専門職や技術職、事務職などの仕事は自国民が従事**しており、出稼ぎに来ている外国人と自国民との給与には大きな開きがあります。当然、外国人も年齢を重ねていきますが、**中高年になると彼らの多くが母国に戻る**傾向があります。

加えて、外国人がＵＡＥ国籍を取得するのは非常にハードルが高いのです。周辺のアラブ諸国から移住してきたアラブ人（アラビア語を母語とする人々）は数年間の居住継続後に国籍取得の申請ができます。しかし、非アラブ人の場合は「30年以上の居住継続」かつ、「日常生活においてアラビア語を堪能に使用できる」という条件が求められます。

また母国から家族を呼び寄せて生活することも難しく、結局はある程度の年齢を重ねると帰国していきます。そして、新しい若年層が職を求めて流入してきます。このため65歳を迎えるほとんどが自国民なのです。

ＵＡＥ国民は住民の約１割しかおらず、さらにその一部だけが65歳を迎えるわけですから、全体としての割合は非常に小さくなるわけです。つまり**「子供の数が多いから」ではなく、「働いている現役世代が多いから」老年人口割合が小さい**のです。

４か国の生産年齢人口割合は、アラブ首長国連邦が84・1％、カタールが84・9％、バーレーンが78・8％、クウェートが75・7％と高くなっています（日本は59・4％。１９９２年をピークに断続的に減少）。「合計特殊出生率が高くないのに、老年人口割合が低い状態を維持できている」のはこうした背景があるのです。

労働力としての移民は歓迎すべきか？

NO. 18
UNDERSTANDING ECONOMICS: A STATISTICAL APPROACH

国際移住者の推移

国際移住者とは、何かしらの理由で国外へと移住した難民だけでなく、移民の数も加えた統計です。国際移住機関（ＩＯＭ）によると、移民は「本来の居住地を離れて、国境を越えるか、一国内で移動している、または移動したあらゆる人」と定義されています。つまり難民は移民の一部ともいえるのです。

移住者の多くは、仕事や留学のために移動しています。しかし、その中には、難民のように自発的ではない理由で移動を余儀なくされた人たちもいます。

地域別にみると、**全人口に占める国際移住者の割合が高いのはオセアニア**です。オセアニアには約４２００万人の人たちが暮らしていますが、オーストラリア（59・８％）とニュージーランド（11・３％）で約71％を占めているため、両国の状況が色濃く反映されます。オーストラリアは移民が多く、住民の30％を占めています。１９９０年当時は23・3％でしたので、移民の割合が増えたことがわかります。

アメリカ、ヨーロッパの移民事情

北アメリカ（16％）とヨーロッパ（11％）も割合が高くなっています。北アメリカは、アメリカ合衆国15・4％、カナダ21・3％の両国で国際移住者の割合が高くなっています。特にアメリカ合衆国の国際移住者割合は、１９９０年当時は9・2％で、**１９７０年代以降、一貫して増加の一途をたどっています。**そのためアメリカ合衆国では常にメキシコからの不法移民について議論が交わされています。両国の国境河川であるリオグランデ川を泳いで渡ってくる不法移民が多く、背中がぬれていることから、アメリカ合衆国へのメキシコ系不法移民は「ウェットバック」と呼ばれています。

ヨーロッパでは、ドイツ（15・7％）、イギリス（14・1％）、フランス（12・8％）、イタリア（10・4％）、スペイン（13・1％）、スイス（29・9％）、オランダ（13・4％）などで国際移住者の割合が高くなっています。元々シェンゲン協定によって人の移動が自由化されていたこともあり、移民の多さから平均的に国際移住者割合が高くなっています。

地中海を渡り、ヨーロッパに上陸した人の推移

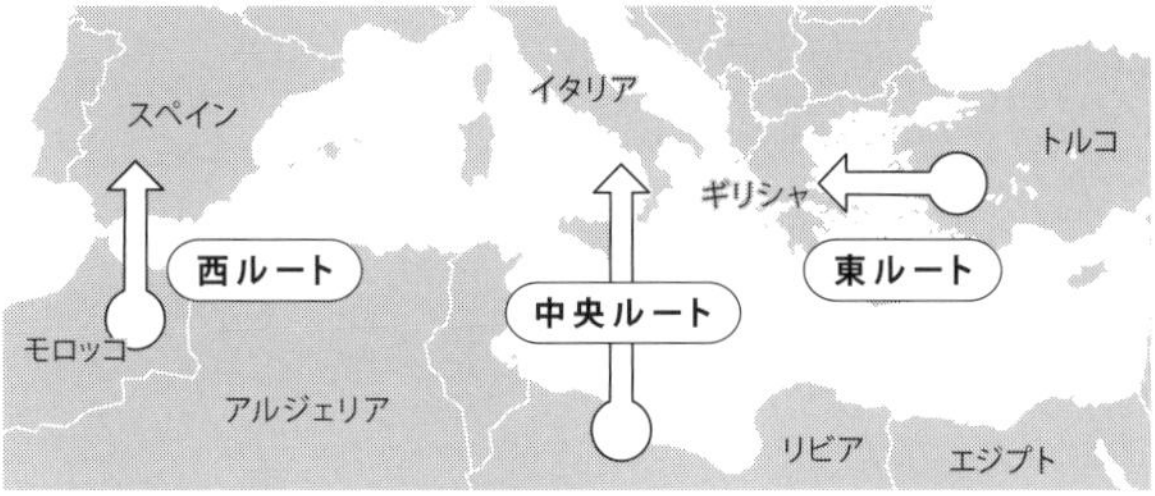

西ルート	中央ルート	東ルート
2015年 3,592人	2015年 153,842人	2015年 856,723人
2016年 4,971人	2016年 181,436人	2016年 173,450人

出典：国連UNHCR協会

しかし、2015年には**「ヨーロッパ難民危機」**と称されるほどの大量の難民流入が見られました。アフリカでは長く続く紛争や内戦を背景に、国外へ避難する人々が増えていました。最初は近隣諸国へ避難しましたが、それらの国々では十分な受け入れ体制が整っていなかったこともあり、難民たちはヨーロッパを目指しました。アフリカとヨーロッパは地中海で隔てられており、難民たちはここをボートで渡ろうとします。しかし、2015年4月にはリビア沖の海域でおよそ800人を乗せたボートが転覆する事故が発生しました。積載オーバーが原因でした。さらに**シリア内戦によって発生した難民もヨーロッパを目指す**ようになりました。中東からヨーロッパを

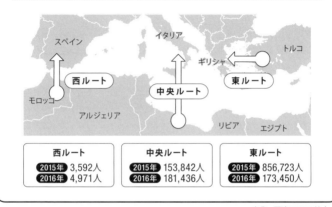

目指す途中にトルコがあり、**多くのシリア難民がトルコにやってきました。**

こうしたことを背景に２０１６年3月にはトルコとEUとの間で協定が結ばれ、バルカン半島経由でヨーロッパを目指すルートが閉ざされました。ギリシャ経由での難民は減少しましたが、命の危険を冒してまで地中海を渡ってヨーロッパを目指す人が後を絶ちません。玄関口となっているのが地中海に面しているフランスやイタリア、スペインなどです。

かつて一橋大学の前期試験・地理（２０１０年度）にて、以下のような問題が出題されました。

問 労働力の国際移動が全面的に規制緩和された場合、どのような労働力移動が世界規模で生ずることになるか示し、グローバル化の主張にもかかわらず、労働力の国際移動の規制緩和が、投資や貿易ほど積極的に進められないのはなぜか、理由を説明しなさい。

大学側から模範解答が発表されていませんので、私が作成した解答を載せます。

答 発展途上国から、就業機会の多い先進国への労働力移動が顕著となり、先進国での失業者の増加や不法入国者・不法滞在者の増加、労働移民との間で文化的摩擦や衝突が生じる懸念があるため。

2015年のヨーロッパ難民危機を経て、ヨーロッパ各国では移民排斥や規制強化を訴える政党が議席を伸ばしています。職を失うこと、社会保障費の負担増大、犯罪率の上昇などの懸念からくるものと考えられます。イギリスがEUから離脱したのも、EU域内からとはいえ、多くの移民が増えたことが背景にありました。

日本の労働者不足は改善される？

2018年10月、日本では出入国管理及び難民認定法（以下、入管法）の改正案が閣議決定し、2019年4月より施行されました。ビジネスや旅行などで出入りするすべての人が対象となる法律です。近年の労働者不足が深刻になる中、外国人の受け入れ政策を見直すことで労働者不足を改善することが狙いとされています。

これまでは**単純労働に従事することができる在留資格は「技能実習」だけ**であり、最長で5年間の日本での労働が許可されていました（日本人の配偶者などの在留資格を除く）。

しかし、実習期間の満了によって帰国しなければならず、日本側のニーズに見合っていないとの意見がありました。そのため**「特定技能」という在留資格が新設され、**実質、**「技能実習」の期限を延長**することが目的となっています。今回新設された「特定技能」で就労することが認められているのは14の業種です。

また不法滞在の取り締まりや難民認定についても、入管法が根拠となります。日本は長らく少子高齢化に悩まされています。幼年人口割合と老年人口割合が逆転したのは１９９０年代後半。あれから四半世紀、日本政府は一体何をしていたのかと思いたくもなりますが、少子化の進行は労働者不足を引き起こしました。**外国人を受け入れて労働者不足を解消しようという意図が、今回の改正のきっかけ**でした。

異なる文化を持った人たちが同じ国で暮らすことは本当に難しいことです。労働者不足を解消しようと目先の損得ばかりを追いかけず、10年後、50年後の日本、そして後世の日本人のことを考える必要がこれまで以上にあると考えます。

難民のリアル——経済とのかかわりを考える

NO. 19
UNDERSTANDING ECONOMICS: A STATISTICAL APPROACH

難民の発生数と発生国

１９５１年に署名された「難民の地位に関する条約」によると、**「難民」**とは、「人種、宗教、国籍、政治的な意見、または特定の社会集団に属するなどの理由で、自国にいると迫害を受けるか、あるいは迫害を受ける恐れがあるために他国に逃れた人たち」と定義されています。「難民」と聞くと、政治的な迫害、人権侵害、内戦などから逃れ、他国に庇《ひ》護《ご》を求めた人たちを連想する人も多いでしょう。国内にとどまっている人たちは**「国内避難民」**と呼ばれています。また、祖国から逃れて他国の避難所にたどり着き、その国で庇護申請を行う人々のことを**「庇護申請者」**といいます。

国連ＵＮＨＣＲ協会によれば、２０１９年末時点での難民と避難民は世界で７９５０万人もいるとされています。世界の人口が約77億人ですから、**全世界の約１%もの人々が**

「故郷」を追われた形となっています。内訳は難民が2600万人（うち560万人がパレスチナ難民）、国内避難民が4570万人、庇護申請者が420万人、ベネズエラからの避難難民が360万人。さらに悲しいことに、難民のうち18歳未満の割合が約4割を占めるといわれています。

近年、**ベネズエラを追われる人が急増**しています。ベネズエラといえば、**世界最大の原油埋蔵国**であり、原油の産出量が多く、他にも鉄鉱石やボーキサイト、ダイヤモンドなどに恵まれる国です。ただ、これら**一次産品の輸出に依存した経済体制から脱却できず、経済が不安定**です。2018年のインフレ率は6万5374％に達しました。2019年には1万9906％に下がったとはいえ、依然としてとんでもないインフレに悩まされています。物不足から食料難となり、社会的混乱が生じています。

世界の難民の出身国とその数はシリア660万人、ベネズエラ370万人、アフガニスタン270万人、南スーダン220万人、ミャンマー110万人となっており、この5か国だけで難民全体の約62％を占めています。

受け入れ国とその数はトルコ360万人、コロンビア180万人、パキスタン140万人、ウガンダ140万人、ドイツ110万人です。紛争地域と地理的に近接している国が多くなっています。ベネズエラからの難民が増えていることから、コロンビアの受け入れ数が増えています。２０１９年中の新たな難民発生数は、シリア（12万３０００人）、南スーダン（９万５０００人）、コンゴ民主共和国（９万５０００人）、エリトリア（９万５０００人）、アフガニスタン（７万１０００人）、ベネズエラ（７万人）が上位国でした。

欧州委員会が発表した「２０１５年秋季経済予測」によれば、「難民流入の中期的な経済的影響は比較的小さく、２０２０年までのＥＵのＧＤＰを押し上げる効果は０・２〜０・３％程度と予想される。また、政府の債務残高や財政収支に与える影響も軽微だ。ただし、ドイツなど特定の国がより大きな影響を受ける可能性もある」とのことです。

日本は「難民」とどう接するべきか？

日本が２０２０年に受け入れた難民はわずか47人。難民認定申請者３９３６人に対して認定率は１・２％です。しかし、日本で暮らす難民の方々は「普通の人」であり、たくましく生きています。**「難民」という肩書きや状況でなければ、われわれと同じ１人の人間**であり、一緒に働くとそれが一層実感できます。「難民はかわいそう」という距離感を持たず、世界から「見放された、見捨てられた、見向きもされない」彼らと手を取り合っていく。そんな新しい日本の姿もよいのではないでしょうか。

第 2 章

資源とデータ

——争奪戦はさらに激しく

UNDERSTANDING ECONOMICS : A STATISTICAL APPROACH | CHAPTER 2

本章で取りあげる主な統計

一次エネルギーの純輸出量、原油の可採埋蔵量、原油の産出量、石炭と天然ガスの産出量、シェールオイル・ガスの技術的回収可能資源量、一次エネルギー供給量、鉄鉱石、銅鉱、ボーキサイトの産出量、主要植物油の世界生産量の推移、木材伐採高とその用途、日本の再生可能エネルギーによる発電能力

NO.
20
UNDERSTANDING ECONOMICS: A STATISTICAL APPROACH

資源戦争は「輸出余力」で読み解ける

一次エネルギーの純輸出量

一次エネルギーとは、自然界に存在する「加工前の状態の資源」を指します。原油や石炭、天然ガスなどの化石エネルギーだけでなく、水力や地熱、風力、太陽光、バイオ燃料や廃棄物などの再生可能エネルギーも含まれます。

輸出量は、産出量から国内消費量を引いた「輸出余力」で決まります。例えば、世界最大の米の生産国である中国は、人口大国で国内消費量が多いため、輸出余力が小さくなります。そのため中国の米の輸出量は少ないのです。

一方、ノルウェーは中東の産油国ほどの産油量はないものの、原油が最大輸出品目となっています。人口小国でありながら、水力発電が発達しているため（総発電量に対する水力発電の割合は95%・2018年）、原油の国内消費量が少なく、輸出余力が大きく

世界の一次エネルギー純輸出上位国

国名	純輸出量（万トン）	人口（万人）	消費量／人（トン）
ロシア	66,409	14,450	5.04
サウジアラビア	42,540	3,310	6.61
オーストラリア	26,876	2,460	5.19
カナダ	21,712	3,654	8.06
インドネシア	20,141	26,465	0.84
ノルウェー	18,549	528	5.62
カタール	17,950	273	15.11
イラク	17,672	3,755	1.55
イラン	16,262	8,067	3.25
アラブ首長国連邦	13,683	949	7.03
クウェート	12,830	406	8.50

※各種データは2017年時で統一

出典：純輸出量、消費量／人はInternational Energy Agency（国際エネルギー機関）、人口はThe World Bank（世界銀行）

なっているのです。

上の表は、一次エネルギー純輸出上位国の純輸出量（石油換算）、人口、１人当たりの一次エネルギー消費量（石油換算）を表したものです。**「純輸出量」とは、輸出量から輸入量を引いた値**を指します。上位国をみると、「ＯＰＥＣ（石油輸出国機構）＋ロシア」など国土面積が広い国で占められていて、これらの国が産油量を調整することで、世界の石油価格に多大な影響を与えます。

中東の産油国が減産によって石油価格を高騰させ、世界経済を混乱に導いたのが１９７０年代の二度のオイルショックでした。これをきっかけに「脱石油化」、**天然ガスや原子力の普及が進み、同時に非ＯＰＥＣ**

産油国での産出が急がれました。それほどＯＰＥＣが世界経済に与える影響が大きかったといえます。

日本はオーストラリアから鉄鉱石や石炭を多く輸入していますが、対オーストラリア最大輸入品目は液化天然ガスです。またインドネシアから石炭や液化天然ガスを輸入していることもあり、両国は日本経済に大きな影響を与えます。

現在、世界の産油量はアメリカ合衆国、ロシア、サウジアラビアがトップ３で並んでいます。アメリカ合衆国は人口が３億２０００万人を超えており、１人当たりの一次エネルギー消費量は６・６トンです。**国内消費量が大きく輸出余力が小さいため、むしろ輸入依存度が高く、２０１７年の原油の純輸出はマイナス３億３６１７万トン**となっています。純輸出量はロシアとサウジアラビアのほうが多くなっています。

インドネシア、イランといった人口大国も上位ですが、これらの国は先進国ほど国内産業が発達しておらず、１人当たりの一次エネルギー消費量が小さいため輸出余力が高いと考えられます。また、産油量や産炭量が多く、かつそれほど人口が多くない国では国内消費量を増やしても十分な輸出余力があるため、１人当たりの一次エネルギー消費量が高い傾向にあります。これはカタール、クウェート、カナダ、アラブ首長国連邦、サウジアラビア、ノルウェーなどがあげられます。

「原油はあと30年で枯渇する」論は本当か？

NO. 21

UNDERSTANDING ECONOMICS: A STATISTICAL APPROACH

原油の可採埋蔵量

地球上に存在する原油の絶対的な埋蔵量のうち、採算が取れて利益が出ると判断された油田の埋蔵量を**可採埋蔵量**といいます。また可採埋蔵量を1年間の産油量で割ったものを**可採年数**といいます。50年近く前は「可採年数はあと30年しかない！」といわれていたそうですが、今も産油は続いています。

これはいったいどういうことなのでしょうか？

可採埋蔵量は技術的・経済的概念で考えられる量です。石油・天然ガスなどのエネルギー資源は、埋蔵している場所を探査しなければ採掘できません。探査や採掘、生産に関する技術革新が進み、**コストが低くなっていけば、可採埋蔵量は今後も増加していく**と考えられています。

世界の原油可採埋蔵量上位国

地域	国名	可採埋蔵量(百万kℓ)	可採年数(年)	産出量(万kℓ)	人口(万人)
中南米	ベネズエラ	48,147	954.7	5,043	2,852
中東	サウジアラビア	42,457	74.6	56,898	3,427
北米	カナダ	26,695	104.9	25,448	3,759
中東	イラン	24,740	179.9	13,754	8,291
中東	イラク	23,058	84.6	27,271	3,931
中東	クウェート	16,139	103.5	15,594	421
中東	アラブ首長国連邦	15,550	85.9	18,095	977
旧ソ連	ロシア	12,720	19.5	65,231	14,437
北米	アメリカ合衆国	11,288	15.9	70,959	32,824
アフリカ	リビア	7,690	121.9	6,308	678
アフリカ	ナイジェリア	5,879	58.9	9,976	20,096

※データは2019年時

出典：『世界国勢図会（2020/21年版）』、人口のみThe World Bank（世界銀行）

実際に探査技術が進歩して、新しい油田やガス田が発見されています。原油に関していえば、１９８０年以降、可採年数は40年程度を維持してきました。

２０１９年時点での原油の可採埋蔵量は約２６７６億kℓ、可採年数は57・６年です。世界で最も埋蔵量が多いのはベネズエラで、可採年数はなんと９５４・７年もあります。以下サウジアラビア、カナダ、イラン、イラク、クウェート、アラブ首長国連邦、ロシアと続きます。やはり**中東の産油国の埋蔵量が多く、可採年数が非常に大きい**です。価格は需要と供給の関係で決まりますので、中東諸国が減産すると石油価格は上がります。その逆もまたしかりです。

これが「地政学的リスク」というもので、地理的条件が国家や地域の政治経済、軍事などに与える影響を研究するのが地政学と一般には認識されています。

中東以外でも「油」がとれるようになった

しかし、近年のシェール革命に代表される非在来型石油の商業化や、オイルショック以降に進んだ国際的な石油安定供給の模索により、**中東諸国の重要性は低下**しました。

非在来型石油とは「従来の油田から採掘された原油ではなく、新技術などによって生産されたエネルギー資源」を指します。以前より、アメリカ合衆国やカナダ、ロシア、オーストラリア、中国、インドといった**国土面積が広大な国では埋蔵が確認**されていたようです。シェールガスやシェールオイルといった石油代替エネルギーの開発は今後も進むでしょう。

また、日本近海ではメタンハイドレートの存在が確認されており、商業化に向けた研究が続いています。日本は領土内では資源小国ですが、島嶼《とうしょ》国であり経済水域が広いため、実は領海内で考えると資源大国といえるのかもしれません。これらを利用するために一日も早い技術開発が待たれます。

アメリカは世界一の原油産出国――今後の展望

NO.
22
UNDERSTANDING ECONOMICS: A STATISTICAL APPROACH

原油の産出量

18世紀後半、イギリスで産業革命が起こるまでは水力や風力、畜力《ちくりょく》、薪炭材《しんたんざい》など、自然界に存在するものを利用していました。しかし、これらのエネルギーは弱く、不安定でした。産業革命期、ワットによって蒸気機関が改良されると、石炭の利用が進みました。

１９６０年代のエネルギー革命によって石炭から石油へとエネルギーの主力が移行し、１９７３年の第一次オイルショックを契機に石油に加えて、原子力と天然ガスの利用が進み、また石炭が見直されるようになりました。

原油とは地下から採掘され、未加工のものを指します。そのため、**オイルシェールやオイルサンド、コンデンセートなども原油に分類**されます。原油は褶曲《しゅうきょく》構造を持つ地層の背斜部に多く埋蔵されており、ペルシャ湾周辺のようなプレートの狭まる境界に多く存在します。エネ研・石油情報センターによれば、埋蔵されているもの、またはそれを採掘したものを「原油」、原油から精製して製品化したものを「石油製品」と定義されています。そして、これらを合わせて「石油」と呼ぶことが一般的なようです。

原油の産出量（２０１９年）はアメリカ合衆国、ロシア、サウジアラビア、カナダ、イラクが上位国です。近年産出量が増えているのがアメリカ合衆国です。

躍進のきっかけは新技術

アメリカ合衆国は２００８年まで原油の産出量は減少傾向にありました。しかしハイドロ・フラクチャリング（通称フラッキング）と呼ばれる水圧粉砕法技術の開発によって、それまでは**困難であったシェール層からの原油や天然ガスの抽出が可能**となりました。

２００９年からは原油の産出量が増加に転じ、２０１１年以降に増加の速度が速まり、**２０１７年には世界最大の原油産出国**となりました。

それまでの原油の産出量は、サウジアラビアとロシアが世界トップ２でしたが、現在ではアメリカ合衆国が頭一つ抜け出しています。

こうした一連の変化を**シェールガス革命**と呼びます（詳細は95ページ）。このシェール

アメリカは世界一の原油産出国

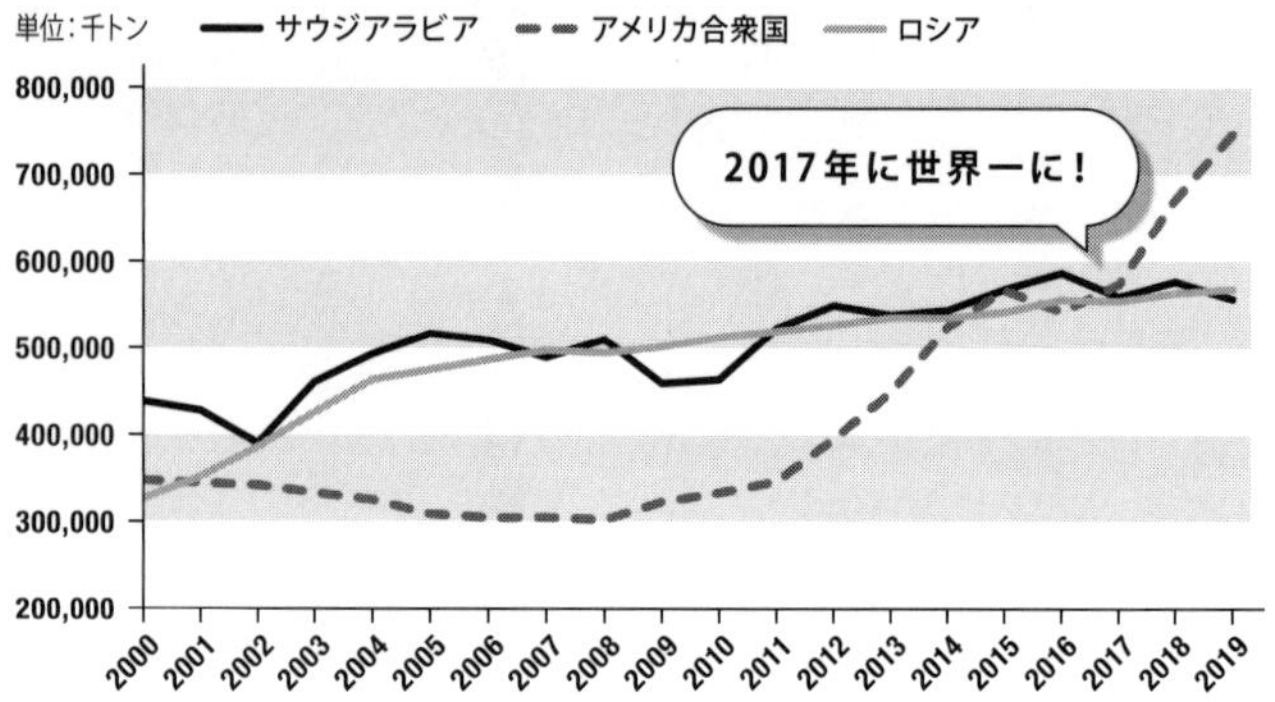

出典：BP plc

ガス革命によって、アメリカ合衆国は天然ガスの産出量も増えました。イラクはイラン・イラク戦争（１９８０～１９８８年）、湾岸戦争（１９９１年）、イラク戦争（２００３年）などの影響があり、産出量が不安定でしたが、２００５年以降は増加に転じています。特に最近10年間は、世界の増産量の約５分の１を占めるほどに成長しています。

ポイントは「水の確保」

今後の石油産業の発展には、「油田に注入する水の確保」、「海外資本の導入」、「政情の安定化」が課題と考えられています。

特にフラッキングでは、大量の水を使用す

ることから、**用水の確保は重要課題の１つ**です。

黄河では、河川水の過剰な取水により河口付近で断流したこともあり、利用には細心の注意が必要です。そのため、雨季などの降水量が多い時期に取水しておく必要があります。河川水の利用については「環境破壊だ！」との反対意見もあり、物理的な問題だけでなく、心情的な問題としても課題があるといえるでしょう。

原油の埋蔵量は中東地域だけで世界の47・7%、またＯＰＥＣ加盟国で世界の70・7%をそれぞれ占めていて、埋蔵の偏在性が大きい資源です。そのため中東地域の政情不安やＯＰＥＣの産出量の増減などが石油価格に大きな影響を与えています。

石炭と天然ガスの強みは「安定供給」にあり

NO.

23

UNDERSTANDING ECONOMICS: A STATISTICAL APPROACH

石炭と天然ガスの産出量

石炭は植物を起源とする化石エネルギーです。植物が湖沼などの底に堆積し、地中の熱や圧力の影響を受けて炭素が濃集《のうしゅう》して生成されます。水分の含有量で質が異なり、最も炭素分が多く発熱量が高い石炭は無煙炭《むえんたん》と呼ばれ、煙をほとんど出さずに燃えます。石炭は主に火力発電などの燃料用、コークス原料などに利用されています。

また原油と異なり、**石炭の埋蔵は世界各地に分布しており、安定供給が可能な資源**と考えられています。石炭の産出量（２０１９年）では、中国、インド、アメリカ合衆国、インドネシア、オーストラリア、ロシアが上位国です。中でも**中国の産出量は世界の47．3％**を占めています。中国は石炭の消費量が断トツで、近年の経済成長を背景に国内の産出量だけでは需要を満たせないため、輸入量も多くなっています。その量は世界最大です。中国よりは規模が小さいですが、インドも同様に輸入量が多くなっています。近年産出量を急増させたのがインドネシアです。特に近隣諸国から需要の大きい中国やインド向けの輸出量が増加傾向にあり、これらの国々では産出量を増やしてきました。日本はインドネシアからの輸入量が増えています。

しかし近年、**アジア諸国の「脱石炭」の動きが活発化**しています。特に東南アジア諸国で顕著です。ベトナムは自然エネルギー開発を優先する方向性を示し、インドネシアは「２０２８年以降は石炭用火力発電の新設をしない」と表明しました。

天然ガスの特徴と主な産出国

天然ガスは原油と同様に炭化水素で、メタンを主成分としています。不純物をほとんど含んでいないため、燃焼時に発生する二酸化炭素や窒素酸化物が少なく、また硫黄酸化物は発生しません。また埋蔵の偏在性が小さく、さらに埋蔵量が豊富です。そのため**安定供給、環境負荷の小ささから今後も利用が拡大する**と考えられています。

天然ガスはマイナス１６２℃まで冷却すると液化天然ガスになります。このとき体積が６００分の１にまで圧縮されるため、天然ガスよりも液化天然ガスのほうが一度で大量に輸送でき、輸送コストの低減を図れます。液化天然ガスは専用のＬＮＧ船で輸送されるため、液化天然ガスの輸出が伸びると、ＬＮＧ船の発注が増えます。２０２０年６月、カタールは韓国の造船会社に対して、２兆円規模のＬＮＧ船の発注を行いました。カタールはロシアについで世界2位の天然ガス輸出量を誇ります。

日本のようにパイプラインの敷設が難しい島国は、天然ガスを液化天然ガスとして輸入します。天然ガスの産出量（２０１９年）はアメリカ合衆国、ロシア、イラン、カタール、中国、カナダが上位国です。**日本は世界最大の液化天然ガス輸入量を誇る国**であり、主な輸入先はオーストラリア、マレーシア、カタール、ロシア、インドネシア、アラブ首長国連邦、ブルネイなどです。

特にオーストラリアは日本と同様に他国と陸続きとなっていないこともあり、液化して輸出します。２０１９年には、カタールを抜いて世界最大の液化天然ガス輸出国となりました（天然ガスの最大輸出国はロシア）。オーストラリアの液化天然ガスによる収入のＧＤＰに占める比率が近年急増しています。

「シェール革命」は資源戦争をどう変えた？

NO. 24
UNDERSTANDING ECONOMICS: A STATISTICAL APPROACH

シェールオイル・ガスの技術的回収可能資源量

「技術的回収可能資源量」とは、技術的には回収が可能であると考えられる量のうち、回収コストを踏まえた可採埋蔵量のことです。つまり市場に出回る価格に見合う生産コストを実現できたとき、可採埋蔵量の議論が始まります。

「シェール」といわれる頁岩《けつがん》には油母《ゆぼ》（ケロジェン）を含んだものがあります。これをオイルシェールといいます。このオイルシェールから取り出された原油がシェールオイル、天然ガスはシェールガスと呼ばれます。

２００６年以降、これらの開発がアメリカ合衆国で始まり、同国の増えゆく天然ガスの消費を支える救世主となりつつあります。２０１１年アメリカ合衆国エネルギー情報局（ＥＩＡ）はシェールガスの「リスクを含む原始埋蔵量」と「技術的回収可能資源量」を

技術的回収可能資源量の上位国（2015年）

シェールオイル	
アメリカ合衆国	124.3
ロシア	118.6
中国	51.2
アルゼンチン	42.9
リビア	41.5

単位＝億kℓ

シェールガス	
中国	31.6
アルゼンチン	22.7
アルジェリア	20.0
アメリカ合衆国	17.6
カナダ	16.2

単位＝兆㎥

出典：The U.S. Energy Information Administration（アメリカ合衆国エネルギー情報局）

それぞれ、**2京5300兆立方フィート**、**6622兆立方フィート**と推定しました。

世界の天然ガスの可採埋蔵量である**73 61兆立方フィート**（2011年当時）、年間天然ガス消費量**113・8兆立方フィート**（2011年当時）と比べても膨大な量であることがわかります。

北米地域以外では、**中国やアルゼンチン、アルジェリアにも多く存在**することがわかっています。

シェールオイルの技術的回収可能資源量は、アメリカ合衆国、ロシア、中国、アルゼンチン、リビア、アラブ首長国連邦、オーストラリア、チャド、ベネズエラ、メキシコが上位国です。

また、シェールガスの技術的回収可能資

源量は、中国、アルゼンチン、アルジェリア、アメリカ合衆国、カナダ、メキシコ、オーストラリア、南アフリカ共和国、ロシア、ブラジルが上位国です。

シェールガスの開発にはオイルメジャーが次々に参入し、２００９年のエクソンモービルによるＸＴＯ社の４兆円買収が話題となりました。「シェール革命」を背景に、アメリカ合衆国は世界最大の天然ガス産出国となりました。そして同時に、シェールオイルの産出量も増加し、いまや世界最大の原油産出国です。

「脱石炭」が進んでいる

また、火力発電の燃料が石炭から天然ガスへ転換したこともあり、輸出余力が増大し、石炭の輸出量が増加傾向にあります。シェールガスの生産拡大によって、発電コストが石炭を下回るようになり、石炭火力発電の初期投資が高騰。経済的メリットがほとんど見いだせなくなっています。そのため近年、アメリカ合衆国における石炭火力発電の新設はありません。**アメリカ合衆国では「脱石炭」が進んでいる**といえます。石炭採掘業者は大打撃を受け、２０１９年にはマレー・エナジーが破産法の適用を申請するに至っています。

アメリカ合衆国は２０００年代前半までは石炭の純輸入国（輸入超過）でしたが、シェール革命によって余った石炭の輸出が拡大したというわけです。

２０１８年以降、日本はシェールガス由来の液化天然ガスの輸入を開始しています。原子力発電所の廃炉が議論される日本においては、エネルギー供給の多様化は歓迎すべきことといえるでしょう。良いことずくめのように聞こえますが、**シェールオイル・ガスの採掘には環境負荷の大きさが顕在化**しており、これが今後の課題となっています。

「石油に頼らない国」の戦略とは？

NO. 25

UNDERSTANDING ECONOMICS: A STATISTICAL APPROACH

一次エネルギー供給量

一次エネルギー供給量とは、「一次エネルギーから一定期間に供給されるエネルギー量」のことです。**エネルギー資源をどれだけ使っているかを示す指標**ともいえます。

一次エネルギー供給量（石油換算、２０１８年）をみると、中国、アメリカ合衆国、インド、ロシア、日本、ドイツが上位国です。経済大国、人口大国が続きますね。

１人当たりの一次エネルギー供給量（石油換算、トン／人、２０１８年）をみると、中国2・29、アメリカ合衆国6・81、インド0・68、ロシア5・25、日本3・37、ドイツ3・64です。最大はアイスランドの17・40で、以下カタール15・60、トリニダード・トバゴ12・24と続きます（実際には各国ごとに電源構成や一次エネルギーの定義が異なる。ＩＥＡ［国際エネルギー機関］が統一した一次エネルギー換算を行って公表）。

世界の多くの国では、石油が一次エネルギーの中心になっていますが、ここでは石油以外の資源を一次エネルギーの主力にしている国に目を向けます。

石炭をメイン資源にする理由

石炭を一次エネルギーの主力にしている国は、南アフリカ共和国（74・3％）、中国（63・8％）、ポーランド（47・6％）、インド（44・3％）、オーストラリア（34・6％）です。これらの国は石炭の産出量が多く、エネルギーの主力に据えています。環境負荷という観点などではなく、**他のエネルギー資源（石油や天然ガスなど）を海外から輸入するより、国内産の石炭を使ったほうが安価**なためです。特に南アフリカ共和国は長年アパルトヘイトを実施していたため、石油の禁輸措置をとられていました。そこで、石炭を原料とする合成油の生産を行い、これを利用してきました。

天然ガスを一次エネルギーの主力にしている国は、ロシア（53％）、アルゼンチン（52・9％）、エジプト（51・1％）、オランダ（41・7％）、マレーシア（38％）などが知られていますが、基本的には石油と併用しています。天然ガスは世界の広い範囲で埋蔵がみられるため、石油よりも供給の安定性が高いです。また**燃焼時における酸化物**

の排出量が少ないクリーンエネルギーという特徴をもっています。こうした特徴をもつ資源が自国で産出できるならば、それを積極的に使うのではないでしょうか。

原子力、再生可能エネルギーは？

原子力を一次エネルギーの主力にしている国は先進国に多く、特にフランス（42％）が高くなっています。ウクライナは、かつてチェルノブイリ原発事故（事故当時、ウクライナはソビエト連邦の構成国）を引き起こしていますが、原子力は現在でも主力エネルギーの1つとして利用しています。この事故を受けてイタリアは国内の原発を閉鎖したこともあり、原子力の割合は0％です。またオーストラリア（2536万人）やニュージーランド（492万人）は、人口規模から国内のエネルギー需要が小さく、またエネルギー資源（オーストラリア）や再生可能エネルギー（ニュージーランド）が豊富なため、原子力を利用する必要はないので0％です。

再生可能エネルギーの割合が高い国はアイスランドやニュージーランド（水力・地熱）、ノルウェーやカナダ（水力）、ブラジル（水力・バイオ燃料と廃棄物）、インドネシア（地熱・バイオ燃料と廃棄物）、ベトナム（水力・バイオ燃料と廃棄物）などが有名です。

NO.

26

UNDERSTANDING ECONOMICS: A STATISTICAL APPROACH

どこで何がとれるのか——隠れた資源大国

鉄鉱石、銅鉱、ボーキサイトの産出量

鉱産資源とは地下から採掘される資源のことで、エネルギー資源、金属資源、非金属資源に分類されます。**地下から採掘されるため、国土面積の大きい国は埋蔵量・産出量が多い**傾向にあります。ここでは鉄鉱石、銅鉱、ボーキサイトに焦点を当てます。

鉄鉱石の産出量（鉄含有量ベースの重量、２０１８年）はオーストラリア、ブラジル、中国、インド、ロシア、南アフリカ共和国が上位国です。総重量に対する鉄含有量の割合はだいたい60％強。世界における鉄鉱石の輸出量（２０１７年）はオーストラリア（53・2％）とブラジル（23・4％）の2か国が中心です。

銅鉱の産出量（銅含有量ベースの重量、２０１５年）はチリ、中国、ペルー、アメリカ合衆国、コンゴ民主共和国が上位国です。特にチリは世界の約30％を産出しています。チリやアメリカ合衆国、ペルー、カナダ、メキシコなど**環太平洋諸国での産出量が多くなっています。**日本は半分近くをチリから輸入しており、以下ペルー、インドネシア、カナダ、オーストラリア、パプアニューギニアなどから輸入しています。

実は鉄より銅のほうが貴重！

銅鉱の有名な産出地としては、コンゴ民主共和国からザンビアにかけて広がる銅鉱床地帯（カッパーベルト）と、パプアニューギニアのブーゲンヴィル島があげられます。カッパーベルトは、内陸に位置するため、沿岸部まで輸送するための鉄道が建設されました。

ちなみに、含有量を比較すると、銅鉱は鉄鉱石の約１・４％の産出量しかありませんので、銅鉱は鉄鉱石よりも価格が高い資源です。ゲーム「ドラゴンクエストシリーズ」では「どうのつるぎ」より「はがねのつるぎ」のほうが価格が高いのですが、現実世界ではあり得ないわけです。

ボーキサイトは「アルミニウムの鉱石」と称される鉱石です。アルミニウムは、金属に限定すると土壌中の存在量が最大で、他の元素と結合して存在しています。熱帯地域の気候は高温多雨のため、雨水によって土壌中の水溶性成分が溶けてしまいます。そのときに残留して集まったものを残留鉱床《ざんりゅうこうしょう》といい、これらの中にボーキサイトがあります。他にはギブサイトやベーマイトなどが知られています。

こうした背景から、ボーキサイトの埋蔵は**熱帯地域、もしくはかつて熱帯地域だった場所に限定**されています。ボーキサイトの産出量（2017年）は、オーストラリア、中国、ギニア、ブラジル、インド、ジャマイカなどが上位国です。ギニア（24・6万㎢）やジャマイカ（1・1万㎢）といった小さい国でも産出量が多いのは、熱帯気候が展開するという自然環境が背景にあるわけです。

かつてフランスとドイツが熾烈な争奪戦を繰り広げた地域があります。アルザス・ロレーヌ地方です。**鉄鉱石や石炭が豊富に産出**されるため、両国の係争地となりました。ドイツ語で「エルザス・ロートリンゲン」と呼ばれるこの地域は、普仏戦争（1870〜1871年）を語る上で重要な場所です。

この普仏戦争は、プロイセン王国を中心とした統一ドイツを創設する上で、「フランスという共通の敵」の前にドイツ人のナショナリズムを高揚させる目的もありました。普仏戦争中にドイツ帝国が樹立され、アルザス・ロレーヌ地方はドイツ帝国に割譲されます。

後にドイツは同地方で産出された鉄鉱石や石炭を利用して産業革命を加速させました。アルザス・ロレーヌ地方はライン川が北流するため、ここで産出された鉄鉱石はライン川水運を利用して搬出され、流域のルール工業地域では重工業が発達していきます。

「資源の奪い合い」を緩和させる知恵

現代においても、資源産地の奪い合いがないわけではありません。現にアフリカでは紛争や内戦が頻発しています。軍事力の蓄積が進み、さらなる暴力的衝突の可能性が高まり続けていくというわけです。

ＥＵの前進であるＥＣ（ヨーロッパ共同体）は、ＥＣＳＣ（ヨーロッパ石炭鉄鋼共同体）、ＥＥＣ（ヨーロッパ経済共同体）、ＥＵＲＡＴＯＭ（ヨーロッパ原子力共同体）の３つが統合して成立しました。このうちＥＣＳＣは**石炭と鉄鋼の共同市場を創設することで「紛争の火種」を取り除こうとした**わけです。政情の安定を図るために、ヨーロッパ人が生み出した知恵といえるのかもしれません。経済とは「土地と資源の奪い合い」なのですから。

NO.
27
UNDERSTANDING ECONOMICS: A STATISTICAL APPROACH

植物油の争奪戦が始まっている

主要植物油の世界生産量の推移

経済が発展し、国民の生活水準が向上すると、肉類や乳製品、そして油脂類の需要が高まります。ここでは油脂類の中でも植物由来の油について見ていきます。

植物油には大豆油、パーム油、菜種《なたね》油、ひまわり油、ごま油、ココナッツオイル（ヤシ油）、トウモロコシ油、オリーブ油などがあります。

各植物油の原材料は名前から推測できると思いますが、パーム油は「アブラヤシ」から生産します。他にも亜麻《あま》の種子、白ワインの副産物、米、紅花、落花生、綿など、かなりの種類が油に加工されています。植物油の中でも**特に生産量が多いのがパーム油、大豆油、菜種油**です。

パーム油は、アブラヤシの果実から得られ、植物油の中で生産量が最大です。ここにはアブラヤシの種から得られるパーム核油《かくゆ》は含まれません。アブラヤシは成長すると20mを超え、樹高の先端に実がなるので収穫が大変です。収穫した実を蒸したあとに油を絞ります。絞った直後のパーム油はβカロテンを多く含み、オレンジ色をしています。アブラヤシは一年中実をつけ、土地生産性が高く収穫量が多いため、パーム油は安価で流通しています。

パーム油：インドネシアとマレーシアの独壇場

パーム油の生産はインドネシア（56・8％）とマレーシア（27・3％）の2か国で世界の84・1％の生産量を誇ります。特にマレーシアは、以前は天然ゴム栽培への依存度が高かったのですが、合成ゴムの台頭やゴムの樹の老木化をきっかけに、天然ゴムだけでなくアブラヤシ栽培を始めました。**先進国での油脂類需要を取り込むことが目的**でした。

マレーシアのアブラヤシ栽培は拡大の一途をたどり、１９７１年から２０１１年までの40年間で栽培面積が24倍になりました。熱帯林を切り開くことによる農園開発でしたので、パーム油の生産過程において多くの二酸化炭素が排出されたといえます。よって、パーム油を利用したバイオマス発電（可燃ゴミや糞尿などを利用した発電）はカーボンニュートトラル（炭素中立）にはならないと考えられています。

東南アジアの森林地帯にある泥炭《でいたん》層には、世界の化石燃料の使用量およそ100年分の炭素が貯蔵されているといわれています。しかし森林伐採によって泥炭層が失われ、二酸化炭素の放出が始まっています。実はインドネシアは世界トップクラスの二酸化炭素排出国なのです。また熱帯雨林の破壊は、トラや象、オランウータンなどの動物の生態系を破壊し、先住民から住む場所を奪っているのです。

しかし、「それならばパーム油を使わなければいい！」ともいきません。代替植物油を求めようにも、**パーム油を超える生産性の高い植物油は存在しません。**大豆や菜種で代替しようものなら、今より広い範囲の森林が農園に様変わりしてしまうのです。そこで、「持続可能なパーム油」の生産をする動きが拡大しています。原生林の伐採によって農園を造成していないか、プランテーション農園内での野生動物を保護しているかなど、いくつかの基準が設けられ、これを厳しく遵守することが求められるようになりました。

大豆油：中国とブラジルの意外な関係

続いて生産量が多いのが大豆油です。その最大の生産量を誇るのが中国です。中国は、近年の経済成長を背景に生活水準が向上して、油脂類だけでなく、肉類や乳製品の需要が高まりました。そこで大豆油の原料として大豆の輸入が拡大しました。現在は国内生産量の7・28倍（2017年）もの大豆を輸入しています。この中国に対して大豆の輸出を拡大させたのがブラジルです。**ブラジルの最大輸出品目は「大豆」であり、最大輸出相手国が「中国」**となっていることからもわかります。ブラジルの大豆生産量は年々増加しており、近いうちに最大のアメリカ合衆国を抜くだろうと考えられています。もちろん、ブラジルでも大豆栽培をしており、それが熱帯林の破壊につながっています。

菜種油：バイオディーゼルの原料にもなる

3番目に多いのが、菜種油です。**世界最大の菜種生産国はカナダですが、菜種油の生産は中国が世界最大**です。中国は、かつては菜種の生産が内陸部に偏っていたこともあり、菜種生産は内陸部で盛んでした。しかし2008年より沿岸部において輸入菜種を利用した菜種油生産が始まりました。中国の主な輸入相手先はカナダです。カナダは国内人口が3759万人（2019年）とそれほど多くないこともあり、菜種の輸出余力が大きい国です。またドイツやフランスなどではバイオディーゼルの原料として菜種油を利用する傾向が強まり、両国の菜種生産量は増加しました。

争奪戦のメカニズムとは？

近年は新興国の経済成長とともに、これら油脂類の需要が高まっています。そのため需要と供給のバランスに大きな変動がみられるようになりました。

つまり、油脂類の争奪戦が起きているのです。「争奪戦」とは何もエネルギー資源や鉱産資源の話だけではありません。特に**経済成長著しい中国では油脂類の需要が高まり、その原料となる大豆の輸入が拡大**しています。中国だけでなく、アジア市場での油脂類、または油脂類資源の争奪が予想されます。

日本の油脂類自給率（カロリーベース）は13％と低く、また原料のほとんどを輸入でまかなっているため、世界市場の影響に大きく左右されます。安定供給の道をいち早く模索する必要があるのです。安定供給のためには、油脂類原料の自給率を高めることと、油脂類消費量の削減が有効な手段といえるでしょう。しかし欧米諸国と比べると、もともと1人当たり油脂類消費量が小さいため、自給率の向上が最もよい手立てでしょう。

NO. 28
UNDERSTANDING ECONOMICS: A STATISTICAL APPROACH

日本に迫る「木材争奪戦」の影とは？

木材伐採高とその用途

木材伐採高が多い国は、基本的に国土面積が大きい国です。それもそのはずで、国土面積が広ければ、オーストラリアのように乾燥気候が広く展開していない限り、森林面積が広くなります。実際に世界の木材伐採高（2018年）はアメリカ合衆国、インド、中国、ブラジル、ロシア、カナダと、上位国は国土面積が広い国で占められています。

木材伐採高の内訳は**「用材」**と**「薪炭材」**に分類されます。用材はその名の通り「何かに用いられるための木材」のことで、建築用材、家具用材、パルプ用材などがあります。一方の薪炭材は燃料として用いられる木材のことです。

樹木は針葉樹と広葉樹に分類されます。針葉樹材は英語で「softwood」といい、軟らかくて軽いため、輸送に便利でまた加工しやすい樹木です。さらに真っすぐ生えていて、

「くるい」が少ないこともあって**建築用材としての利便性が高い**です。種類は約500と少なく、亜寒帯（冷帯）地域では針葉樹の純林地帯（タイガ）が形成されます。これは目的の樹種を見つけやすいという利点となり、林業が発達します。

欧米諸国は温帯から亜寒帯気候の地域が多く、森林面積に占める針葉樹の割合が比較的高くなっています。針葉樹の伐採高（2017年）はアメリカ合衆国、ロシア、カナダ、中国、スウェーデンが上位国です。

一方の広葉樹材は英語で「hardwood」といい、硬くて重いため、輸送が大変です。また「くるい」が多く、曲がって生えていることが多いため加工が大変です。そのため建築用材よりは、**家具や楽器、パルプ、薪炭材などの材料として利用**されます。種類は約20万と豊富であり、森林の多くが雑林となっています。広葉樹の伐採高（2017年）はインド、中国、ブラジル、アメリカ合衆国、インドネシアが上位国です。

日本は、国土面積に対する森林面積の割合が68・4%と高く、そのうち82・6%が針葉樹林です。日本は約73%が山地・丘陵地であるため、標高の高い場所に森林が多く、針葉樹割合が高い国です。しかし、**平地林よりも山地林が多いため、物理的にも経済的にも伐採が困難**です。山地で伐採した木材を利用するには、それを市場まで届けるための輸送インフラを整える必要があります。山地ごとに輸送インフラを整えるには時間と費用がかかりすぎてしまいます。そのため山道を整備して森林伐採するよりは、安価な外材を輸入したほうが効率は良く、日本の木材自給率は36・6％（2018年）とそれほど高くありません。

しかし、近年は木材自給率が向上しています。これは「合板製造業において国産の間伐材利用が増加したこと」「ロシアが針葉樹原木の輸出関税の引き上げを行ったこと（これにより日本の輸入量減少）」「戦後に植樹された樹木が成長し伐採時期に至ったものが増えていること」などが背景にあります。**日本は特にカナダ、アメリカ合衆国、ロシアからの木材輸入が多くなっています。**

中国の次なる一手は？

近年、日本は木材の対中輸出が増えています。これは中国国内の事情によるところが大きいようです。中国は国土面積が大きいとはいえ、森林面積率は23・03％しかありません。そのため**国民1人当たりの森林面積は非常に小さい**国です。

近年の木材消費量の増加を背景に、環境保護の観点から一部の省や自治区で天然林の伐採を全面禁止としました。こうしたことを背景に、日本に供給先を求めています。日本は山地林の活用は難しいのですが、先述のように植樹された樹木の成長によって伐採時期に至ったものが増えてきました。特に九州地方からの対中輸出が増えています。

また日本では外国資本による森林買収が増えており、林野庁によると、2019年の1年間は取得者の多くが**法人・個人問わず中国が最多**でした。2006年から2019年までの間の統計をみると、最も買収されたのは北海道のニセコ町、ついで倶知安《くっちゃん》町、蘭越《らんこし》町となっています。すべてリゾート地ですね。

木材は「丸太」、もしくは「製材」の形で取引されます。**世界最大の丸太輸出量（2018年）を誇るのはニュージーランド**です。

ニュージーランドは主に北島と南島に分かれており、南島ではサザンアルプス山脈が縦断します。これが偏西風を遮るため、風上側となる山脈の西側は多雨地域となります。ホキティカという都市の年降水量は約2800㎜であり、降水量が多い地域です。こうした自然環境を背景に、森林地帯が広がり林業が発達しています。またニュージーランドは人口が約490万人と少ないため国内消費量が少なく、木材の多くが輸出されています。ニュージーランドの輸出品目第3位は「木材」です（1位「酪農品」、2位「肉類」）。

ちなみに王子製紙はパルプ工場をニュージーランドのネーピアという都市に設立し、この都市にちなんで**「ネピア」**というブランド名を作りました。

日本は世界5位の「再生可能エネルギー国家」

日本の再生可能エネルギーによる発電能力

NO. 29

UNDERSTANDING ECONOMICS: A STATISTICAL APPROACH

再生可能エネルギーとは、自然エネルギーやバイオマスなど、自然界に常に存在するエネルギーのことです。環境負荷が小さく、枯渇の心配がなく、また二酸化炭素の排出がないという特徴があります。

一方で、「大きな設備が必要であること」「天候などに左右されるため供給が不安定で、需要に合わせて発電できないこと」「発電コストが割高であること」などの短所ももちあわせています。日本における再生可能エネルギーは法的に種類が規定されており、太陽光、風力、水力、地熱、太陽熱、大気中の熱・その他の自然界に存在する熱、バイオマスの7つです。この中でも水力発電量は単独で統計に示されることが多く、再生可能エネルギー統計に含まれないことがあります。

ＥＩＡ（アメリカ合衆国エネルギー情報局）の統計によると、日本の再生可能エネルギー（水力発電は含まない）による発電量（２０１８年）は**中国、アメリカ合衆国、ドイツ、インドについで世界第５位**です。総発電量に占める割合は約14％であり、なかでも「太陽光発電」比率が６・36％と最も高く、次いで「バイオマス・廃棄物発電」比率が４・49％となっています。

日本で太陽光発電が普及した理由

日本で太陽光発電の普及が進んだのは国の政策が大きいと考えられます。ソーラーシステム普及促進融資制度（１９８０〜１９９６年）やＦＩＴ（固定価格買取制度・２０１２年〜）の２つが大きく関わっています。

かつて日本には、１９７３年の第一次オイルショックをきっかけに新エネルギーの技術研究開発を進める「サンシャイン計画」（１９７４〜２０００年）がありました。サンシャイン計画が始まった当初、太陽電池の製造コストは**１Ｗ当たり数万円もかかっていましたが、現在では数百円程度。**こうして太陽電池の技術がコモディティ化していき、２０１２年に固定価格買取制度が始まると、太陽光発電の普及が一気に進みました。

日本の太陽光発電量（ＴＷｈ）は、２０１１年は４・84でしたが、２０１２年には６・61、２０１８年には62・67となっています。太陽光発電を行うには日照時間が長いほうが有利です。そのため、日本海側のように冬に大陸からのモンスーンの影響を受けて降水量が多くなる地域や日本列島北部は太陽光発電を行うには不利な地域です。結果、**日本の太陽光発電量は太平洋側の県で多くなっています。**また山梨県や長野県、群馬県といった内陸で年降水量が少ない県でも多くなっています。

日本は化石燃料に乏しい国です。石油や石炭、天然ガスといったエネルギー資源の安定供給、原子力発電の積極的な開発と運用を進めてきました。しかし、**２０１１年の東日本大震災をきっかけに、原子力発電事業は見直しを迫られ、再生可能エネルギーが期待**されるようになりました。

先述の固定価格買取制度によって太陽光発電が普及しました。買取価格の規定額は年々下落傾向にありますが、太陽光発電の設置コストも下がってきており、特に環境問題の解決策としてクリーンエネルギーである太陽光発電は今後も普及が進むだろうと考えられています。これはＳＤＧｓで示された目標にも合致します。もちろん夜は発電できませんので、太陽光発電システムと蓄電システムのセット販売が増えるのではないでしょうか。将来的には、電気の自給自足が可能になる時代がくるのかもしれません。

日本で使われている再生可能エネルギー

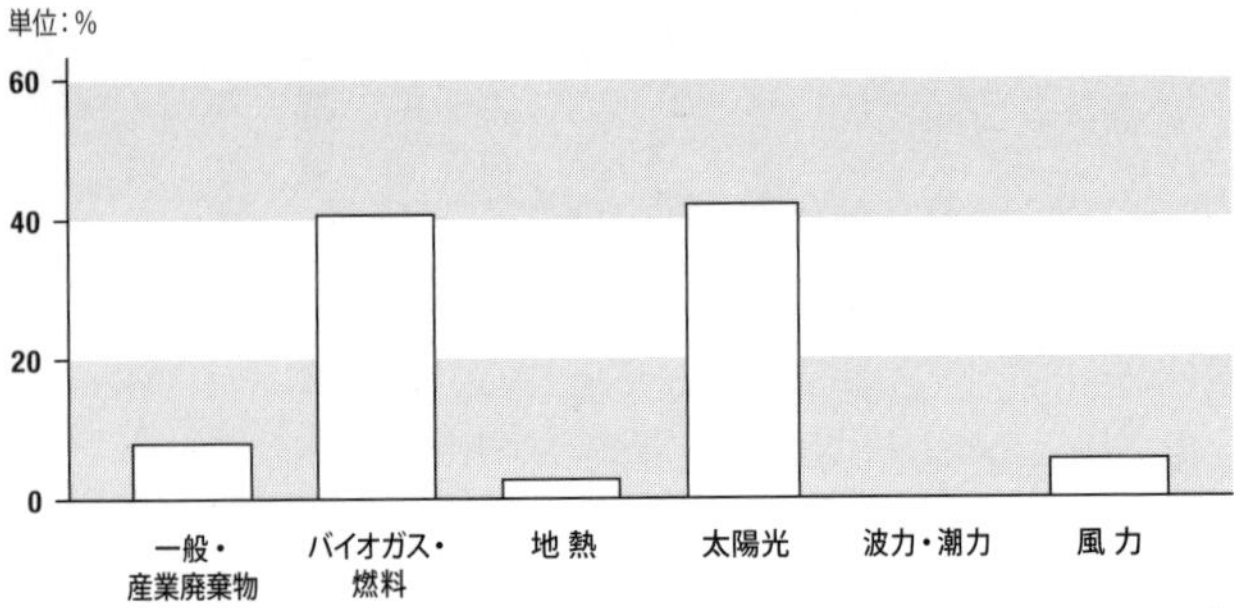

※IEA Statisticsにより作成。

電力として供給される再生可能エネルギー（水力を除く）の割合を種類別に示したもの（2015年時データ）

出典：東京学芸大学前期試験・地理（2019年）

日本では、バイオマスによる発電量も増えています。

バイオマスとは、家畜排泄物やパルプ廃材、古紙などの「廃棄物系」、農作物や林地残材（建築用材などに利用できない残材）などの「未利用系」、糖質資源（サトウキビなど）や油脂資源（菜種や大豆など）、デンプン資源（米やトウモロコシなど）などの「資源作物」を指します。

これらの利用は**省エネ、エネルギーの地産地消を実現する有効な手段**です。またバイオガスとは、バイオマス由来の燃料ガスのことです。太陽光発電と同様に、２０１２年の固定価格買取制度の始まりによってバイオマス発電も拡大しました。

これまでバイオマスについてはカーボ

ンニュートラルであると認識されてきました。しかし、実際にはアブラヤシなどの燃料の生産・輸送などで化石燃料が使われるため、その際に温室効果ガスが排出することも考えられます。よってバイオマス発電が必ずしも環境負荷を小さくするとは限りません。そのため「バイオマス発電は固定価格買取制度の支援材料として不適切ではないか」という意見もあるようです。今後は、**各地域で出た廃棄物を利用することが重要**となってきます。

日本列島は環太平洋造山帯に位置していることもあり、４つのプレートが集合して地震や火山が多い国です。こうした背景から、日本が保有する地熱資源量は、アメリカ合衆国、インドネシアに次いで世界３位を誇ります。しかし、**わずか２％しか活用されていません。**これは一般に、１９６０年代後半から環境庁（当時）の通達で、自然公園内の地熱は既存の発電所以外の開発を推進しないこと、当時は原子力発電を推進していたこと、また温泉事業者からの慎重論があることなどが背景にあります。**地熱発電は開発が進まず、そして人材育成も進んでいない**状況にあります。

南アメリカとアフリカで森林破壊が進む理由

NO. 30

UNDERSTANDING ECONOMICS: A STATISTICAL APPROACH

世界の森林面積の推移

二酸化炭素は代表的な温室効果ガスです。諸説ありますが、人為的に排出された二酸化炭素が地球温暖化の要因と考えられています。

植物は二酸化炭素を吸収して、酸素を排出します。単純な話ですが、森林が増えれば増えるほど、植物内に蓄積された炭素量が増えていきます。**1haの森林には約100トンの炭素が蓄積**されているといわれています。

世界の森林面積は約40億6000万ha（陸地の約31％）にのぼり、そのうち約45％は熱帯に分布しています。また森林分布は偏在しており、**ロシア、ブラジル、カナダ、アメリカ合衆国、中国だけで世界の約54％の森林を有しています。**森林形成の条件がそろっていれば、国土面積が広大な国ほど森林が豊富です。

しかし、１９９０年以降、世界の森林は１億７８００万haも減少しました。これはアフリカのリビアの国土面積に相当し、日本の国土面積の約４・７倍の広さです。世界全体の森林面積は減少傾向が続いていますが、**「１９９０〜２０００年」と比べると、「２０００〜２０１０年」の減少幅は低下**しています。

どこで森林破壊が進んでいる？

南アメリカは「地球の肺」ともいわれる広大な熱帯雨林（セルバ）を有するため、地域別炭素蓄積量が世界最大となっています。しかし、近年の経済発展によって高速道路や牧場の建設、農作物栽培地の拡大などによって森林が減少傾向にあるため、炭素蓄積量が減少しています。減少幅が小さくなってきているとはいえ、依然として高い水準です。

アフリカには発展途上国が多く、現在でも労働集約的な農業を営んでいる国が多いため、子供が労働力として活用されます。そのため人口増加率が非常に高く、食料やエネルギーの需要が大きく、森林減少が進んでいます。特に顕著なのは、アフリカ最大の人口を誇るナイジェリアです。

アジアの中でも東南アジアは森林面積の減少が著しい地域です。これはインドネシアやマレーシアなどの国が、**アブラヤシ栽培農園を増やしたことが要因**の1つです。インドネシアの国土面積は日本のおよそ5倍もありますので、東南アジア全体に与える影響が大きいといえます。

オーストラリアの森林面積が減少しているのは干ばつと森林火災が主因です。20世紀中に大きな干ばつを6回、21世紀にはすでに2回もの干ばつを経験しています。

エルニーニョ現象の発生が背景にあり、このとき東南アジアからオーストラリアにかけて高気圧の勢力が強まります。オーストラリアは乾燥気候が広く展開し、元々降水量がそれほど多くありません。広範囲にわたって長い期間の干ばつが続くと森林地帯は極端に乾き、燃えやすい状態となります。樹木が「燃料と化してしまう」のです。

森林が増えている地域もある

一方、北アメリカとヨーロッパ（ロシア含む）、そして東アジアでは、いずれも炭素蓄積量も増加傾向にあります。環境問題への意識の高まりなどを背景に、植林や森林保全が進められていることが背景にあります。世界の森林は約93％が天然林、約7％が人工林であり、特に減少しているのは天然林ですが、人工林に関しては増加傾向にあります。

森林面積減少の大きい国と推移

1990～2000年

国名	1年間に消失した森林面積（ha／年）
ブラジル	2,890
インドネシア	1,914
スーダン	589
ミャンマー	435
ナイジェリア	410
タンザニア	403
メキシコ	354
ジンバブエ	327
コンゴ民主共和国	311
アルゼンチン	293

2000～2010年

国名	1年間に消失した森林面積（ha／年）
ブラジル	2,642
オーストラリア	562
インドネシア	498
ナイジェリア	410
タンザニア	403
ジンバブエ	327
コンゴ民主共和国	311
ミャンマー	310
ボリビア	290
ベネズエラ	288

POINT

減少傾向は緩やかになっているものの、

世界中で森林破壊が進んでいる

出典：Food and Agriculture Organization（国際連合食糧農業機関）

第 3 章

貿易とデータ

——国家間の思惑が透ける

UNDERSTANDING ECONOMICS : A STATISTICAL APPROACH | CHAPTER 3

本章で取りあげる主な統計

世界の1人当たり貿易額と貿易依存度、日本の貿易統計、アメリカ合衆国の貿易相手国、中国の貿易相手国、ASEANの貿易相手国、EUの貿易相手国、マレーシアの輸出品目の経年変化、オーストラリアの1960年と2010年の貿易比較、知的財産使用料の貿易額、日本からアジア諸国への直接投資残高

国内と国外のどちらを攻める？貿易の基本

NO. 31

UNDERSTANDING ECONOMICS: A STATISTICAL APPROACH

世界の１人当たり貿易額と貿易依存度

世界の貿易額（米ドル、２０１９年）をみると、１位中国（４兆５７７８億）、２位アメリカ合衆国（４兆２１０６億）、３位ドイツ（２兆７２３３億）、４位日本（１兆４２６５億）、５位オランダ（１兆３４４２億）と続きます。

日本は世界４位の貿易額を誇りますが、**日本の金額を１００とすると、中国３２１、アメリカ合衆国２９５、ドイツ１９１、オランダ94**となります。

中国とアメリカ合衆国は別ですが、ドイツとオランダの人口は少なく、それぞれ日本の人口の65・80％、13・70％にすぎません。つまり、日本の１人当たり貿易額は、ドイツやオランダよりも大きいとはいえない状況です。

１人当たりの貿易額（米ドル）は、中国３２７５、アメリカ合衆国１万２８２８、ドイツ３万２７５９、日本１万１２９８、オランダ７万７５５６となっています。

１人当たり輸出額（米ドル）はどうでしょう。日本は５５８８で、アメリカ合衆国の５００６よりは高いものの、ドイツ１万７９１６、オランダ４万８８８２よりは低くなっています。ドイツやオランダだけでなく、フランス８５１４、イギリス７０２８、イタリア８９１８、ベルギー３万８９１９、スペイン７０９５とEU各国よりも低い数値です。

貿易を読むカギは「国内需要」にあり

これらの大きな要因は人口規模です。日本は、１億２６２６万人（２０１９年）の人口を有するため、国内需要が大きく、これだけでも十分に経済が成り立ちます。**海外需要を取り込むのではなく、国内需要を取り込むことが目的となっている企業も多い**のです。高い技術力がありながら、海外市場に売り込めていないことが予想されます。「日本の技術力が低く、日本製品が海外市場で求められていない」などということはないでしょう。

貿易依存度（GDPに対する輸出輸入額の比率）は、一般に資源保有国や新興国で高い傾向にあります。前者は資源供給地となっているため、そして後者は低賃金労働力を武器に、外資を導入して輸出指向型の工業化を進めるため、それぞれ輸出依存度が高い傾向に

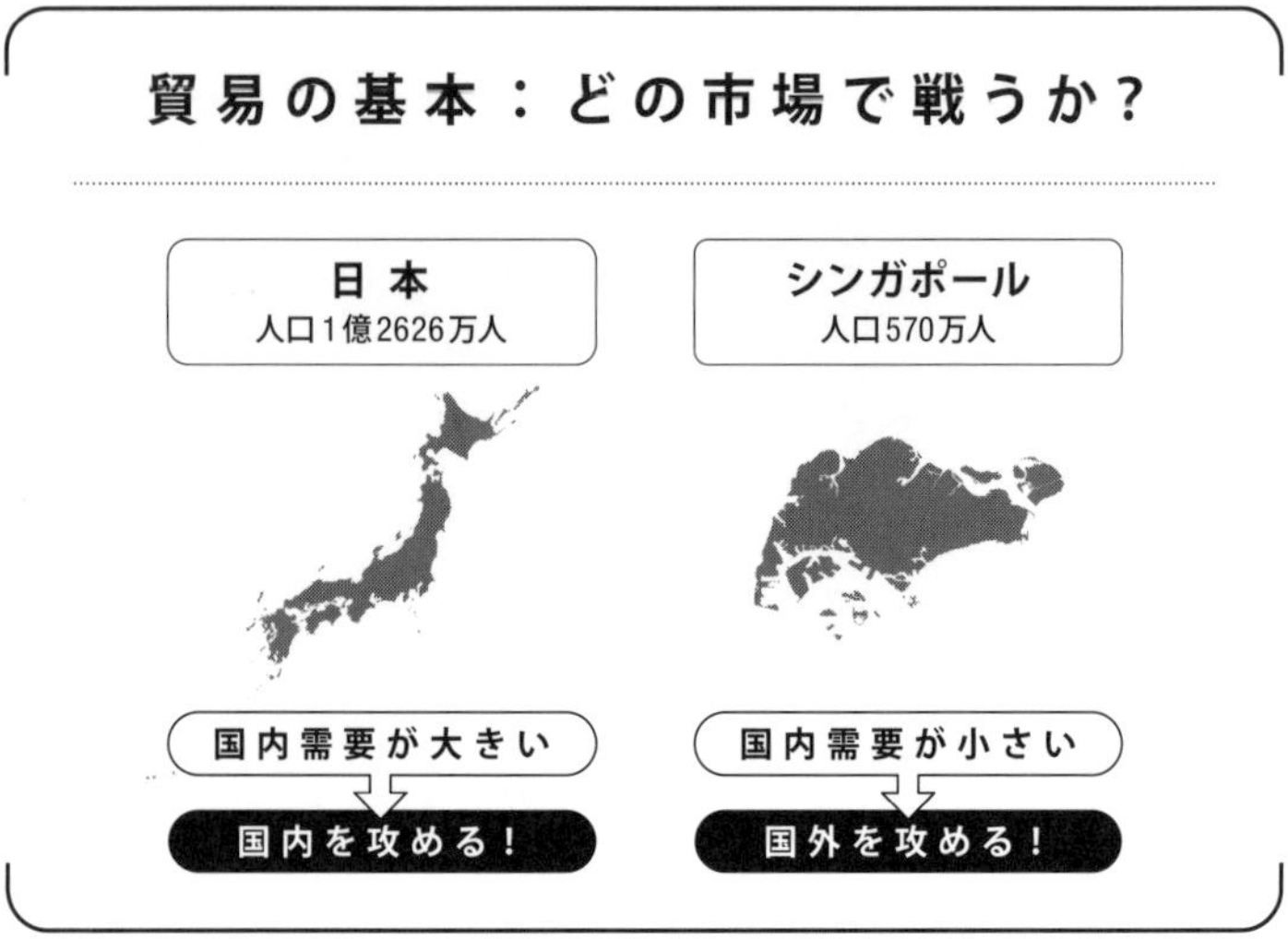

あります。

実際、**日本の輸出依存度は13・7%**しかなく、ドイツの38・３%、オランダの61・２%よりも小さいのです。ただドイツやオランダはEUに加盟しているので、日本とは土壌が異なります。一方、輸出依存度が１００%を超える国・地域もあります。シンガポールや香港です。これには中継貿易が背景にあります。日本のように**人口が多く、国内需要が大きい国では、その国内需要を取り込むことが重要**です。しかし、シンガポール（５７０万人）や香港（７５０万人）は人口が少ないこともあり、国内、域内の生産物で国内市場が一瞬で飽和します。そのため積極的に海外需要を取り込む必要があるのです。

しかし、そもそも人口が少ないため、生産物はそれほど多くありません。また国土面積が小さいため、鉱産資源が乏しく、これらの輸出で外貨を稼ぐことはできません。そこで地理的な優位性を活かし、古くから中継貿易を行ってきました。他国から輸入した生産物を第三国に輸出するのです。

「需要と供給」を読むのが難しくなった

輸出総額を基本とした統計においては、最終需要に基づく輸出依存度の実態を把握することは難しいと考えられています。

例えば、日本企業が中国で現地法人を設立し、そこに向けて中間財を輸出し、これを輸入した現地法人が加工。そして最終財としてアメリカ合衆国に向けて輸出したとします。この場合、日本で生産された生産物の最終需要地はアメリカ合衆国ですので、**日本の輸出は実質的にアメリカ合衆国の国内需要によって増減する**ことになります。しかし、日本から中国への輸出額だけが計上されるため、実態の把握が難しくなるのです。

NO.
32
UNDERSTANDING ECONOMICS: A STATISTICAL APPROACH

「アメリカからアジアへ」日本の生存戦略

日本の貿易統計

2019年の日本の貿易統計は、輸出額が76兆9317億円、輸入額は78兆5995億円。**貿易収支は1兆6678億円の赤字**でした。これは米中貿易摩擦による保護主義的な動きがみられたことが背景にあります。

輸出品目をみると、機械類、自動車、自動車部品、鉄鋼、プラスチック、精密機械などが上位品目です。先進国の多くで輸出品目は「1位機械類、2位自動車」となっており、日本も同様です。一方の輸入品目は、機械類、原油、液化天然ガス、衣類、医薬品、石炭が上位品目です。ここでは日本とASEAN、EU、中国との貿易を個別に見ていきます。

表は日本とASEAN、中国、EUのそれぞれの間における主要輸出入品の金額別上位5品目を示したものです。

日本の輸出入品の金額別上位（2019年）

順位	ASEAN		中国		EU	
	日本への輸出	日本からの輸入	日本への輸出	日本からの輸入	日本への輸出	日本からの輸入
1	液化天然ガス	鉄鋼	通信機	半導体等電子部品	医薬品	自動車
2	衣類	半導体等電子部品	衣類	半導体等製造装置	自動車	自動車の部分品
3	絶縁電線・絶縁ケーブル	自動車の部分品	電算機類（含む周辺機器）	プラスチック	有機化合物	原動機
4	通信機	自動車	音響映像機器（含む部品）	自動車	科学光学機器	電気計測機器
5	半導体等電子部品	原動機	金属製品	科学光学機器	原動機	科学光学機器

出典：財務省貿易統計

日本とASEANとの貿易統計から見ていきます。ASEANだけでなく、日本はアジア各国・地域と相互依存関係が確立しています。**日本からは部品を輸出し、生産拠点国からは完成品を輸入**します。国際分業体制の進展が背景に考えられます。

今後はますますこの傾向が強まると考えられます。本来、日本は「ものづくり大国」であるはずですが、**新興国への部品供給地**としての性格が強くなっています。

特にASEANは工業発展が著しく、2015年12月にASEAN経済共同体（AEC）が発足したことも大きく影響しています。とはいいつつも、ASEANから日本への輸出は、液化天然ガスや衣類なども依然として上位を占めています。

中国との貿易統計をみると、中国から日本への輸出品目に「衣類」があります。**中国は世界最大の綿花の生産国であり、また豊富な低賃金労働力を活かした綿織物製品の世界的な製造拠点**となっています。しかし、中国国内の綿花生産の約7割が内陸に位置するシンチャンウイグル自治区に偏っているため、国内輸送が難しく、綿花の多くを輸入していいます。中国は世界的な綿花の輸入国でもあるのです。また機械類の世界的な製造拠点でもあるため、「通信機」や「電算機類」、「音響映像機器」などの生産・輸出が盛んです。

一方、中国は日本から「半導体等電子部品」や「プラスチック」、「自動車」などを輸入しています。これらは日本が得意とする分野ですね。

しかし、**近年のASEANの経済成長、域内貿易の拡大を背景に、今後は東南アジアへの工場移転が進む**と考えられます。安価な製品をアメリカ合衆国に輸出していた中国とアメリカ合衆国との関係を考えると、日本企業への影響も小さくないでしょう。

EUとの貿易統計も見てみましょう。日本はEUから、「医薬品」や「自動車」、「有機化合物」、「科学光学機器」といった比較的高価なものを輸入しています。一方で、日本とEUはともに「自動車」の輸出が行われています。先進国の輸出統計は「1位機械類、2位自動車」となっていることが多く、先進国同士による自動車の輸出入が盛んです。

日本が生き残るには？

日本の貿易は、原材料を輸入して、製品に加工して輸出する加工貿易を基本としています。高度経済成長期の日本は、それまでの繊維製品を中心とした輸出から、鉄鋼や船舶などの輸出が伸びました。当時の日本は、鉄鋼業や造船業、アルミニウム工業などが主力産業でした。高度経済成長期が終わり、安定成長期になると、自動車や精密機械などの輸出が伸びました。特に自動車は、１９８０年代になってアメリカ合衆国と貿易摩擦が起こるようになり、１９８５年にはプラザ合意が結ばれます。しかし、プラザ合意による円高の進行は輸出不振を招き、海外での現地生産がみられるようになっていきました。

こうして製造品出荷額や就業機会の減少、いわゆる「産業の空洞化」が顕在化していきます。かつての日本はアメリカ合衆国との貿易額の比重が大きかったのですが、**２０００年以降は中国をはじめとするアジア各国との結びつきが強まっていきました。**現在日本は部品を輸出して、海外で生産した完成品を輸入するようになり、加工貿易の性格は弱まっています。国際分業体制が確立していくと、日本企業は製造部門を海外へ移し、国内では研究開発部門の充実を図るようになっています。そのため、ますます**部品やサービスの輸出に力を入れる**こととなり、さらなる技術水準の向上を目指す必要が出てきます。

NO.
33
UNDERSTANDING ECONOMICS: A STATISTICAL APPROACH

数字が語る「アメリカ・ファースト」の歴史

アメリカ合衆国の貿易相手国

「双子の赤字」という言葉があるように、アメリカ合衆国は財政と貿易、どちらも赤字を抱える国です。しかし、「アメリカ合衆国が何をどこへ輸出し、何をどこから輸入しているか」の詳細を知っている人は案外少ないかもしれません。

２０１８年のアメリカ合衆国の貿易相手国は、カナダやメキシコ、日本、中国が上位を占めています。特にカナダやメキシコは「陸続きの隣国」であり、１９９４年に発効した北米自由貿易協定（ＮＡＦＴＡ）が大きく関係していました。元は１９８８年の米加自由貿易協定の締結に始まり、その後メキシコが加わって、巨大な経済圏を作り出しました。

多くのアメリカ企業がメキシコへ工場を移転し、安価な労働力を活かして工業製品を生産。それをメキシコからアメリカ合衆国へ輸出するという構造ができあがりました。その結果、

アメリカ合衆国の主要貿易国（2018年）

輸出		輸入	
カナダ	298,901	中国	539,503
メキシコ	265,010	メキシコ	346,528
中国	120,341	カナダ	318,481
日本	74,967	日本	142,596
イギリス	66,228	ドイツ	125,904

単位＝百万US$

出典：International Monetary Fund（国際通貨基金）

アメリカ合衆国では就業機会が減少していきます。

１９５５年に起きたワンダラーブラウス事件をご存じでしょうか。日本の対米ブラウス輸出の急増を背景に、アメリカ合衆国が日本に対して綿製品の輸出自主規制を求めた事件です。日米貿易摩擦問題の初端と考えられています。その後、１９６５年より対日貿易赤字が常態化するなど、アメリカ合衆国と日本の間にはながらく貿易摩擦が生じています。

１９８０年代初頭の自動車貿易摩擦、高まるジャパンバッシングを背景に、１９８５年にはプラザ合意によって強制的に円の価値が高められていきました（円高の進行）。この後、海外での現地生産が進み、日本では「産業の空洞化」が起こりました。

近年、アメリカ合衆国では、**「世界の工場」となった中国との貿易額が増加傾向にあり、最大輸入相手国**となっています。しかし2019年統計では、中国向け原油や対中輸入の機械類などは減少しました。これは前トランプ政権下での米中貿易戦争が背景にあるといえます。

「ロシア&OPEC」との石油戦争

貿易品目をみていきましょう。2018年の輸出品目は先進国なだけあって「1位機械類、2位自動車」となっています。3位以下は石油製品、精密機械、医薬品、プラスチックと続きます。近年では、シェールガスやシェールオイルの生産を増やし、2019年9月には、**1949年以来70年ぶりに単月の原油純輸出国（輸出量が輸入量より多い）となりました。**これによって、アメリカ合衆国と「OPEC&ロシア」との石油の価格支配力の奪い合いが予測されます。

これまでのOPECは、石油価格が下落すると減産に踏み切るなど、圧倒的な価格支配力を持っていました。それもそのはず。世界に占めるOPECの産油量の割合が大きく、彼らの「言い値」をのむしかありませんでした。

そこにアメリカ合衆国が産油国として台頭してきました。ロシアは世界最大級の産油国であり、原油や天然ガス、石油製品が主力の輸出品であるため、**「アメリカ合衆国の台頭によって石油価格が下落すること」は容認できません。**そのためＯＰＥＣと歩調を合わせてアメリカ合衆国に対抗しようとします。しかし、ＯＰＥＣの盟主であるサウジアラビア（スンニー派）とイラン（シーア派）は同じイスラームでも宗派が異なります。ＯＰＥＣは一枚岩にはなりにくい環境にあるのです。

また近年では、インドやオランダ、台湾に向けた原油の輸出が拡大しています。また輸入品目（２０１８年）は機械類が最大で、以下、自動車、原油、医薬品、衣類、精密機械、石油製品と続いており、中国だけでなく、メキシコからの自動車、アイルランドからの複素環式化合物、ベトナムから電話機などの輸入が増加しています。

「もっとアメリカに雇用を！」

２０２０年７月１日、それまでのＮＡＦＴＡに代わってアメリカ・メキシコ・カナダ協定（ＵＳＭＣＡ）が発効しました。両協定の大きな違いは、**「原産地規則」の見直し**です。

自動車企業が自動車の無関税輸入をするさいの基準が大幅に厳格化されました。

具体的には、アメリカ企業がメキシコで自動車を生産して、それをアメリカ合衆国に輸入する場合、①時給16米ドル（およそ1800円）以上の賃金労働者による生産比率を40～45％とすること、②「域内原産比率」をそれまでの62・5％から75％に大きく引き上げることが盛り込まれました。「域内原産比率」は「［（物品の純費用）—（非原産材料価額）］÷（物品の純費用）×100」で算出します。

さらに、特恵関税（発展途上国、または地域を原産地とする特定の輸入品に対し、一般よりも低い税率の関税）の適用条件として、鉄鋼やアルミの70％以上を域内で調達することが設けられました。

つまり、**「安価な労働者にばかり作らせず、給料の高い人にも作らせろ！　そして、自動車部品の75％以上は北米地域で作られた部品で組み立てろ！」**ということです。アメリカ合衆国に雇用を創出する意図がみえます。日本企業への影響も小さくなく、アメリカ合衆国での現地生産、雇用の拡大を余儀なくされることとなりそうです。

世界の工場、中国の強みと弱み

中国の貿易相手国

NO. 34
UNDERSTANDING ECONOMICS: A STATISTICAL APPROACH

中国の経済成長は1992年から始まりました。この年の1〜2月、かつての最高指導者であった鄧小平が中国南方地域を視察し、改革開放政策と経済成長の拡大の大号令を発したことがきっかけです。それまでの中国では「計画経済か？　はたまた市場経済か？」という論争がありました。これに終止符を打ち「社会主義は必ず計画経済と決まっているわけではなく、計画経済にも市場があり、市場経済にも計画はある」と改革・開放路線を邁進すべきであるとの声明をだします。いわゆる**「南巡講話《なんじゅん》」**です。

中国は、本来は共産党一党独裁の国であり、社会主義国家です。しかし、その中に市場経済を取り入れ（「社会主義市場経済」といいます）、積極的な外国資本の導入により製造業を発展させ、それにともなう生活水準の向上によりサービス業が成長し、大きな経済

中国の主要貿易国・地域（2018年）

◎ 輸出

アメリカ合衆国	480,689
香港	303,725
日本	147,565
韓国	109,524
ベトナム	84,223

◎ 輸入

韓国	202,995
日本	180,479
台湾	177,130
アメリカ合衆国	156,259
ドイツ	106,214

単位＝百万US$

出典：International Monetary Fund（国際通貨基金）

発展をみせました。２０１８年現在、**世界最大の貿易額を誇るのが中国であり、前年比で12・6％増と過去最高の貿易額**となりました。

中国は安価で豊富な労働力を活かして「世界の工場」と化しています。そのため、「機械類」（43・8％）や「衣類」（6・3％）、「繊維品」（4・8％）が輸出品のトップ3を占めます。また、同様に「家具」や「はきもの」、「玩具」の生産・輸出も盛んです。

輸出相手先としては、市場規模の大きいアメリカ合衆国や日本、韓国、ドイツといった国が上位を占め、中継貿易を行っている香港への輸出も盛んです。

中国の輸出額は一時的に前年割れになることもありますが（２００９年、２０１５

年、２０１６年）、一貫して増加傾向を示しています。特に**２０００年代からの伸びが顕著**です。ＧＤＰも増加の一途をたどっており、毎年過去最高を記録しています。輸出依存度をみると、１９８０年代は10％に満たない程度で推移し、１９９０年代は10％台、２０００年に20％を超えると、２００４年に30％を超えました（30・51％）。

しかし、**２００６年の32・29％をピークに年々減少傾向**にあり、２０１９年は16・86％でした。つまり近年の中国は、単なる「世界の工場」というわけではなく、向上した生活水準を背景に国内需要が拡大していることがわかります。

「中国の輸入」から読みとれること

中国は工業製品の製造拠点であるため、日本や韓国から多くの部品を調達しています。そのため最大の輸入先が韓国、以下日本、台湾と続きます。さらに鉄鉱石や石炭の需要の多くをオーストラリアからの輸入でまかなっています。中国は鉄鉱石や石炭の産出量が世界的に多い国ですが、**国土が広大で国内輸送が困難であるため、安価な船舶輸送を利用してオーストラリアから輸入**しています。

国内需要が拡大したことを背景に、現在では世界最大の原油輸入国（２０１７年）となっています。また発電用燃料の脱石炭が進められていることもあり、近年では液化天然ガスの輸入が伸びています。しかし、生活水準の向上にともなう食生活の変化によって、肉類や油脂類、乳製品の需要も高まっています。そのため**食料品や飼料用穀物の輸入額が増加傾向にあり、中国の農産物貿易は赤字**となっています。

一方、輸出が拡大したことで、2006年に外貨準備高が世界最大となりました。これは、中国から輸出される物品の決済は、「必ず外貨で送金しなければならない」というルールがあるからです。

例えば日本が中国から輸入する際は人民元での決済ができず、日本円などで支払わなければなりません。輸出すればするほど外貨準備高が増える仕組みとなっているのです。

2017年より始まった「米中貿易戦争」によって、互いに追加関税を賦課《ふか》するなど、アメリカ合衆国の政権交代も相まって、今後の行方が注目されています。

豊かな国内市場をもつASEANの飛躍

NO. 35
UNDERSTANDING ECONOMICS: A STATISTICAL APPROACH

ASEANの貿易相手国

2018年の統計によると、ASEANの輸出額は1兆4330億米ドル（前年比11％増）、輸入額は1兆4197億米ドル（前年比11・2％増）でした。**輸出入ともに、前年比で2桁増**を記録しており、ASEAN全体の経済成長が見て取れます。特に**中国との輸出入額が大きく増加**しました。ASEAN全体に占める対中貿易は輸出が14・0％、輸入が20・5％。非常に経済的な結びつきが強いことがわかります。ASEAN加盟国の中で中国を最大貿易相手国としているのは、シンガポール、タイ、マレーシア、インドネシア、ベトナム、フィリピン、ミャンマーの7か国です。

ASEANは1967年に誕生しました（同じ年にEUの前身であるECも発足）。当時は冷戦時代だったこともあり、反共産主義を主張する国々が参加して**「政治的組織」**

の性格を帯びていました。原加盟国はインドネシア、シンガポール、タイ、フィリピン、マレーシアの5か国。そこへ1984年にイギリスから独立したブルネイが加盟します。1991年にソビエト連邦が崩壊すると、「政治的組織」から域内貿易の促進を目指す**「経済的組織」**へと性格を変えていきます。1995年にベトナム、1997年にラオスとミャンマー、1999年にカンボジアが加盟して「ASEAN10」が完成します（東ティモールは未加盟）。

近年、**ASEAN諸国は垂直貿易（一次産品を輸出して、工業製品を輸入する）から水平貿易（完成品の相互輸出入）の性格を強めていきます。**さらにASEAN自由貿易地域（AFTA）を創設させ、域内貿易の自由化により国際競争力を高めようとしました。その後、1997年のアジア通貨危機をきっかけに、ASEAN域内の経済統合の構想が打ち出され、2015年にASEAN経済共同体（AEC）が創設されました。AFTAはモノの自由化を中心とした内容でしたが、AECには、サービス貿易や投資の自由化、関税障壁の撤廃などが盛り込まれ、より高次の経済統合を目指しています。

2019年4月に発表されたASEAN10か国の経済成長率は5・2％（ASEAN事務局）。前年比で0・1ポイント減少したとはいえ、高い経済成長率を示しました。特にインドネシアやタイ、ベトナムの牽引が目立ちました。インドネシアは人口がおよそ

2億7000万人（世界4位）という人口大国。国内市場が大きいため、インドネシアの個人消費がASEANの経済成長に与える影響が大きくなっています。またタイは輸出が伸び、ベトナムは製造業の投資が拡大しました。

超巨大経済圏が誕生した！

そして2020年11月にはASEANと、日本、中国、韓国、オーストラリア、ニュージーランドの15か国が参加する「地域的な包括的経済連携（RCEP）協定」が署名され、**世界の人口とGDPのおよそ30％を占める巨大な経済圏**が生まれることとなりました。

RCEPは関税の撤廃や引き下げ、輸出入の手続きの簡素化などが主な内容です。

日本にとっては中国や韓国との初めての自由貿易協定（FTA）です。モーターやリチウムイオン電池などの自動車部品、鉄鋼製品や家電製品、海外で人気の日本酒や焼酎などの輸出増加が見込めると考えられます。また輸入に関しては、米や牛肉・豚肉などの肉類、乳製品などの「重要5品目」については、関税の削減や撤廃の対象から外れました。日本にとってもメリットの多い合意ですが、ASEANにとっては貿易拡大が期待できるので、世界経済においてさらにASEANの存在感が増すかもしれません。

「身内」の利益拡大を目指すEUの思惑とは？

NO. 36

UNDERSTANDING ECONOMICS: A STATISTICAL APPROACH

EUの貿易相手国

ユーロスタット（EU統計局）によると、2018年のEUの輸出額は5兆4759億ユーロ（前年比4・7％増）、輸入額は5兆4275億ユーロ（前年比5・6％増）と、**輸出入額ともに増加**しました。貿易の割合を域内外で分けて見てみましょう。

輸出は域内64・3％、域外35・7％。一方、輸入が域内63・5％、域外36・5％でした。**EUは域内貿易の拡大を目的に発足**したこともあり、これは想像通りです。

域外輸出を品目別にみると機械類と輸送機器類（自動車や自動車部品、航空機類など）の割合が41・3％と最大です。以下、雑製品（22・5％、バッグ類や衣類、履き物、精密機器類など）、化学工業製品（18・2％、医薬品やプラスチックなど）と続きます。

多くの先進国の輸出品目が「1位機械類、2位自動車」であること、エアバス本社のあるフランスは「航空機」の輸出が盛んであることからも、輸送機器類の割合の大きさがわかります。雑製品は、各国のブランド品などが該当します。また化学工業品の多くが「医薬品」と「プラスチック」です。こうした単価の高いものほど先進国で生産されます。

一方の域外輸入品目をみると、機械類と輸送機器類が最大（31・３％）です。以下、雑製品（25％）、鉱物性燃料・潤滑油など（20・８％）と続きます。鉱物性燃料・潤滑油は、ロシアやノルウェー、中東諸国、北アフリカ諸国などからの「原油」や「天然ガス」の輸入が多くを占めています。

どんな国と何をやりとりしている？

域外輸出相手先は、最大がアメリカ合衆国（20・８％）で、以下、中国（10・７％）、スイス（８％）と続きます。「自動車」や「医薬品」の輸出が中心です。

域外輸入相手先は、最大が中国（19・９％）、以下、アメリカ合衆国（13・５％）、ロシア（８・５％）と続きます。中国からは「電気機器」や「事務用機器」など、アメリカ合衆国からは「原動機」や「医薬品」「輸送用機器」「航空機」など、ロシアからは「鉱物性燃料」の輸入が中心です。

拙著『経済は地理から学べ！』でも触れましたが、オランダはロシアの主要輸出相手国となっています（前著の発行当時は最大でしたが、現在は第2位）。オランダの正式名称は「ネーデルラント王国」といい、「低い土地」という意味があります。周辺よりも低いからこそ、国土のおよそ25％が干拓地（ポルダー）となっています。オランダにライン川が流れこむため、ヨーロッパの出入り口となっているのです。ロシアはオランダへ「原油」を、オランダはそれを「石油製品」にしてドイツへそれぞれ輸出しています。

EUはパリ協定の遵守を強く推進しています。もはや**「持続可能な開発」の要素ではなく、法の支配や基本的人権の尊重に並び立つものという認識**です。例えばMERCOSUR（南米南部共同市場）との自由貿易協定（FTA）の締結については、熱帯雨林の破壊、気候変動を引き起こすなどの環境問題が深刻化するのではという懸念をもっています。これがMERCOSURとのFTA批准が不透明になった理由でもあります。

また対米貿易、対中貿易について、EU加盟国間で意思の統一が図られているわけではありません。米中関係がEUに与える影響は決して小さくないため、バイデン新政権の誕生で米中関係の行き先を見定めている状態にあるといえます。

NO.
37
UNDERSTANDING ECONOMICS: A STATISTICAL APPROACH

農業国から工業国へ！マレーシアの生き残り戦略

マレーシアの輸出品目の経年変化

さて、次はある国の輸出品目とその割合（2018年）を表したものですが、いったいどこの国でしょうか？

1位 機械類42・2％（うち集積回路17・3％）
2位 石油製品（7・3％）
3位 液化天然ガス（4％）
4位 原油（3・8％）
5位 精密機械（3・6％）

機械類や石油製品、精密機械の輸出割合が大きいことから、「先進国かな？」と思われるかもしれません。一方で液化天然ガスや原油といった燃料輸出も盛んです。どこの国かわかりましたか？

正解はマレーシアです。マレーシアの輸出品目の経年変化を追ってみます。

１９６０年時点（当時はマラヤ連邦）では、天然ゴムが輸出の50％以上を占めていました。これはモノカルチャー経済といって、特定の農産物や鉱産資源に国の経済を依存している状態です。

マラヤ連邦の独立は１９５７年（マレーシアの成立は１９６３年）。次ページの図を見てください。**独立当初は天然ゴムやすずが主力輸出品目**だったことがわかります。ゴムの含有量が多いのはヘベア・ブラジリエンスという植物で、ブラジルのアマゾン盆地に多く生息しています。これが「天然ゴムの原産地はアマゾン」といわれるゆえんです。

ではなぜマレーシアでゴムが栽培されるようになったのでしょうか？

１８２２年、ポルトガルから独立したブラジルは、１８２５年にゴムの独占を目的に、輸出税を課し、さらに**ゴムの種子、苗の持ち出しを禁止**する法律を作りました。ゴム栽培は多くの労働力を必要としますので、ブラジルにはアフリカから多くの黒人奴隷が連れてこられました。ブラジルにアフリカ系が多いのは、こうした背景があります。

マレーシアの輸出品の推移

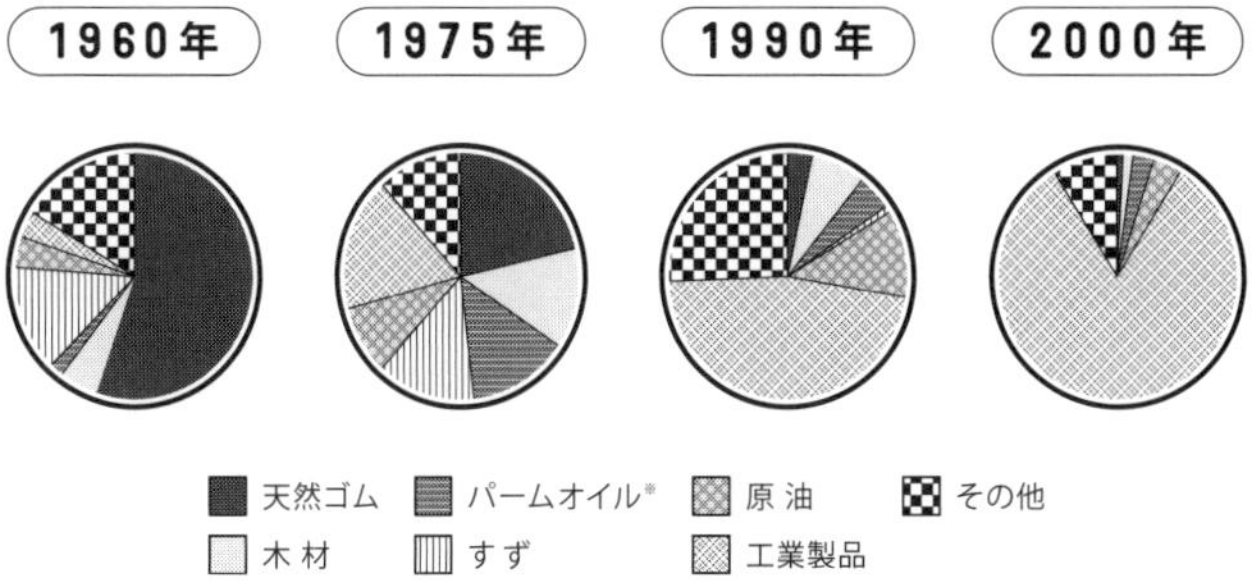

※パームオイルとは、パーム油のこと

出典：愛知教育大学前期試験・地理（2010年）

1839年のC・グッドイヤーによる加硫法の発明によってゴム需要が高まり、1876年、ついにイギリス人によってブラジルからの密輸が成功します。いわゆる**「泥棒」**です。その後、イギリスが植民地支配していたマレー半島にゴムがもたらされ、栽培が始まります。こうした経緯からマレーシアは天然ゴムのモノカルチャー経済を続けていました。

モノカルチャーから工業化

1975年には天然ゴムの割合が減り、代わりに**パーム油や木材が増加**します。脱モノカルチャーが目的です。モノカルチャー経済は1つ～2つの農産物や鉱産資源に依存するため、世界市場の影響を受けやすく、収入が不安定となりやすいため、多角経営を目指しました。

ゴムの植え替えのタイミングでゴム農園をアブラヤシ栽培地に転換していきました。このアブラヤシから生産されるのがパーム油です。世界で最も生産量の多い植物性油脂がパーム油であり、インドネシア（56・8％）とマレーシア（27・3％）の2か国で世界の84・1％もの生産量を誇ります。この頃までのマレーシア貿易は、先進国に対して一次産品を輸出し、工業製品を輸入するという垂直貿易の体制を取っていました。

しかし1980年代に入ると、**輸入代替型から輸出指向型への転換**（166ページ参照）が成果を出し始め、工業製品の輸出が増加しました。この間、1968年に投資奨励法、1971年に自由貿易区法、1986年に外国直接投資法などを制定し、**日本企業をはじめとする外資の積極的な導入が進んでいました。**マレーシアの人口は現在およそ3200万人。当時はさらに人口が少なく、国内市場が小さいため、海外需要を取り込むことで経済成長を目指す必要がありました。

こうしてマレーシアは、工業製品の輸出が中心となっていきました。特にシンガポールとの貿易が盛んであり、中継貿易を行うシンガポールや香港への輸出が盛んです。またマレーシアは、日本の貴重な燃料輸入相手国でもあります。

NO. 38

UNDERSTANDING ECONOMICS: A STATISTICAL APPROACH

1960年と2010年を比較！オーストラリアと世界経済

オーストラリアの1960年と2010年の貿易比較

突然ですが、オーストラリアの人口が何人かご存じですか？

正解はおよそ2536万人（2019年）です。オーストラリアの貿易統計を把握するためには、まず**国内市場が小さい**ことを知っておく必要があります。

またオーストラリア人の平均年収は5万8118米ドル（2019年）と非常に高くなっています（日本は4万384米ドル）。つまり、オーストラリアは国内市場が小さく、また賃金水準が高いため、**海外への工場進出先としての魅力はありません。**

さらに、オーストラリアの国土面積は774万km²（世界6位、日本のおよそ20倍）とかなり広大です。鉱山や炭田《たんでん》が都市部から離れているため、国内輸送がコスト高となり、そこから産出した鉱産資源の利用が難しいのです。

オーストラリアの鉱産資源の産出量をみると、鉄鉱石が世界最大（2018年）、石炭が世界5位（2019年）、ボーキサイトが世界最大（2017年）と鉱産資源に恵まれた国ですが、人口稠密地域が南西部と南東部に偏っているため、これらの活用が困難で、**産出した鉱産資源のほとんどを輸出**します。そのためオーストラリアは1人当たりGNIの水準から「先進国」に分類される国ではあるものの、輸出品目の上位を鉱産資源で占めています。

50年間で貿易はどう変わった？

さて、オーストラリアの1960年の主な輸出品と輸出先を見てみましょう。1960年当時、オーストラリアは「白豪《はくごう》主義（白人最優先主義とそれにもとづく非白人への排除政策）」を国是としています。そのため、アジア・太平洋諸国との経済的な結びつきはそれほど強くはありませんでした。旧宗主国であるイギリスが最大の貿易相手国であり、アメリカ合衆国やフランス、イタリア、西ドイツと西側陣営の欧米諸国に加えて、高度経済成長期に突入していた日本が主な輸出相手先でした。

オーストラリアの輸出品、輸出先の変遷

1960年の主な輸出品

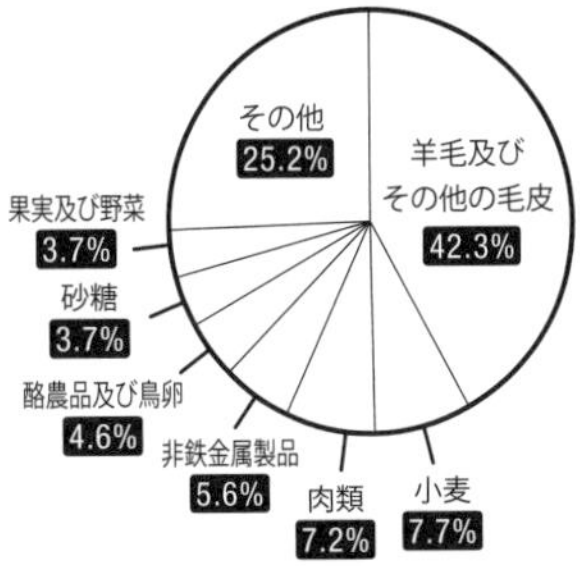

1960年の主な輸出先

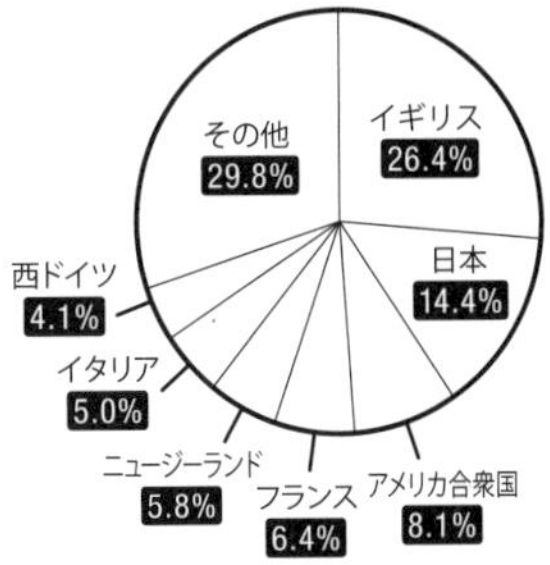

2010年の主な輸出品

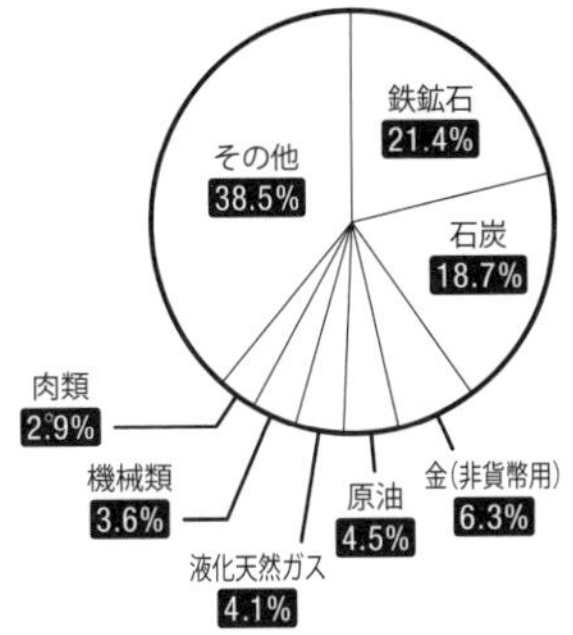

2010年の主な輸出先

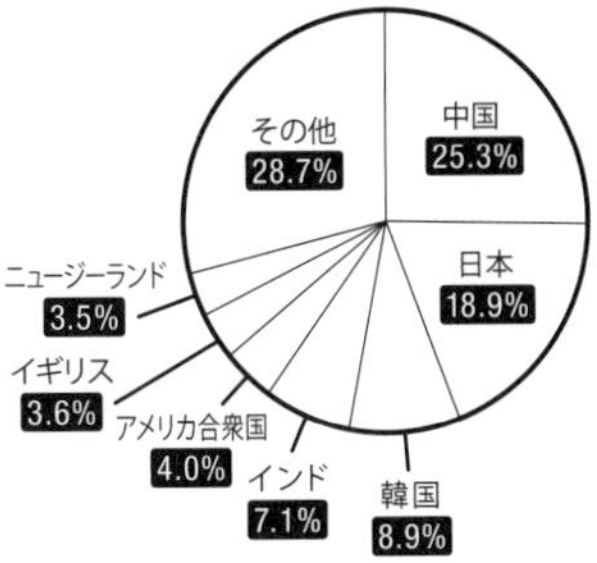

POINT 資源輸出国になる

POINT アジアとの関係が深くなる

出典：『国際連合貿易統計年鑑1961』『国際連合貿易統計年鑑2010』

当時の日本は、鉄鋼業や造船業、アルミニウム工業が主力産業でしたので、これらの原燃料をオーストラリアに求めていました。これは現在においても同様です。

１９６０年のオーストラリアの輸出品目は羊毛や小麦、肉類といった畜産品や農作物が多くを占めていました。元々、**オーストラリアはイギリスの流刑植民地**であり、１７８８年、アーサー・フィリップ提督が囚人たちと一緒に羊（毛用のメリノ種）を数十頭連れて、現在のシドニーに上陸したといいます。これがオーストラリアでの羊毛業発展の礎となっていきました。

一方、２０１０年では中国や日本、韓国、インドといった**アジア諸国への輸出割合が高くなっています。**１９７３年のイギリスのＥＣ（当時）加盟をきっかけに、オーストラリアは方針を転換。「白豪主義」に関する諸制度を撤廃して、**「多文化主義」を採用**します。さらに１９８９年にはホーク首相（当時）の提唱でＡＰＥＣ（アジア太平洋経済協力会議）を発足させ、近隣諸国との関係強化を図るようになりました。

資源輸出国として君臨する

オーストラリアは先述のように、鉱産資源の国内利用が難しく、これらの多くが輸出されます。資源小国である**日本や韓国、経済成長著しい中国やインドではこれらの需要が大きく、オーストラリアに依存**しています。地理的位置・輸送コストから考えて、日本はオーストラリア以外の国から鉄鉱石や石炭の輸入を拡大させるのは難しいでしょう。そして、オーストラリアの人口が今後急増することは考えにくいので、これからも資源輸出国としての存在感を持ち続けるでしょう。

そして今後は電気自動車の開発・普及が進んでいくと考えられます。そのためバッテリーに使われるリチウムの需要が高まるのは間違いありません。

「石炭は掘るな！　リチウムを掘れ！」

オーストラリア国内の環境保護主義者たちの声は日増しに大きくなっています。オーストラリアは世界最大のリチウム産出国で、**実質オーストラリアだけでしか採掘されていない**といっても過言ではありません。

今後、電気自動車に参入する多くの国が供給地としてのオーストラリアを重要視するでしょう。電気自動車の普及が進めば進むほど、「リチウムの安定供給」が課題となりますが、２０２３年には需要が供給を上回ると考えられています。

スイスがしかけた「外貨戦争」とは？

NO. 39

UNDERSTANDING ECONOMICS: A STATISTICAL APPROACH

世界各国の外貨準備高

外貨準備とは、直ちに利用可能な対外資産のことです。
例えば急激な為替相場の変動がみられた場合、それを抑制（為替介入）するための資金として使用されます。加えて、自国通貨の安定や外貨建て債務の返済が困難になったときにも使われます。**日本では財務省と日本銀行が外貨準備を保有**しています。

ＩＭＦ統計によると、２０１９年の外貨準備高の上位10の国と地域は、多い順に中国、日本、スイス、サウジアラビア、台湾、ロシア、香港、インド、韓国、ブラジルです。２００５年までは日本が世界最大でした。

２０１１年の東日本大震災をきっかけに燃料輸入が増大したことで、２０１５年まで日本は貿易赤字でした。とはいえ**１９８１年から２０１０年まで30年連続で貿易黒字でした**

ので、外貨が積み上がっています。

日本が保有している外貨準備高のほとんどがアメリカ国債です。アメリカ合衆国は長らく財政赤字が続いており、そのアメリカ国債を日本が大量に保有しています。その日本を抜いて、世界最大の外貨準備高となったのが中国です。中国は２０００年比でおよそ20倍に増加しました。中国も日本と同様、輸出で稼いだ外貨とアメリカ国債を多く保有しています。昨今、中国は「世界の工場」となっており、１９９３年に一時的に貿易赤字となったものの、一貫して貿易黒字を記録しています。

外貨準備高の上位国で特筆すべきなのはスイスです。スイスは、２００８年に４５０億米ドルだったのに対し、２０１９年には８０４０億米ドル、わずか**10年ほどで実に17・8倍に膨れ上がりました。**２００９年にギリシャで政権交代がなされると、国家財政の粉飾決算が暴露されました。これをきっかけにユーロが下落、相対的にスイスフランの価値が高まりました。

円高になると、輸出不振になる理由

自国通貨の価値が高まると、輸出不振になります。円・ドルで考えてみましょう。

例えば、１ドル＝２００円のとき、アメリカ人は１ドルで２００円分の買い物ができます。しかし、これが１ドル＝１００円となればアメリカ人は１ドルで１００円分の買い物しかできなくなります。日本視点で考えると、１ドルの買い物に２００円必要だったのに、１００円ですむようになったのは円の価値が高まったからです。これが円高です。

具体的な例で説明します。日本で１０００円の商品をアメリカに輸出するとします。**１米ドル１００円ならアメリカでは10米ドル。**一方、**１米ドル２００円ならアメリカでは５米ドル**です。当然、５米ドルのときのほうがアメリカ人にとっては安く、買いやすいですね。だから円の価値が高くなると、輸出不振になるわけです。

攻めるスイス、怒るアメリカ

２０１１年当時、スイスのＧＤＰのおよそ40％は輸出用工業製品の生産によるもので、その６割がヨーロッパ諸国に輸出されていました。スイスは山岳国家であり、「綺麗な空気」と「綺麗な水」が得られる地の利を活かし、農閑期の内職として精密機械が発展してきました。こうした工業製品は、スイスフラン高になると輸出が伸び悩みます。そこでスイスは、「１ユーロ＝１・20スイスフラン」を上限とする無制限介入を決めました。スイスフランを増刷し、これを売ってユーロを買うのです。**スイスフランを市場で増やして価値を下げようとします。**ユーロを買うわけですから、外貨準備高を拡大させることとなりました。この政策は3年半続きました。

その結果、外貨準備高がＧＤＰのおよそ70％にまで拡大。欧州中央銀行が量的緩和を実施すれば、上限を維持することは不可能であると判断し、２０１５年１月にこの上限を撤廃しました（実際に欧州中央銀行は量的緩和を実施しました）。上限の撤廃はＩＭＦへの事前報告もなく、**「不意打ち」**であったため、多くの投資家が大損害を被りました。そして２０１７年、再び通貨価値が高まると、スイスの輸出産業だけでなく、観光業も大打撃を受けました。

２０２０年にはコロナ渦によって安全資産を求めた投資家のスイスフラン買いが進み、再びスイスフランが高騰して、スイスは為替介入を発動しました。しかし、これに対して、**アメリカ合衆国はスイスを「為替相場の不正操作国」として認定**しました。これはアメリカ合衆国が対スイス貿易で、輸入超過（貿易赤字）であったことも一因かもしれません。

技術貿易で儲ける国、損する国の違い

NO.

40

UNDERSTANDING ECONOMICS: A STATISTICAL APPROACH

知的財産使用料の貿易額

国家間における特許や商標などの**知的財産使用料の受け取り、または支払いのことを技術貿易**といいます。技術を売る（＝技術輸出）、つまり技術を使用してもらうことで、その対価を受け取るわけです。一般に貿易収支には含みません。

例えば、日本の自動車会社T社が、アメリカ合衆国で現地法人（Tアメリカ社とします）を設立したとします。技術の開発を行っているのはT社ですが、実際に自動車を生産しているのは、Tアメリカ社です。Tアメリカ社はT社の技術を使用して自動車を生産していますので、Tアメリカ社はT社に技術の使用料を払う必要があります。これで「日本からアメリカ合衆国へ技術が輸出され、アメリカ合衆国から日本へ対価が支払われた」ことになります。次ページの図は、知的財産使用料などの受取額（技術輸出額）から支払額（技

主要国の技術貿易収支の推移

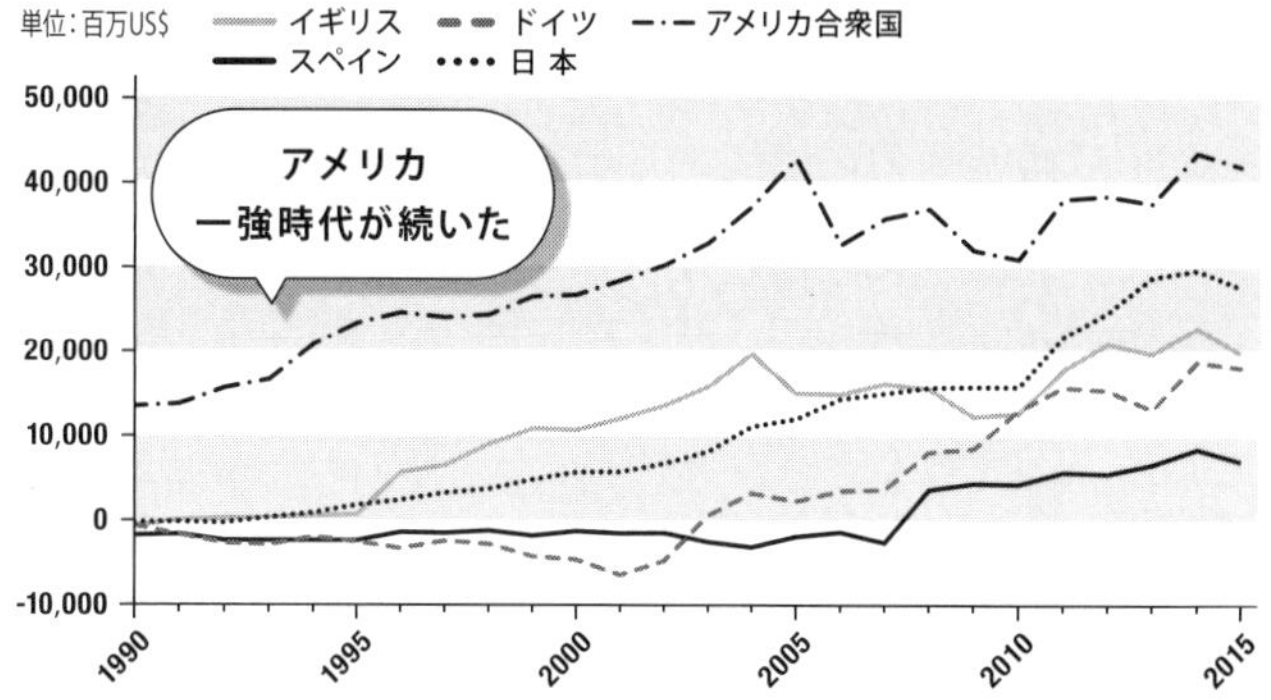

出典：Organisation for Economic Co-operation and Development（経済協力開発機構）

術輸入額）を差し引いた金額の推移です。

日本の技術貿易収支が黒字に転じたのは1993年、円高の進行やバブル経済の崩壊によって海外への工場進出が顕著になった時代と一致しています。

アメリカ合衆国は高い技術力を活かして、早くから技術輸出に力を入れており、**1990年代半ばまでは完全な独り勝ち状態**でした。アメリカ合衆国の賃金水準を考えれば国内生産はコスト高となるため、利益の最大化を目指して海外へ工場進出し、そこで生産されたものを輸入していました。こうして流出した就業機会を取り戻そうとしたのが、前大統領のトランプでした。ちなみに、この話は2021年度大学入学共通テスト（第一日程）の地理Bにて出題されています。

１９９０年代半ばになると、**日本やイギリスの技術輸出が盛んとなり、相対的にアメリカ合衆国との差が小さくなっていきました。**世界の技術貿易収支上位10か国（２０１５年）の中で、ドイツは２００２年まで、スペインは２００７年まで技術貿易収支が赤字でした。特にスペインは独仏の自動車企業の製造拠点となっていたことで赤字だったと考えられます。しかし、２００４年以降のＥＵの加盟国拡大によって、より賃金水準の安価な東ヨーロッパ諸国へと製造拠点が移ります。スペインが**自動車部品のサプライヤーとして機能し始めたことで技術貿易収支が黒字**へと転じました。

一方、技術貿易収支の赤字額が大きいのがアイルランドや韓国、台湾、スイス、オーストラリアです。特にアイルランドは、多国籍企業に対する法人税を優遇する制度「ダブル・アイリッシュ・ウィズ・ダッチ・サンドイッチ」があります。

アイルランドが大幅な赤字になる理由

アメリカ合衆国のＩＴ企業（たとえばＡ社）がこれを利用して節税を行っていました。

多国籍企業であるＡ社は、海外事業の運営会社（海外事業会社）と、知的財産を管理する関連会社（知財会社）の２つの子会社をアイルランドに設立します。アイルランドの税法上、外国企業であるA社の売り上げのほとんどがアメリカ合衆国のものであるため、A社はアイルランド国内では法人税を払わなくてすみます。このように**知的財産使用料がアイルランドからアメリカ合衆国へ支払われるため、技術輸入が大きくなります。**これが、アイルランドの大幅な赤字要因の１つです。

アメリカ系ＩＴ企業の知財会社は、アイルランドから見ると外国法人となるので、法人税がかかります。さらにオランダに設立した子会社を経由することで節税することが可能です。これは**「ダブル・アイリッシュ・ウィズ・ダッチ・サンドイッチ」**と呼ばれています。こうした背景から、アイルランドは技術貿易収支が大幅な赤字となっていました。しかし、国際的な批判が高まったこともあり、２０１４年にこの税制優遇を廃止しました。

また韓国はアイルランドに次いで技術貿易収支の赤字額が大きい国です。近年の韓国の情報通信技術産業の進展はめざましく、ベトナムなどに製造拠点を設けるなど、成長著しい産業の１つになっています。しかし、**技術輸出より技術輸入が上回り、貿易収支は慢性的な赤字**が続いていています。韓国の貿易構造は大企業や電気・電子産業が中心なので、中小企業の技術貿易収支が黒字であっても、国としての技術貿易では不利になります。

NO. 41

UNDERSTANDING ECONOMICS: A STATISTICAL APPROACH

輸入から輸出へ——韓国に見る「産業発展」

韓国の情報通信技術産業の開発と貿易

世界の貿易統計をみると、サービス輸出額は先進国、財輸出額は発展途上国がそれぞれ多くを占めています。一般に**無形財を「サービス」、有形財を「財」と呼びます。**先進国からは技術輸出などが行われ、発展途上国からは農作物や鉱産資源などの輸出が盛んです。

先進国の経済発展の要因は**「輸入代替型工業」から「輸出指向型工業」への転換**にあります。輸入代替型工業とは、「輸入する代わり（代替）に、自国で必要なものは自国で生産する」ことであり、これは自国産業の育成を目的としています。

しかし、供給先が国内市場であるため、経済成長には限界があります。また国際競争力にさらされていないため、技術水準の向上がそれほど見込めないのではという懸念もあります。やはりライバルがいて切磋琢磨してこそ、技術力は上がるものです。

輸出を伸ばす基本戦略とは？

輸入代替型工業に限界がくると、今度は輸出指向型工業化を目指します。これは「世界市場を取り込むために輸出を指向する工業発展を目指す」ということです。外国の資本や技術を導入し、自国の安価な労働力を活用します。**安価で高品質な製品を作って輸出することで外貨を獲得**するわけです。

もちろん誘致する外国企業には法人税や関税などの優遇措置を与え、貿易に便利な沿岸部では輸出加工区を設けます。こうして、繊維製品や雑貨などの国内市場向けの製造業から、外国資本を導入して低賃金の労働力を活かし、低価格で高品質な国際競争力の高い製造業へと転換するのです。

例えば韓国では1960年代から1990年代にいたるまで工業化が進み、さらに**軽工業から重化学工業へとシフト**していきました。

1962年から1991年までの30年間、韓国の経済成長率は毎年平均で8・6%を記録していて、朝鮮戦争休戦後の1950年代後半の復興期のおよそ2倍です。当時用いられていたGNPをみると、1962年の23億米ドルから1991年には2920億米ドルに増加。実に127倍になりました。

輸出と工業発展のつながり

こうした経済成長を牽引したのが工業の成長でした。工業構成割合は軽工業が73・7%から32・4%に大きく低下したのに対し、重化学工業の比率は26・3%から67・6%へと大きく上昇しました。もちろん、工業発展は輸出の伸長と密接な関係がありました。やはり韓国は日本と同じように資源小国であり、技術水準を向上させ、原燃料を輸入して工業製品に加工し輸出する加工貿易を行ってきました。技術輸入件数が増加し、その多くが電気・電子、機械、製油、化学部門だったといいます。

そして生産物の総需要（国内需要と国外需要の合計）に対する、国外需要の割合をみると、1960年が3・7%だったのに対し、1975年には20・7%、1986年には28%と増加しました。つまり**国内で生産したものを輸出に回す機会が増えた**ということです。まさに輸出指向型工業化の進展がみられたと考えられます。

こうしたことを背景に、近年では国際分業体制が確立していて、国内だけでなく、国家間で製品や部品の輸送が昼夜を問わず行われています。これらの製品や部品は「小型・軽量・高付加価値」なため、航空機輸送を選好します。価格が高いため、高い輸送費を負担しても十分な利益が出るためです。情報通信技術産業は臨空港指向型の傾向を示します。

NO. 42

UNDERSTANDING ECONOMICS: A STATISTICAL APPROACH

「直接投資」から読み解く日本とアジアのつながり

日本からアジア諸国への直接投資残高

直接投資とは、企業が株式を取得すること（経営参加）、あるいは工場を建設して事業活動を行うこと（支配）などを目的とした投資のことです。特に日本企業による海外企業への直接投資を対外直接投資、または海外直接投資といいます。

ＩＭＦでは、株式などの取得を通じた出資のうち、出資比率が10％以上のものを直接投資と定義しています。また、**直接投資残高とはこれまでの投資合計額**を指します。

直接投資は、資本だけでなく新しいビジネスモデルや経営手法、新技術などが国境を越えることで、投資先に雇用の創出を促し、消費者利益の増大などがもたらされ、二国間の経済関係を拡大させる効果が期待できます。

さて、次ページの図より日本からアジア諸国に対する直接投資残高の変化をみると、

日本からアジアへの直接投資残高

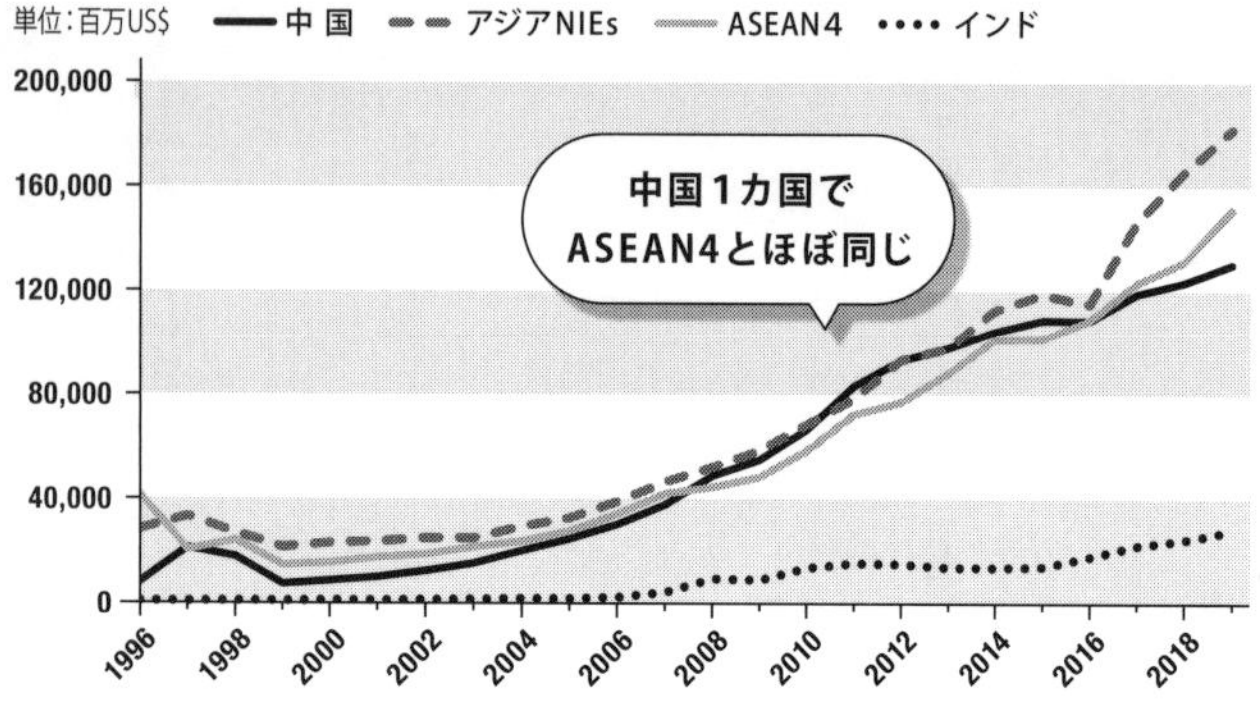

出典：日本貿易振興機構

国や地域によってかなりの違いが見られます。中国やアジアNIEs、ASEAN4（タイ、インドネシア、マレーシア、フィリピン）は1998年末から1999年末に一時的に減少していますが、それ以降は増加傾向にあります。

これらの国々は、輸出指向型工業化（外国資本や技術を導入して、主に輸出を目的とした工業発展を目指すこと）を背景とした経済成長により、賃金水準が高まり、市場規模が拡大しました。しかし、**1997年のアジア通貨危機**によって直接投資の魅力が薄まったことから一時的に減少しました。

アジア通貨危機とは、1997年に発生した金融・経済危機のことで、**タイの通貨**

バーツが暴落したことで発生しました。

その流れを説明します。1985年のプラザ合意によって日本では円高が進行しました。円高によって輸出不振となり日本の自動車企業などは海外現地生産を進めていきます。これによってタイの自動車工業が発展していきました。タイ経済は外国資本への依存度が高く、当時の外貨流入額はGDPの50％に達していたといわれています。また当時のタイはバーツと米ドルを連動させる、固定相場制を採用していました。いわゆる**ドルペッグ制**です。これは、通貨の価値が安定するというメリットがあるものの、アメリカ合衆国の金利政策に振り回されるデメリットがあります。

アメリカの介入とヘッジファンドの暗躍

1995年にはアメリカ合衆国は**「強いドル政策」**を打ち出します。これによって通貨としての米ドルの価値が高まり、日本にとっては円安ドル高となりました。**ドルペッグ制（自国通貨と米ドルの為替レートを一定割合で保つ制度）である以上、バーツの価値も高くなります。**自国通貨の価値の高まりは輸出不振となるため、外貨流入額のGDP比が高かったタイでは景気が悪化していきます。つまり通貨高となったタイへの直接投資の魅力が薄れたといえます。

「景気は悪化しているのに、通貨の価値が高い」、このミスマッチを見逃さなかったのがヘッジファンドです。バーツを空売りすることで対価を得て、後日暴落したバーツを買い戻すことで為替差益を得ました。タイ政府は市場にあふれたバーツを買うことで対応しますが、限界に達するのは時間の問題でした。タイはドルペッグ制から変動相場制へと移行し、その結果、バーツ安が進行して暴落しました。

その後の経済の回復にともなって再び投資が増加しました。**東南アジア諸国は2015年末にAEC（ASEAN経済共同体）を結成**し、さらなる域内貿易の拡大を図ろうとしています。

中国は社会主義市場経済の導入によって対外開放政策を進めた結果、賃金水準が上昇し、拡大する市場を取り込もうと海外企業（日本企業など）による投資が増加傾向にあります。中国1か国で、アジアNIEsやASEAN4か国とほぼ同等であることがわかります。インドは安価な労働力が豊富で、さらに大規模市場を背景に、海外企業による直接投資が増加傾向にありますが、まだ額は小さいです。

経済のグローバル化──なぜ先進国に投資するのか？

発展途上地域と先進地域に対する直接投資残高

NO. 43

UNDERSTANDING ECONOMICS: A STATISTICAL APPROACH

日本からの直接投資は、発展途上地域だけでなく、**先進地域に対しても重要**です。

そもそも発展途上地域に対する投資は、投資先において安価な労働力が豊富であること（日本人に比べて人件費が安い）、原材料の現地調達が可能なこと（綿花はパキスタンでの生産量が多いなど）、税制優遇措置などを背景に低コスト生産が可能であることが利点としてあげられます。さらに、経済成長によって国民1人当たりの購買力が上がれば、将来的に拡大する市場の取り込みを図ることもできます。

一方、先進地域に関しては事情が異なります。**円高による輸出不振や貿易摩擦の状態であれば、それを回避することを目的として海外現地生産を目指します。**自国通貨の価値が高くなれば輸出が伸び悩みますので、企業としては販売力が落ち、売り上げが下が

日本から世界への直接投資残高

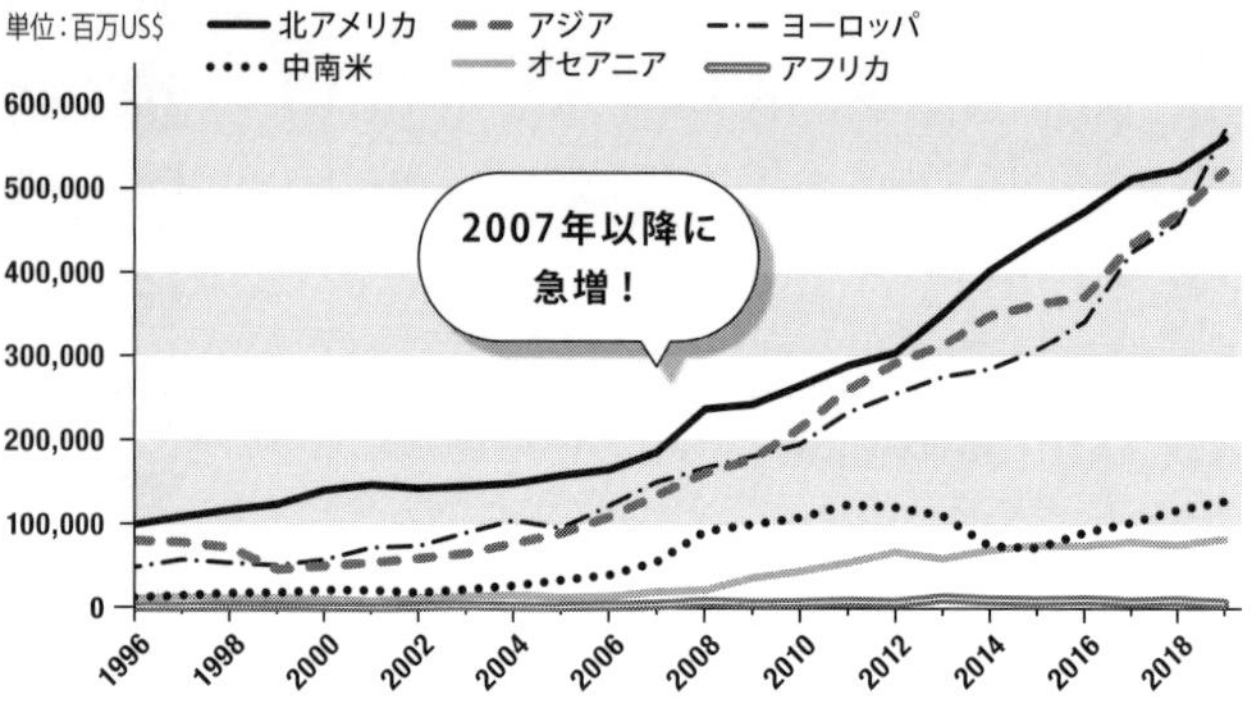

出典：日本貿易振興機構

ります。そのため**生産から販売までを海外で行えば、売り上げ不振にならなくてすむ**と考えるわけです。このように生産拠点を求めるだけでなく、企業が自社の販売網を拡大させるために、現地企業の合併や買収といった直接投資が行われることもあります。近年はこうした経済のグローバル化が進んでいます。

上図を見ると、北アメリカやヨーロッパ、アジア地域における直接投資残高が増加傾向にあります。特に２００７年以降は急増しています。２０１８年１月に発表された、２０１７年９月末時点での海外直接投資残高は１７４兆１５７０億円に達し、５年前の12月末から91％増となっていて、日本から海外への直接投資が拡大していることが読み取れます。

2016年12月末時点で135兆9354億円ですので、2016年後半から勢いを増していそうです。特に通信業や金融業などで海外企業の買収が進んだほか、内需型企業の性格が強い小売業の海外進出が活発になっています。2018年5月、武田薬品工業がアイルランドの製薬会社シャイアーの買収に合意したのは記憶に新しいところです（その後2019年1月に買収）。

「先進国への投資」の大きなメリット

さらに先進地域に対する直接投資は輸送コストが節約でき、国際競争力が向上すると考えられています。これは現地において、工業製品の部品調達が可能である点が大きいと考えられます。発展途上地域においては、まず先進国から部品を輸入し、現地工場で製造された工業製品を先進諸国へ輸出するため、輸送に関する時間距離や経済距離が大きくなってしまいます。一方の先進地域では、現地で調達された部品から工業製品を製造し、その製品が現地工場の周辺で消費されるため、**部品・工業製品ともに輸送に関する時間距離や経済距離が小さくなり、輸送コストを抑えることができる**のです。

第 4 章

工業とデータ

――「世界の工場」の行く末

本章で取りあげる主な統計

BRICSの基本情報、アメリカ合衆国の情報通信技術産業の発展、粗鋼の生産量と自動車生産台数、自動車の輸出台数と割合、世界各国の自動車保有台数、世界の造船竣工量、世界の港湾別コンテナ取扱量、世界の商船船腹量、世界の鉄道輸送量、産業用ロボットの稼働台数、通常兵器の輸出入

NO.
44
UNDERSTANDING ECONOMICS: A STATISTICAL APPROACH

BRICSの経済発展を支える「2つの共通点」

BRICSの基本情報

BRICsとは、2001年にエコノミストのジム・オニールによって称された、**ブラジル(B)**、**ロシア(R)**、**インド(I)**、**中国(C)**の4か国のことです。近年は**南アフリカ共和国(S)**を加えて、**BRICS**と総称するようになりました。

これらの国々は1980年代から90年代にかけて、経済の自由化政策を進めたことで大きく工業発展しました。

1人当たりのGNIは日本やアメリカ合衆国といった先進諸国には及びませんが、世界経済において重要な地位を占めるようになってきました。

BRICSの経済発展の共通点を探っていきましょう。

ポイントは2つ。「広大な国土」と「人口」です。

1 **広大な国土を有し、鉱産資源の埋蔵量が豊富**

世界最大の国土面積を有する**ロシアを筆頭に、中国4位、ブラジル5位、インド7位**と続きます。国土が広大であれば、鉱産資源の埋蔵量が多くなる可能性が高まります。

事実、4か国は鉄鉱石の産出量上位国であり、南アフリカ共和国も鉄鉱石の産出量が多い国です。さらに、ロシア・中国・ブラジルは原油、ロシア・中国は天然ガス、中国・インド・ロシア・南アフリカ共和国は石炭の産出量がそれぞれ多く、エネルギー資源にも恵まれています。

国土面積が大きければ、その分、包蔵《ほうぞう》水力（技術的に経済利用可能な水量）も大きくなります。国土面積が大きいほうが、国内で利用できる水量が多いため、**水力発電が盛ん**です。これも経済発展にとって大きな武器となります。安価な電力を背景に発達するのは、アルミニウム工業ですね。ブラジルにいたっては、水力発電割合が国内の総発電量の62・9％を占めるほどです。

2 **人口が多い**

人口大国であることも見逃せません。世界の人口順位は、**中国1位、インド2位、ブラジル6位、ロシア9位**です。これらの国では、人口を支えるための米、小麦、トウモロコシ等の生産量が多くなっています。

貧富の差が開いている

ＢＲＩＣＳでは豊富な鉱産資源、安価な労働力、巨大な市場規模を背景に工業化が著しいです。外国資本の導入を進めてきたのは想像に難くありません。一方、経済成長により貧富の差が開いているのも事実です。これもまた国内に抱える共通の問題といえるでしょう。経済格差の存在を「良いか悪いか」で語るのは非常に難しいです。

人は、いつでも成り上がれるし、残念ながらいつでも凋落する可能性がある。このように経済の流動性が高いほうが健全ではないでしょうか。格差が固定されず、流動性を高く保つためには政治の力が必要であるといえます。

BRICsの強みは「広大な国土」と「人口」

国土面積トップ10（2018年）

順位	国名	国土面積（万㎢）
1	ロシア	1,710
2	カナダ	998
3	アメリカ合衆国	983
4	中国	956
5	ブラジル	852
6	オーストラリア	774
7	インド	329
8	アルゼンチン	278
9	カザフスタン	272
10	アルジェリア	238

POINT

BRICsを筆頭に国土面積が広い国は、鉱産資源の埋蔵量が豊富

人口トップ10（2019年）

順位	国名	人口（千人）
1	中国	1,397,715
2	インド	1,366,418
3	アメリカ合衆国	328,240
4	インドネシア	270,626
5	パキスタン	216,565
6	ブラジル	211,050
7	ナイジェリア	200,964
8	バングラデシュ	163,046
9	ロシア	144,374
10	メキシコ	127,576

POINT

安価な労働力と巨大な国内市場を持つ。人口を支えるための農業が盛ん

出典：The World Bank（世界銀行）

NO. 45

UNDERSTANDING ECONOMICS: A STATISTICAL APPROACH

シリコンヴァレーが発展した「合理的」な背景

アメリカ合衆国の情報通信技術産業の発展

1960年代はアメリカ合衆国の全盛期でした。それまでのアメリカ合衆国の産業の中心は重工業。メサビ鉄山からとれる鉄鉱石とアパラチア山脈の石炭が、五大湖の水運で結びつきピッツバーグを中心に鉄鋼業が発達しました。これを基盤としてデトロイトで自動車工業が発達し、周辺には自動車関連産業が集積していきました。

第三次産業の比率はすでに1950年代半ばには50％を超えていましたが、アメリカ合衆国の本格的な「産業構造の変化」は1970年代から始まりました。**「モノの経済」から「サービスの経済」への転換**が起き、情報通信技術が発展していきます。

アメリカ合衆国の「産業構造の転換」の原因は、北部地域の重工業の衰退と南部地域への産業集積が考えられます。

アメリカ経済を支えた２つの地域

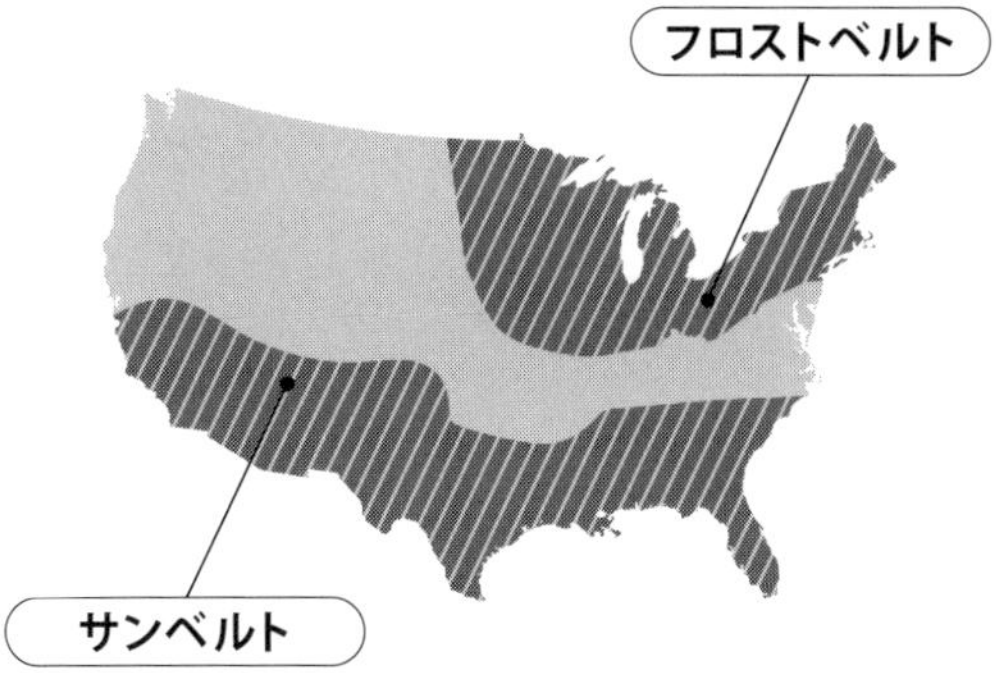

当時、アメリカ経済の中心地は五大湖周辺の北部地域でした。比較的寒冷な地域であるため、フロストベルト（もしくはスノーベルト）と呼ばれます。北部地域は古くから労働組合が強く、**労働者が要求する「高い給料」はアメリカ合衆国の国際競争力を奪っていきます。**

次ページの表は、１９６９年と１９７６年のアメリカにおける国民１人当たりの所得の変化を表したものです。１９６９年当時の所得額は、ミシシッピ、ルイジアナなどの南部諸州が全国平均を大きく下回っていることがわかります。１９７６年当時でもまだ全国平均を下回っているとはいえ、その差は縮まっています。

１９６０年代は日本や西ドイツ（当時）

1969年と1976年の南部諸州の所得額

	1969年所得額	全国平均（%）	1976年所得額	対全国平均（%）
全国	3,667	100	6,396	100
フロリダ	3,437	93.7	6,021	94.1
ジョージア	3,096	84.4	5,549	86.8
ケンタッキー	2,867	78.2	5,384	84.2
ルイジアナ	2,836	77.4	5,406	84.5
ミシシッピ	2,327	63.5	4,529	70.8
オクラホマ	3,071	83.7	5,708	89.2
テネシー	2,877	78.5	5,355	83.7
テキサス	3,275	89.3	6,201	97.0
ヴァージニア	3,400	92.7	6,298	98.0

単位：米ドル

出典：FRASER

といった敗戦国の戦後復興期でもあり、安くて質の良い工業製品が世界市場へ出回るようになっていきます。さらに、1970年代の二度のオイルショックによって燃料費が高騰し、北部地域の各種工業が大打撃を受けました。これによって失業率が上がり、工業都市は法人税や所得税が減少して財政難になると、**インナーシティ問題**が顕在化しました。

インナーシティ問題とは、都市の中心部で起こる衰退現象とその問題のことです。高所得者層や若年層が流出することで、住環境の悪化や犯罪などが起こるようになりました。

代わって発展したのが北緯37度以南のサンベルトと呼ばれる地域です。まず**オイル**

ショック後に省エネを進めるためには、温暖な南部地域は魅力でした。温暖な地域ほど電気代は安いものです。日本で最も電気代が高い都道府県は北海道であることからもそれが理解できます。さらに労働組合の組織率が低かったこと、**北部に比べて賃金水準や土地代が安かったことなども要因**です。こうして南部諸州は積極的に企業を誘致していきました。特に南東部に多いアフリカ系、南西部に多いヒスパニック系の人々はアメリカ合衆国の中では賃金水準が低くなっています。

サンベルトでは情報通信技術産業の集積が目立ち、シリコンヴァレーやシリコンプレーンなどが有名です。こうした知的産業における資本こそが高度人材であり、産学協同での研究が活発化しました。**1965年には移民国籍法の大改正**が行われ、それまで存在した出身国割り当て制限を撤廃し、高度人材を積極的に受け入れる方針へと転換しました。

シリコンヴァレーはサンフランシスコから南へおよそ50kmに位置します。地形的には、文字通り「valley（谷）」です。トランジスタの発明者であるウィリアム・ショックレーという人物が、ここで半導体研究所を設立したのがシリコンヴァレーへの最初の進出だといわれています。1957年のことです。

この半導体研究所で働いていた人たちが辞め、フェアチャイルドセミコンダクターという会社を作ります。そして、フェアチャイルドセミコンダクターを辞めた**ロバート・ノイ**

ス、ゴードン・ムーアらによってインテルが設立されました。その後、シリコンヴァレーに先端技術産業が集積していきます。

シリコンヴァレーの「地の利」

シリコンヴァレー一帯は地中海性気候で、夏は少雨となり晴天が広がります。アメリカ本土西部の太平洋沿岸に位置しますので、沖合をカリフォルニア海流という寒流が流れ、夏の気温の上昇がそれほどみられません。つまり夏でも不快な暑さはなく、青空が広がって実に過ごしやすい。

さらに大都市であるサンフランシスコまで50km程度と近距離に位置しているため、生活に必要な物資、そして情報が簡単に手に入ります。先端技術産業は「情報が命」です。こうした地の利を求めて多くの企業が集まってきます。加えて**近隣にはスタンフォード大学があるため、ここを卒業した技術者たちが次々とシリコンヴァレーで起業していく**わけです。産学協同で競い合い、世界的な先端技術産業の集積地となっていきました。アメリカ国内からだけでなく、アジアからの移民（非ヨーロッパ系移民）が急増し、サンベルトでの労働力として吸収されていきました。

シリコンヴァレーは、現在においても世界中から優秀な技術者を吸収しています。さらに、ここで培った技術をもって母国へ帰り起業する人もいます。こうした「頭脳還流」が「第二のシリコンヴァレー」を作り出す土台となっています。

これは、**イスラエルのテルアビブ**などが好例です。テルアビブはアメリカ西海岸と同様に地中海性気候のため、シリコンヴァレーと気候環境が似ています。また西アジア情勢を考えると、イスラエルは周囲をアラブ国家に囲まれているため、古くから産学協同で先端技術の研究開発をする必要に迫られていた事情があります。さらにイスラエルには徴兵制が存在するため、こうした経験がより一層の研究意識を育てるのかもしれません。

イスラエルといえば、「点滴灌漑（配水管などを用いて土壌や根に灌漑水を与えることで、水や肥料の消費量を最小限にする灌漑方式）」を作り出した国であり、乾燥気候が広がる南部において、食料自給率を高めてきました。**困難をテクノロジーで解決しようという精神**が根付いているといえます。他にも、ルワンダのキガリ、ロシアのモスクワ、メキシコのメキシコシティ、エストニアのタリン、スウェーデンのシスタ、ドイツのベルリン、インドのバンガロールなどが注目を浴びています。

先端技術産業は「情報が命」です。その情報は人間の移動によって空間を越えていきます。人的な交流を高めることこそ先端技術産業の成長につながるのかもしれません。

自動車戦争——中国VSインド

NO. 46

UNDERSTANDING ECONOMICS: A STATISTICAL APPROACH

粗鋼の生産量と自動車生産台数

粗鋼の原料は鉄鉱石や石炭、石灰石などです。鉄鉱石に石灰石を混ぜ、１４００℃で焼き固めたものを焼結鉱《しょうけっこう》といいます。これとコークス（石炭を１２００〜１３００℃で乾留したもの）を使って、高炉（溶鉱炉）で銑鉄《せんてつ》を作ります。鉄鉱石は酸化鉄なので、酸化還元することで鉄を取り出します。この銑鉄を転炉《てんろ》にて、さらに不純物を取り出してできたのが粗鋼です。

この粗鋼をもとに、圧延《あつえん》、鍛造《たんぞう》、鋳造《ちゅうぞう》といった加工法によってさまざまな形の鋼材を作ります。粗鋼は１９５８年から使用されている用語であり、それ以前は「鋼《はがね》」と呼ばれていました。別途、電気炉にて鉄スクラップから粗鋼を作ることもあります。

世界の粗鋼生産量（２０２０年）は中国、インド、日本、ロシア、アメリカ合衆国、韓

主要国の粗鋼生産量（2020年）

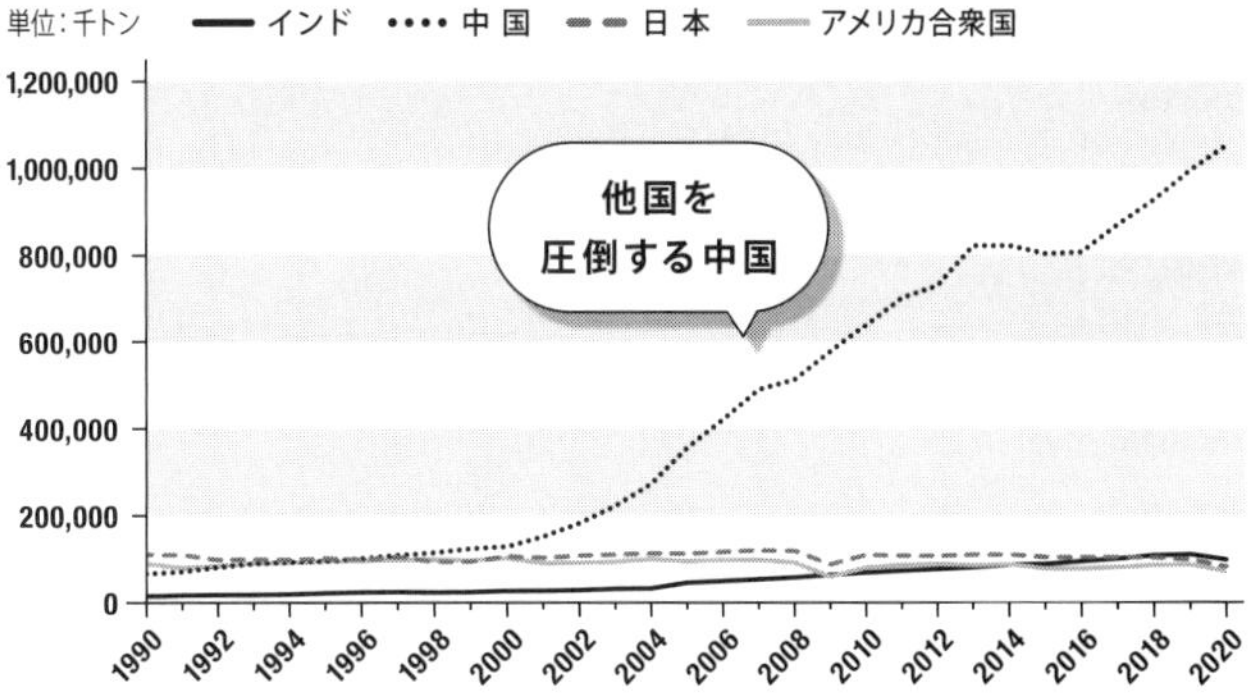

出典：World Steel Association（世界鉄鋼協会）

国、トルコ、ドイツ、ブラジル、イランが上位10か国です。

中国の粗鋼生産量の伸びが著しく、1990年にはわずか6635万トンでしたが、2000年には1億2850万トンとほぼ倍増。2010年には6億3874万トン、2019年には9億9634万トンを記録しました。

一方で、近年、**生産量が急増しているのがインド**です。インドは2018年の統計でついに日本を抜いて世界第2位となりました。2000年に2692万トンを記録すると、2010年に6898万トン、2019年に1億1135万トンと増加しました。上位国の日本やアメリカ合衆国、ドイツ、ロシアなどはリーマン・ショックの

主要国の自動車生産台数

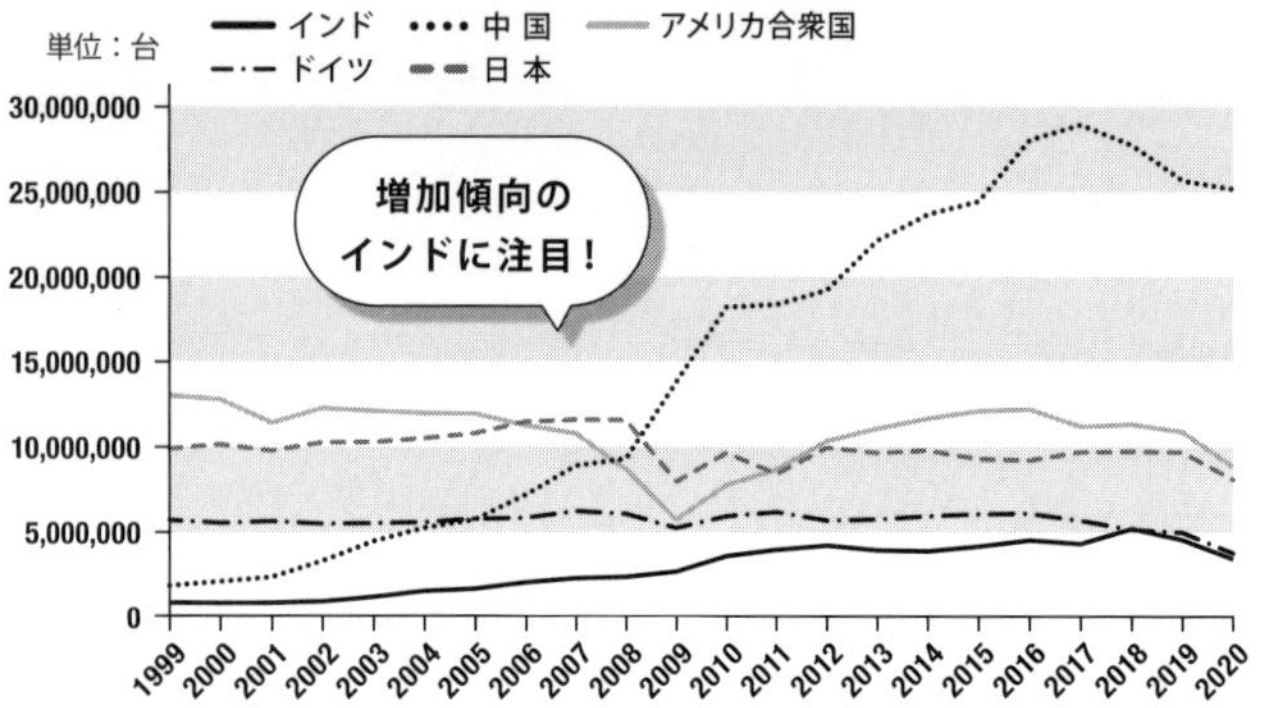

出典：Organisation Internationale des Constructeurs d'Automobiles（国際自動車工業連合会）

影響で２００９年にいったん減少しましたが、その後はほぼ横ばいで推移しています。

自動車１台を生産するために、およそ３〜４万点の部品が必要であり、「各部位の自動車に占める鋼の重量比率」をみると、ボディ関連（33％）、パワートレイン（25％）、サスペンション系（12％）の３つで70％を占めています。自動車は１００kgの軽量化で燃費が１km／ℓ向上するといわれており、**軽量化は重要事項**です。とはいえ、軽量化を目指して単純に薄くすればいいわけではありません。薄くなれば強度が小さくなるため、いかにして「軽くて強い」鋼を作るかが重要です。ましてやハイブリッドカーなどは重い電池を搭載するため、車体の軽量化は必須です。**自動車の歴**

史は、自動車用鋼板の薄さと強度を求める歴史でもあります。

このように自動車を生産するには「鋼」が必要となりますので、必然的に自動車生産台数と、粗鋼生産量には相関関係が生まれます。2020年の自動車生産台数は中国、アメリカ合衆国、日本、ドイツ、韓国、インド、メキシコ、スペイン、ブラジル、ロシアが上位10か国です。近年は**中国とインドの生産台数が増加傾向**にあり、粗鋼の生産量と同様です。近年の経済成長にともなって、自動車購買層が増加していて、世界の自動車企業にとって、大変魅力ある市場として成長しています。

インドは海外自動車企業の進出が目立ちます。一般に、国民1人当たりのGDPが2500～3000米ドルになると、自動車の普及が始まるといわれています。インドの国民1人当たりのGDPは2116米ドル（2019年）。自動車が広く普及するにはまだ時間がかかりそうですが、それでも一部の高所得層は自動車購買層となっています。

インドは13億6642万人（2019年）という人口大国です。**自動車購買層の割合が低くても市場規模が大きく、今後の経済成長によってさらなる自動車市場の拡大が見込まれる**と考えられます。

NO.
47
UNDERSTANDING ECONOMICS: A STATISTICAL APPROACH

フランスが世界一の自動車輸出国になれた理由

自動車の輸出台数と割合

自動車の輸出台数（２０１８年、日本自動車工業会）をみると、フランス、日本、ドイツ、アメリカ合衆国、スペイン、イギリス、中国、インド、イタリア、ブラジルなどで多くなっています。しかし、生産台数に占める輸出台数の割合をみると、フランスはなんと２８１・１％。ヨーロッパ諸国のドイツやスペイン、イギリスが80%台、イタリアが60%台なので、突出していることがわかります。

フランスにはルノーを筆頭に世界的な自動車企業が存在しますが、実は**他の国から輸入した自動車も輸出**しています。自動車の輸入先はスペイン、次いでドイツです。近年はスロバキアからの輸入も増えています。

ＥＵ域内においてはヒト・モノ・カネ・サービスの移動が自由化されていることもあり、

自動車の輸出台数と生産台数（2018年）

国名	輸出台数／生産台数	輸出台数（千台）	生産台数（千台）
フランス	281.1%	6376	2268
ドイツ	82.3%	4212	5120
スペイン	81.7%	2304	2820
イギリス	80.3%	1288	1604
イタリア	65.3%	693	1062
日本	49.5%	4817	9730
アメリカ	25.5%	2880	11298
ブラジル	22.3%	643	2881
インド	15.1%	776	5143
中国	3.7%	1041	27809

POINT

フランスは輸出で稼ぐ。中国・インドは国内販売で稼ぐ

出典：日本自動車工業会

フランスへ集められた自動車が世界市場へ向けて輸出されているわけです。ちなみに、フランスの自動車の輸出先はおよそ8割がEU域内となっています。

輸出上位国のドイツとスペイン、イギリス、イタリアも見ていきます。国内市場がそれなりに大きいとはいえ、やはりEU域内への輸出が中心で、生産台数に占める輸出台数の割合が大きくなっています。

自動車購買層が多い

生産台数に占める輸出台数の割合が低いのは、中国やインド、ブラジル、アメリカ合衆国です。中国やインドは、先進国と比較すると自動車購買層の割合は小さいですが、**人口大国であるため自動車購買層が多く、生産台数に占める国内販売台数の割合が高くなっています。**

しかし、両国とも自動車の輸出台数は増加傾向にあります。特にインドでは、日系企業による輸送機器（荷物や旅客を輸送するための機器）の輸出が拡大しています。マルチ・スズキ・インディアによるアフリカ向けの自動車輸出などが有名です。

また、アメリカ合衆国は自動車購買層が多く国内市場が大きいため、国内販売台数が多く、カナダやメキシコ、日本からの輸入台数が多くなっています。

南アメリカの動きも活発に！

ブラジルは近年、自動車保有率が高まっており、自動車購買層が拡大しています。現状は国内市場を対象とした生産体制といえるでしょう。それでも一部の自動車は輸出しており、輸出台数の半数がアルゼンチン向けです。これはＭＥＲＣＯＳＵＲ域内の自動車協定が背景にあります。

これから自動車が売れる国、売れない国

NO. 48
UNDERSTANDING ECONOMICS: A STATISTICAL APPROACH

世界各国の自動車保有台数

2017年の世界の自動車保有台数は、アメリカ合衆国、中国、日本、ロシア、ドイツ、インド、イタリア、ブラジル、メキシコ、イギリスが上位国です。

近年増加傾向にあるのが、中国とインド、ブラジルです。近年の経済成長によって生活水準が向上し、自動車購買層が拡大しています。この3か国を**2005年と比較すると、中国6・8倍、インド4・5倍、ブラジル1・9倍とそれぞれ増加**しています。また11～20位には、インドネシア（2・6倍）、タイ（1・9倍）、マレーシア（2倍）といった国が登場しており、これらの国も自動車保有台数が高い水準で増加しています。

上位10か国の「人口100人当たりの自動車保有台数」をみると、アメリカ合衆国84・9台、中国14・7台、日本61・2台、ロシア36・4台、ドイツ60・6台、インド3・5台、

イタリア71・9台、ブラジル21台、メキシコ33・1台、イギリス59・5台となっています。**先進国の多くで50台を上回りますが、近年頭打ちになっている**ことから、自動車市場は飽和状態にあるといえるでしょう。

しかし中国やインド、ロシア、ブラジル、メキシコなどは人口大国でありながら、人口100人当たりの保有台数が低く、自動車市場はまだ飽和していません。魅力的な市場として、今後の動向に注目したいところです。これは**インドネシア（8・9台）、タイ（24・5台）、マレーシア（46・2台）も同様**です。しかし、急激な自動車の普及にともなってそれを支える社会資本整備が追いつかない可能性もあります。

近年は電気自動車の普及も進んでいます。特に2020年は新型コロナウイルスの影響で乗用車の販売台数が15％減少すると試算されている中で、電気自動車の販売台数は2019年とほぼ同水準を維持するだろうといわれています。

2019年の電気自動車保有台数の世界最大は中国（335万台）です。以下、アメリカ合衆国（145万台）、ノルウェー（33万台）、日本（29万台）、イギリス（26万台）、ドイツ（26万台）と続きます。特にノルウェーは人口が537万人であるにもかかわらず、33万台の電気自動車が稼働しており、世界で最も普及している国といえます。

日本、中国、韓国。三つ巴の造船業

NO.49

UNDERSTANDING ECONOMICS: A STATISTICAL APPROACH

世界の造船竣工量

高度経済成長時代、日本の主力産業は鉄鋼業や造船業、アルミニウム工業といった重厚長大型産業でした。1960年代後半、日本の造船業は飛躍的な発展を遂げました。日本の造船竣工量は1965年の553万総トンから、1973年の1419万総トンへとおよそ3倍に増加。世界シェアの48・5%を占めました。

この間、船舶輸出量は1965年の299万総トンから1973年の968万総トンへと急速な伸びを示し、**花形の輸出産業として日本経済を支えていました。**

これは、この間の世界経済の成長による海上輸送の規模拡大のみならず、1967年の第三次中東戦争にともなうスエズ運河の閉鎖も影響しています。

スエズ運河の閉鎖は海上輸送ルートの長距離化を発生させ、特に鉱油兼用船の建造需要

造船竣工量の推移

国名	1970年	1980年	1990年	2000年	2010年	2015年	2019年	世界シェア
中国	—	30	404	1,484	36,437	25,160	23,218	35.00%
韓国	2	522	3,441	12,218	31,698	23,272	21,744	32.80%
日本	10,100	6,094	6,663	12,001	20,218	13,005	16,215	24.40%
フィリピン	0	2	3	144	1,161	1,865	805	1.20%
ベトナム	1,317	—	3	1	583	591	558	0.80%
世界計	20,980	13,101	15,885	31,696	96,433	67,566	66,328	100.00%

※100総トン以上の鋼船に限る

単位：千総トン

POINT

2011年をピークに造船竣工量は減少傾向にある

出典：『世界国勢図会（2020/21年版）』

を生み出しました。大型タンカーの需要が高まり、**早くから大型船の建造体制を整えていた日本には大変有利**でした。

日本の造船業は長崎県や瀬戸内地方に集中しています。長崎県はリアス海岸が発達して入り江が深く、波が穏やかであるため大型船の建造に適しています。瀬戸内地方は南北を山地に囲まれて、日本の中では年降水量が少ない気候です。船の建造は溶接をともない、また外での作業が多いことから晴天日数の多い地域が選好されます。

世界の造船竣工量（2019年）は、中国、韓国、日本の3か国で92・2%を占めます。長らく日本が世界最大でしたが、**2000年代に中国と韓国が急成長**を遂げました。韓国は第二次世界大戦後に建国されますが、初代大統領の李承晩《りしょうばん》が海運業を重要視し、１９６０年代の「造船5か年計画」により造船事業が始まり、現在にいたります。

海上荷動き量は増加傾向にありますが、リーマン・ショック以降、**２０１１年をピークに新規造船受注量は減少傾向**にあります。現在、新型コロナウイルスの影響で石油価格が下落傾向にありますが、エネルギー関連企業は二酸化炭素排出量が少ない液化天然ガス関連事業に力を入れていて、ＬＮＧ専用船の需要は増大すると考えられています。

ＬＮＧは天然ガスをマイナス１６２℃で加圧・圧縮して液状にしたもので、液状化の過程で酸化物が除去されるためクリーンエネルギーとして認識されています。ＬＮＧ専用船は、マイナス１５０℃を下回る極低温タンクに天然ガスを保存するだけの強度が求められるため、高い建造技術を要します。**かつては日本企業の得意分野でしたが、現在では中国や韓国でも建造**されています。

２０２１年1月、日本で造船業界最大手の今治《いまばり》造船と2位のジャパンマリンユナイテッドの資本提携によって「日本シップヤード」が設立されました。中国や韓国に対抗しようとしていますが、道のりは険しそうです。２０２０年の新規受注は、前年比で73%も減少しています（韓国は16%、中国は19%減少）。これは日本の造船業界の技術者不足が背景にあると考えられています。

アジアが独占！コンテナ取扱量が語る未来とは？

NO. 50
UNDERSTANDING ECONOMICS: A STATISTICAL APPROACH

世界の港湾別コンテナ取扱量

2019年の世界のコンテナ取扱量は、中国を筆頭に、アメリカ合衆国、シンガポール、韓国、マレーシア、日本、ドイツ、アラブ首長国連邦、香港、スペインが上位国（地域）です。コンテナ取扱量とは、港湾から海上への積み出し量と海上から港湾への積み入れ量の合計です。また中継港での積み替え輸送は中継港で2回分カウントされます。さらに国内輸送（内航海運）と国際輸送（外航海運）の両方を合計して算出します。

中継貿易で有名なシンガポールと香港のコンテナ取扱量を比較してみましょう。シンガポールと香港は輸出・輸入ともに依存度が100％を超えています。このような貿易依存度は**シンガポールと香港、ジブチ**だけです。これらの港は「地の利」を活かして中継貿易が盛んです。ジブチは1993年のエリトリアの独立によって内陸国となったエチオピアの外港として機能しています。シンガポールと香港ですが、人口が少なく国内市場が小さいため、国内での生産物によって国内市場があっという間に飽和します。そこで海外需要（外需）を取り込むために、生産物に他国から輸入した生産物を加えて第三国に輸出する中継貿易を行っています。

輸出依存度とは、ＧＤＰに対する輸出総額の割合ですから、中継貿易を行っている国や地域では１００％を超えます。香港は中国から輸入し、第三国へと輸出しています。**中国の輸出相手先第２位が香港**であり、香港の輸出入ともに最大の相手先は中国です。しかしシンガポールと香港のコンテナ取扱量を比べると、順調に増加しているシンガポールに比べて、香港は減少傾向にあります。

中国の経済発展と連動して、大きく伸びた

これは近年の中国の経済発展が関係しています。近年、中国はコンテナ取扱量を増やしていて、**２０１９年は２０００年比で５・９倍にまで増加**しています。つまり中国が直接輸出を進めていることもあって、香港を経由した輸出機会が減少しているのです。

港湾別のコンテナ取扱量の推移を見ると、香港は１９８０年４位、１９９０年が２位、

２０００年は世界最大と長らく存在感を保っていました。しかし２０１０年は3位、２０１５年が5位、２０１８年は7位と年々後退していることがわかります。

上位10港はすべてアジア！

かわって上海が急浮上しています。１９８０年、１９９０年はランク外でしたが、２０００年に6位に浮上し、２０１１年以降は首位を維持しています。また上位10港にランクインするアジアの港は１９８０年は４港でしたが、２０１８年にはすべてアジアの港で占められています（上海、シンガポール、寧波《ニンポー》、深圳《シェンチェン》、広州《コワンチョウ》、釜山《プサン》、香港、青島《チンタオ》、天津《テンチン》、ドバイ）。**中国の港（香港を除く）が6港もあり、中国からの直接輸出が進んだことがわかります。**近年の中国の「世界の工場」としての経済発展、そして工業製品の輸出が伸びていることがわかる統計です。

海洋国家の駆け引き――船籍ビジネスの基本戦略

NO. 51

UNDERSTANDING ECONOMICS: A STATISTICAL APPROACH

世界の商船船腹量

2020年末の船籍ベースでの世界の商船船腹量《せんぷくりょう》は、パナマ、リベリア、マーシャル諸島、香港、シンガポール、マルタ、中国、バハマ、ギリシャ、日本が上位国（地域）です。商船船腹量とは、「船腹」が貨物を積み込む部分を指しますので、つまり船の積載量のことです。

例えば「日本の商船船腹量」は日本船籍の商船の数ではなく、存在する商船の積載量の合計を指します。海上荷動量の拡大にともなって、商船船腹量は増加しています。長らくリベリアが世界最大でしたが、**1995年以降はパナマが首位を独走**しています。

日本で自動車を購入するとどこかの運輸支局に登録するのと同じように、船舶はどこかの港に船籍が登録されます。登録する港は「船籍港」、その港が属する国は「船籍国」

海洋国パナマの戦略

船には船籍を登録する義務がある

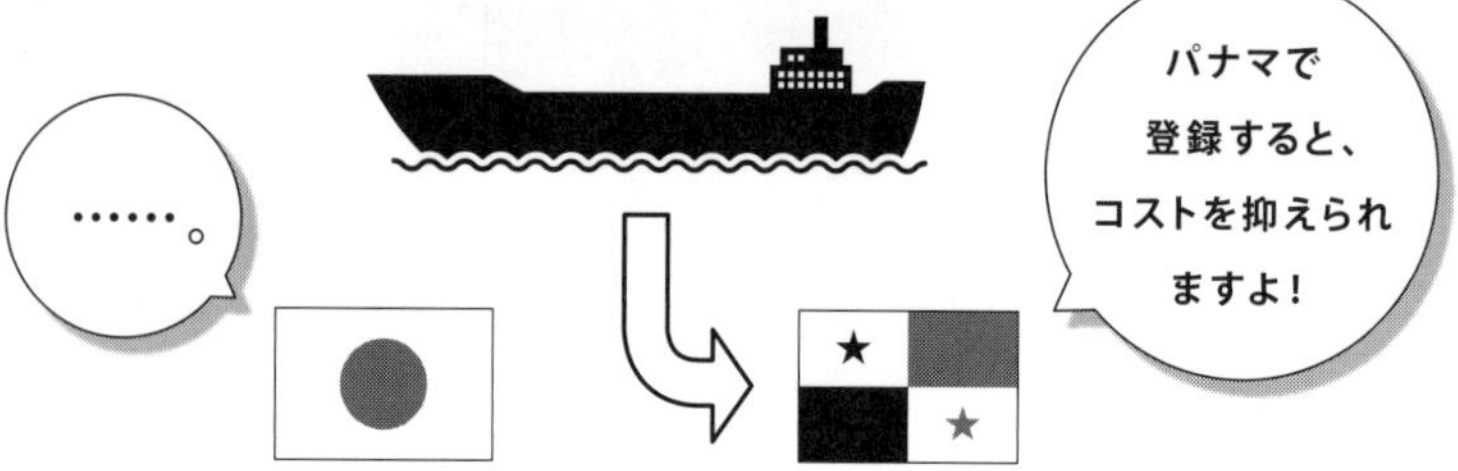
……。
パナマで登録すると、コストを抑えられますよ！

POINT

船籍国によって登録条件は大きく異なる

とそれぞれ呼ばれます。例えば、ある船舶が横浜港に登録されたとすると、その船舶は日本が船籍国となります。船籍港は船主によって自由に決めることができます。そして、船籍国の法律に則って適切に対応されます。例えば、船籍国の定めた固定資産税や登録料を支払う、船籍国の定めた配乗要件に沿って船員を乗せるなどです。こうした**登録条件が緩いだけでなく、比較的政情が安定した国が選ばれる傾向**があります。

　リベリアは1944年に大統領になったウィリアム・タブマンが便宜《べんぎ》置《ち》籍船《せきせん》制度を導入し、また強弁な政治運営によって政情を安定化させた結果、便宜置籍船の登録が増えていきました。

便宜置籍船とは、「便宜上、船籍だけ置いてある船舶」のことです。船主は、登録条件の良い国を選び、そこでペーパーカンパニーを設立し、その会社が船舶を所有します。パナマの商船船腹量が世界最大になったのは、コストを低く抑えることができるからです。多くの国が、一定の割合で自国籍の船員を乗せることを義務づけていますが、パナマにはこの配乗要件が存在しません。

日本の場合は、日本国籍船員を50％以上乗せなければいけませんので、非常に人件費がかさみます。**パナマやリベリアは他に大きな産業がないこともあり、この船籍ビジネスが国の経済を支えている**のです。

近年、商船船腹量が急増しているのがマーシャル諸島です。マーシャル諸島は太平洋に浮かぶ多くの環礁からなる国で、人口が6万人足らずの小さい国です。主な産業は漁業と観光業くらいしかありませんでしたが、便宜置籍船に目を付けて、近年では船籍ビジネスが国の経済を支えています。

近年、アジア諸国の工業発展と、2016年6月のパナマ運河の拡張工事の完了にともない、太平洋の海上荷動量が拡大しています。パナマ運河を利用して輸送される品目は**太平洋から大西洋へ輸送される貨物（北向け貨物）には工業製品が多く、大西洋から太平洋へ輸送される貨物（南向け貨物）には農産物が多くなっています。**マーシャル諸島は地理的な位置から、外国船籍の寄港地として人気があります。

ＰＳＣ（ポート・ステート・コントロール）とは、外国船舶の入港を許可した国が、外国船舶が国際基準を遵守しているかを検査することです。基準に満たない船舶に対しては、改善するまでは出港の差し止めを命じることができます。**マーシャル諸島のＰＳＣは非常に評価が高く、船舶の勾留率が低い（短期間で審査が終わる）ことで有名**で、寄港地として人気があります。こうした背景もあって、マーシャル諸島では近年便宜置籍船の登録が増えています。

一方の船主はどこにいるのでしょうか？　**２０２０年の船主国ベースの商船船腹量はギリシャ、日本、中国、シンガポール、香港が上位国（地域）**です。ギリシャは中古船販売で有名な国ですので、船主が多いのもわかります。さらに海運事業者の収入に対して非課税です。海運事業者への課税を掲げて政治家に立候補する人もいるようですが、海運事業者がおよそ２％もいるギリシャではなかなか難しいようです。

日本は海洋国家であり、輸送機関別貨物輸送量では自動車に次いで船舶が多くなっています。中国は「世界の工場」として工業製品の生産、輸出が盛んであり、コンテナ取扱量では上海が世界最大になるなど、船舶輸送が盛んです。またシンガポールや香港は中継貿易が盛んであるため船舶輸送の利用機会が多くなっています。

NO.52

UNDERSTANDING ECONOMICS: A STATISTICAL APPROACH

国営か民営か？ アメリカに学ぶ鉄道ビジネス

世界の鉄道輸送量

鉄道の長所としては**「定時制に優れている」「長距離・大量輸送に優れている」「輸送費が安い」「気候の制約が小さい」**などがあげられます。

もちろん、輸送の弾力性が小さいことや戸口輸送が不可能であること、さらに地形的制約が大きいことなどの短所も持ち合わせています。「輸送の弾力性が小さい」とは、自動車のように利用したいときに利用できるわけではなく、時刻表等に従って利用せざるを得ないという意味です。また戸口輸送とは、「door to door」のことです。出発地から目的地が鉄道で結ばれることは皆無なので、「戸口輸送が不可能である」といえます。これらは自動車がカバーしており、陸上輸送は自動車と鉄道で分担しています。

2018年の鉄道旅客輸送量をみると、インド（1兆1498億人キロ）、中国（68

１２億人キロ）、日本（１９７３億人キロ）、ロシア（１２９４億人キロ）などが上位国です。旅客輸送量の単位は「人キロ」といい、例えば、10人を５キロ輸送すれば、50人キロとなります。インドや中国、ロシアは「人口１００人当たりの自動車保有台数」が小さいこともあり、まだまだ鉄道を利用する人が多いことがわかります。

特に**インドは年々鉄道網を拡大しており、旅客輸送量が増加傾向**にあります。鉄道乗客数は、２０１６年度から２０２０年度までの平均成長率が16・８％になると予測されています。日本は三大都市圏を中心に鉄道への依存度が高く、また三大都市圏を結ぶ新幹線の存在から鉄道旅客輸送量が大きい国です。

２０１８年の鉄道貨物輸送量をみると、アメリカ合衆国（２兆５２５２億トンキロ）、ロシア（２兆５９７８億トンキロ）、中国（２兆８８２１億トンキロ）が突出しています。貨物輸送量の単位は「トンキロ」といい、例えば15トンの品物を10キロ輸送すれば、１５０トンキロとなります。

アメリカ鉄道の激動の歴史

アメリカ合衆国は輸送機関別貨物輸送量では鉄道が最大です。**国有鉄道から民営化さ**

れた歴史を持つヨーロッパ諸国や日本とは異なり、創設期から民営によるものでした。アメリカ合衆国では1830年代には蒸気機関車が登場しましたが、法制度が整備されない状況での民営鉄道会社の乱立は料金体系がバラバラで利用しづらいものでした。また**鉄道事業が投機目的となってしまい供給過剰**となったこと、さらに州政府の権限が州内に限られるため、州をまたぐ国内移動には連邦政府による統制が必要だったことなどから、1887年に制定された州際交通法によって規制されました。

アメリカ合衆国では、モータリゼーションの進行にともない、1956年から10年間で全長6万5000mに及ぶ高速道路網が建設されることとなりました。鉄道貨物輸送の最大のライバルとして自動車輸送が浮上してきたわけです。しかし、その後のアメリカ合衆国の重工業の発展にともなって長距離・大量輸送が可能な鉄道貨物輸送の需要が高まったこと、規制が鉄道貨物輸送事業者の倒産を増やしてしまったことなどから、**連邦政府による規制緩和**の動きが見られるようになりました。

そして**1980年にはスタッガーズ鉄道法を制定**し、輸送距離や輸送形態、運行経路、料金設定などの自由化、不採算路線の廃止や売却、鉄道貨物事業者の合併・統合などが可能となりました。こうして経営状態が改善された鉄道貨物輸送事業者は、その後7社にまで統合され、今日のアメリカ合衆国の鉄道貨物輸送を支えているのです。

産業用ロボットと自動車の深いつながり

NO. 53

UNDERSTANDING ECONOMICS: A STATISTICAL APPROACH

産業用ロボットの稼働台数

日本で初めて産業用ロボットが登場したのは1969年のことでした。川崎重工によって製造された**「川崎ユニメート2000型」**です。

当時の日本は高度経済成長期にあり、人手不足が問題視されていました。地方都市から都市部への集団就職が行われていた時代であり、上京してくる若年労働者は「金の卵」と呼ばれました。また人手不足が原因で事業を続けられず倒産する企業もありました。**「ユニメート」とは「汎用能力を持つ作業仲間」**という意味があるそうです。「仲間」と称しているあたりが非常に素敵ですね。

「川崎ユニメート2000型」は重量が1・6トンもあるのに対して、可搬重量はわずか12kg。価格は1200万円（当時の大卒初任給は3万円）。「仲間」と呼ぶには力不足だったといえるでしょう。しかしこれ以降、日本の産業用ロボットは自動車産業を中心に開発が進んでいきました。１９７３年の第一次オイルショックによって産業構造の転換がみられ、自動車産業などの加工組立型産業が成長していった時代でもありました。

つまり**「産業用ロボットは自動車産業と発展を共にした」**といってもいいでしょう。自動車企業はスポット溶接や塗装といった、単純ではありますが重労働の工程を産業用ロボットに担わせ、労働者をより高度な判断を必要とする業務へと促していきました。

現在は、自動車産業だけでなく、電子・電気機器の製造にも利用が拡大し、世界中の「ものづくり」を支えています。

２０１８年の世界の産業用ロボットの稼働台数（日本ロボット工業会）によると、**中国、日本、韓国、アメリカ合衆国、ドイツの5か国が突出して多くなっています。**これらの国々では、自動車の生産台数が多く、そのため産業用ロボットの稼働台数が多いことは容易に想像がつきます。また世界最大の中国は「世界の工場」として工業製品の生産が盛んなことも背景として考えられます。２０１０年比で見た場合、産業用ロボットの稼働台数が急増しているのはインドやタイ、ベトナム、マレーシアなどの東南アジアから南アジアにかけての国々です。これらの国々の近年の工業発展は万人の知るところではありますが、その背景には「仲間」としての産業用ロボットの活躍があるといえます。

NO. 54

UNDERSTANDING ECONOMICS: A STATISTICAL APPROACH

通常兵器の輸出入から読み解く「世界の緊張関係」

通常兵器の輸出入

「通常兵器」とは、戦闘機、軍艦、戦車、地雷、ミサイル、拳銃など、大型から小型までを含んだ武器のことです。一般に核兵器などの大量破壊兵器は含まれません。もちろん通常兵器の問題は、世界各国の安全保障に直結するだけでなく、先端技術などのさまざまな分野に影響を与えます。**通常兵器の蓄積が過度に進むと、周辺地域との摩擦によって政情が不安定化する**恐れがあります。そこで、透明性を向上させ、過度な蓄積を防止しようとするのが国連軍備登録制度や国連軍事支出報告制度です。

またストックホルム国際平和研究所はＴＩＶ（trend–indicator value）という単位を用いており、金額ではなく質と量の合計で示しています。２０１５〜２０１９年の通常兵器の輸出国はアメリカ合衆国（36・４％）、ロシア（20・６％）、フランス（７・９％）、ドイツ（５・８％）、中国（５・５％）、イギリス（３・７％）、スペイン（３・１％）が上位国です。**アメリカ合衆国とロシアが抜きん出ています。**

中東諸国の兵器輸入が目立つ

アメリカ合衆国の２０１５〜２０１９年の最大輸出先国はサウジアラビアでした。以下、オーストラリア、アラブ首長国連邦、韓国、日本、カタール、イスラエル、イラクと続きます。なんと**中東諸国への輸出だけで４割を超えています。**中東情勢は常に不安定です。不安定だから通常兵器を輸入して自衛するのか、通常兵器を蓄積するから不安定になるのか。なんともいえないところです。

２０１５年以降、サウジアラビアはイランとの対立を深め、さらにはイエメン内戦に介入しました。サウジアラビアの外交政策がアメリカ合衆国の中東への通常兵器の輸出を促進させたといえます。ちなみにサウジアラビアは２０１５〜２０１９年の通常兵器輸入で世界最大となっています。

また**日本や韓国への輸出も多くなっています。**これは北朝鮮の核開発やミサイル開発、南シナ海での中国の軍事力増強といったことが背景にありそうです。

実際に、２０１６年にはアメリカ合衆国はベトナムへの武器輸出を解禁していますので、**ベトナムが中国へ警戒感を高めている**ことは間違いなさそうです。当時のアメリカ合衆国は米軍の海外展開を縮小する代わりとして同盟国への通常兵器の輸出を拡大させました。先端技術の研究・開発が進み、アメリカ合衆国は超近代兵器によって武装化しています。これによって従属的に結ばれた同盟関係は、パクス・アメリカーナを作り出してきました。特に冷戦期においては、反共を目的とした軍事態勢を構築し、米軍の進駐、援助、庇護によって、同盟国はアメリカ合衆国製の兵器体系に組み込まれていきました。

ロシアを支える主力産業

一方のロシアはインド、中国、アルジェリア、エジプト、ベトナムなどへの輸出が盛んです。ロシアにとって通常兵器の輸出は重要であり、通常兵器の輸出額を軍事費で割った比率を見ると13・３％（２０１０年）となっていて、およそ2〜３％に収まる他国と比較しても主力産業であるといえます。また軍需産業が発達する企業城下町では、そこで暮らす人々の生活が軍需産業によって支えられているため、選挙での投票を左右します。ロシアが強力に通常兵器の輸出を進めているのも理解できます。

ロシアは国家の成り立ちや歴史的な背景から、①経済成長にともない軍事費を増やしている（通常兵器の輸入が可能）、②欧米諸国以外から軍事協力を得たいという２つの条件をもった国とのつながりが強く、インドや中国への輸出が盛んです。

特に**インドはロシアの最大の「お得意先」**で、これはソビエト連邦時代から変わっていません。しかし、インドの輸入先に占めるロシアの割合は、「２００１〜２００５年」は78・5％でしたが、「２０１５〜２０１９年」は56・２％にまで低下しています。「ロシア離れ」が進んでいるといっても過言ではありませんが、両国間の関係を考えると、今後中国からの輸入が増えることは考えにくい状況です。**インドはサウジアラビアに次いで世界第２位の通常兵器輸入国**です。長年にわたるインドとパキスタンとの関係が大きな要因かもしれません。

また**ロシアは中国への輸出も盛ん**です。１９６０年代、ソビエト連邦（当時）は中国と対立しましたが、長い時間をかけて緊張状態を緩和する努力を続けてきました。中ソの対立によって、中国は欧米諸国からの通常兵器輸入を進めましたが、１９８９年の天安門事件によってそれが困難となり、１９９１年の中ソによる国境協定の成立へとつながっていきます。そして、１９９６年の軍事分野信頼醸成協定、１９９７年の軍事力相互削減協定などを結び、こうした関係維持が中露ともにリスク低減につながっています。

5

第 5 章

農林水産業とデータ

――人類は生き残れるか

本章で取りあげる主な統計

主要国の食料自給率、世界三大穀物の生産と輸出、世界の家畜頭数、1人1日当たりの食料供給栄養量、穀物の期末在庫量、国別の1年間当たりの水の使用量、日本の食料輸入の推移、農業とIoT・ビッグデータ、ヨーロッパの農業と共通農業政策、ロシアの穀物生産と輸出、世界の漁業・養殖業生産量

NO. 55

UNDERSTANDING ECONOMICS: A STATISTICAL APPROACH

世界の食料事情——余裕があるから輸出できる

主要国の食料自給率

食料自給率とは、国内で消費された農産物がどの程度国産でまかなえているかを表した指標で、大きく「品目別自給率」と「総合食料自給率」の2種類に分かれます。「品目別自給率」は各品目別に自給率が算出されており、重量ベースで計算します。

一方の「総合食料自給率」は食料全体の自給率を算出した指標で、「カロリーベース」と「生産額ベース」の2種類があります。

「品目別自給率」は、国内生産量を国内消費仕向量で割って算出します。国内消費仕向量とは、1年間に国内市場に出回った食料の量のことで、「国内生産量＋輸入量—輸出量±在庫増減」で計算します。

221ページの表は世界の主要国の農産物自給率です（生産量÷国内供給量で算出）。

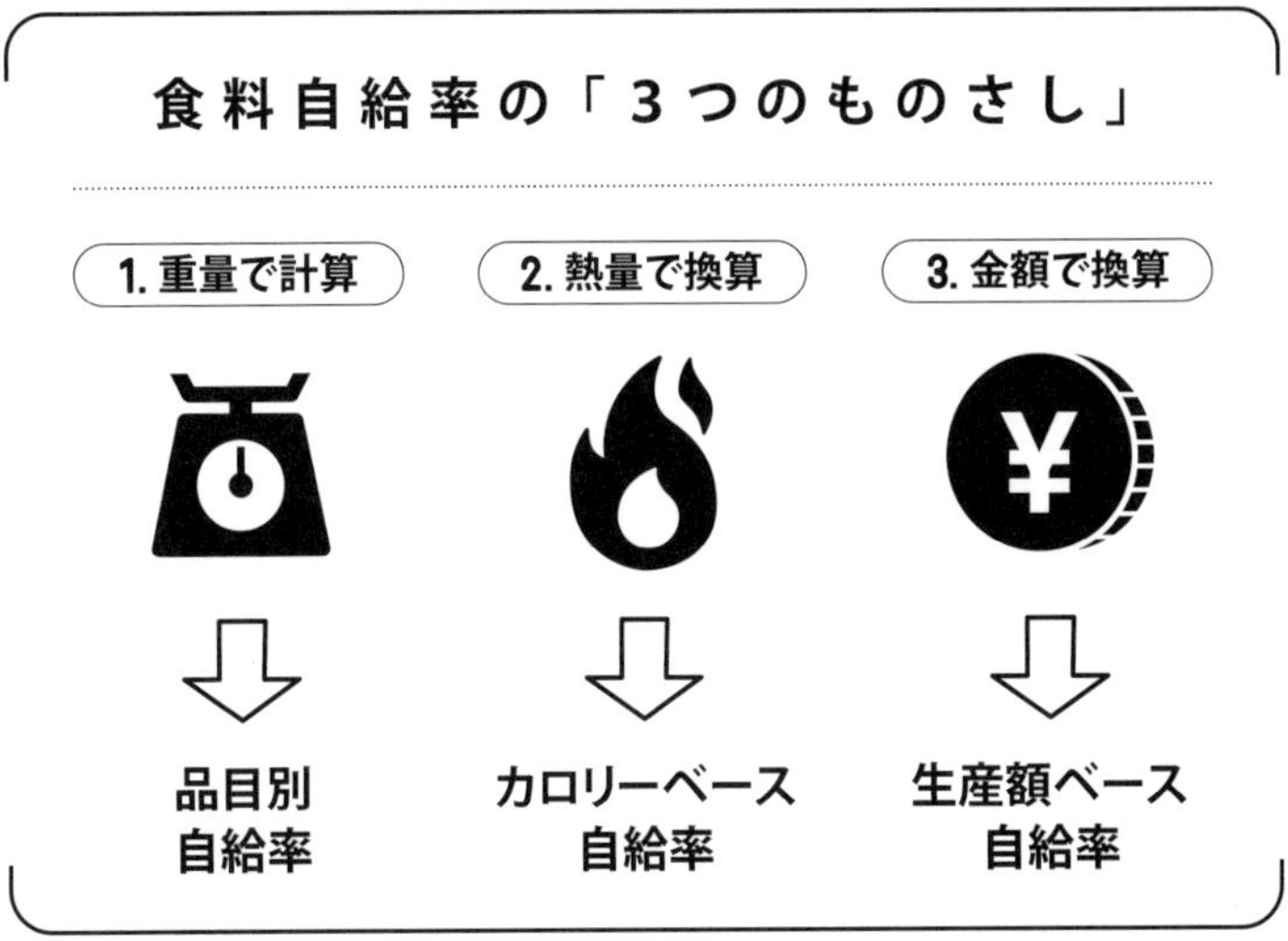

日本は、米が87％と高いのですが、小麦13％、大豆7％、トウモロコシ０％（国内生産量が極少なため、国内調査が行われず実質０％と計算）と極端に低く、穀類全体の自給率は31％しかありません。食料自給率が低いということは、**食料の安全保障を他国に委ねる**ことになります。

　また、日本の輸入は相手国にとっては「対日輸出」、つまり輸出国で需要が高まると輸出余力が小さくなり、日本へ輸出されなくなる可能性もあります。**売ってくれる国がいるから買うことができることを忘れてはいけません。**

　いも類、肉類も決して高いとはいえず、日本は多くの食料品を輸入でまかなっています。日本において自給率が１００％に近いのは米や卵などごくわずか。食料ではありませんが、石灰と硫黄も自給が可能です。

アジア、ヨーロッパ、新大陸の傾向

地域別でみると、**アジアでは全般的に米の自給率が高く、小麦は低い**傾向にあります。これは米の栽培が高温多雨の気候に適していることが要因です。アジアの中でも特にモンスーンの影響が強く、夏に高温多雨の気候を示すモンスーンアジアにおいては米の生産が盛んで、世界の生産量の約90%を占めます。

東南アジアから南アジアにかけては熱帯気候が広がり、**熱帯土壌は栄養分に乏しいため、地力（作物を育てる力）の低い土地でも成長するいも類の生産が盛ん**です。一方で大豆の自給率は低く推移しています。

ヨーロッパは米の自給率が低く、小麦の自給率が高くなっています。そもそもヨーロッパでは米食の文化がほとんどありませんので、パエリアやリゾットといった米食文化のあるスペインやイタリアなどで高くなっている程度です。

新大陸（南北アメリカ大陸、オーストラリア大陸）では穀類の自給率が高い傾向にあります。これは広大な土地を利用して大規模に穀物を栽培していることが背景にあります。

世界各国の農産物自給率（2017年）

単位：%

国名	穀類				いも類	大豆	肉類
		小麦	米	トウモロコシ			
日本	31	13	87	0	85	7	62
中国	97	98	100	98	83	13	97
韓国	25	1	80	1	64	6	67
タイ	148	1	192	123	343	2	144
インドネシア	92	0	99	104	92	18	94
フィリピン	80	0	95	93	78	1	86
ベトナム	117	0	141	66	259	6	82
マレーシア	29	2	68	2	9	0	96
インド	107	101	112	108	102	118	114
バングラデシュ	89	22	98	78	99	46	100
パキスタン	118	104	217	100	115	0	101
サウジアラビア	8	18	0	0	74	0	49
イギリス	94	97	0	0	90	0	72
ドイツ	113	131	0	71	121	2	112
フランス	171	187	14	131	136	45	100
イタリア	62	62	202	51	57	43	74
スペイン	53	47	124	37	66	0	140
ロシア	149	166	78	152	97	66	93
アメリカ合衆国	118	148	158	115	103	195	113
カナダ	179	297	0	103	159	238	139
メキシコ	70	52	18	73	87	9	81
ブラジル	112	39	97	128	99	243	135
アルゼンチン	253	341	193	239	114	113	112
オーストラリア	347	402	143	118	85	80	148

出典：『世界国勢図会（2020/21年版）』

「世界三大穀物」米、小麦、トウモロコシの特徴

NO. 56

UNDERSTANDING ECONOMICS: A STATISTICAL APPROACH

世界三大穀物の生産と輸出

世界三大穀物と称される米、小麦、トウモロコシは特に生産量の多い穀物です。**米**の生産量は7億5547万トン（2019年）です。高温多雨に適した栽培条件をもち、生産地はモンスーンアジアに偏っています。モンスーンアジアとは、モンスーンの影響を受けて、特に夏に多雨となるアジアの地域で、モンゴルから中国西部を除く東アジア、東南アジア全域、パキスタンを除く南アジアが該当します。同地域の生産量は世界の約90%を占めます。上位10か国中、パキスタンを除いたすべての国がモンスーンアジアに位置しています。輸出量は4452万トン（2017年）と生産量に対して約5%ですから、**基本的には生産地で消費**されていることがわかります。米は自給的な性格を有しています。世界最大の米の輸出国はインドです。これは「緑の革命」（231ページ参照）によって

自給を達成し、その後、輸出余力が高まったことが背景にあります。
小麦の生産量は７億６５７６万トン（２０１９年）です。涼しく半乾燥に適した栽培条件をもち、米より栽培範囲が広い穀物です。輸出量は１億９６７８万トン（２０１７年）と生産量に対して約22％と**生産量に対して輸出量が多く**、商業的な性格を有しています。

小麦の輸出はアメリカ合衆国、カナダ、フランス、オーストラリア、ロシアの５か国で約64％を占めています。ロシアは、肥沃なチェルノーゼム（黒色土）が分布する南部地域へと生産の適地適作化を進め、近年生産量、輸出量ともに伸びています。

三大穀物の中で生産量が最大なのは**トウモロコシ**です。生産量は11億４８４９万トン（２０１９年）を数え、アメリカ合衆国と中国の２か国で生産量の52・９％を占めています。先進国ではトウモロコシを飼料用として利用することが多く、**近年ではバイオエタノールの原料としても利用**します。ブラジルは高温多雨の気候を利用してトウモロコシを年に３回収穫しており、特に６～９月に収穫したトウモロコシはアメリカ合衆国の収穫時期とずれているため端境期《はざかいき》出荷として輸出されています。これを背景に、２０１８年の生産量は２０００年比でおよそ２・５倍にまで増加し、そして輸出量はアメリカ合衆国に次いで世界２位となりました。また、近年ウクライナの生産量が増加傾向にあります。これは日本や中国向けのトウモロコシ生産が堅調であることなどが背景にあります。

NO. 57

UNDERSTANDING ECONOMICS: A STATISTICAL APPROACH

経済と家畜――牛・豚・羊と人のかかわり

世界の家畜頭数

家畜として飼育される動物は一般的に草食動物であり、牛、豚、羊、ヤギなどが知られています。アメリカ合衆国やオーストラリアのように、大規模農場で大量に飼育して肉や乳、皮などを商業利用する国もあれば、モンゴルや中国、西アジア諸国のように家畜に経済の一切を依存する遊牧が盛んな国もあります。

牛は世界的にも飼育頭数の多い家畜です。**飼育頭数15億1102万頭**のうち、ブラジル、インド、中国、アメリカ合衆国で約30%を占めています（2019年）。飼育されている牛の多くは肉牛です。牛肉の生産量はアメリカ合衆国、ブラジル、中国で多く、牛の飼育頭数と顔ぶれがほぼ同じです。

インドはヒンドゥー教徒が国民の約80%を占めており、宗教上の理由で牛肉を食さないために、牛肉生産統計の上位にはいません。しかし、世界第14位の牛肉生産国であり、水牛を含めると世界最大の牛肉輸出国でもあります（詳細は拙著『経済は地理から学べ！』に収録）。

厳しい環境でも生きていける羊

羊の**飼育頭数は12億３８７２万頭**です（２０１９年）。主な用途は肉と毛。羊は粗食に耐える性質を有しているため、飼料となる牧草の少ない乾燥地域においても飼育が可能です。そのため「耐乾性の強い家畜」といわれます。

人間の居住が困難である地域をアネクメーネといい、降水量が少ない（乾燥）地域や著しく気温が低い（寒帯）地域などが該当します。これらの地域は農耕、それにともなう安定した食料供給が困難です。しかし、**耐乾性の家畜である羊やヤギは肉や乳の供給源となるので、食料生産が困難な乾燥地域などでも居住が可能**になりました。

特に西アジアやアフリカ北部での飼育頭数が多いことからもそれがわかります。他にはオーストラリアやニュージーランドでも飼育頭数が多く、肉だけでなく羊毛の生産が盛んです。両国では国内人口と比較すると、オーストラリアが２・６倍、ニュージーランド

飼育数の多い家畜の特徴

牛	羊	豚

15.1億頭	**12.4億頭**	**8.5億頭**
飼育上位国はブラジル、インド、中国、アメリカ合衆国	西アジアやアフリカ北部等、厳しい環境でも飼育可能	飼育数、豚肉生産量、ともに中国がダントツの1位

出典：Food and Agriculture Organization（国際連合食糧農業機関）

は5・5倍もの羊の飼育頭数を誇ります。羊毛から生産される毛織物は高価格であり、また防寒具として便利がられるため先進国を中心に流通する傾向があります。一方、北アメリカや南アメリカでの飼育はあまり見られません。

中国が圧倒的シェアをもつ

豚の**飼育頭数は8億5000万頭**です（2019年）。豚の飼育頭数、豚肉の生産量は圧倒的に中国が多く、世界全体に占める中国の割合は、それぞれ前者が36・5%、後者が38・6%です。豚の用途は牛や羊と異なりほぼ食肉用であるため、豚の飼育頭数と豚肉の生産量の上位国の顔ぶれはほぼ同じです。特にヨーロッパ諸国や新大陸国家で飼育頭数が多くなっています。

豚の飼料としてジャガイモが重宝がられており、**ジャガイモの生産国で豚の飼育頭数が多い傾向**にあります。

ヨーロッパでは、今から2万年前の最寒冷期に北緯50度より高緯度側（ドイツ中央部から北側が目安。デンマークやポーランドも含む）に広く大陸氷河が広がっていました。そのため氷河の侵食によって、腐食層（有機物を多く含む地層）が薄く、小麦栽培にはあまり適していません。大麦やライ麦、そしてジャガイモなどの栽培が盛んです。

ドイツの第3代プロイセン王であったフリードリヒ2世（1712～1786年）は、ジャガイモの栽培を奨励したといいます。そのかいもあって、ジャガイモは今日のドイツ料理には欠かせない食材となっています。

ヨーロッパの肉食文化は農業発達から生まれた

NO. 58

UNDERSTANDING ECONOMICS: A STATISTICAL APPROACH

1人1日当たりの食料供給栄養量

1日に必要なカロリーは、2000〜2700キロカロリー程度といわれています。摂取カロリーは1グラムにつきそれぞれ、タンパク質4キロカロリー、脂質9キロカロリー、炭水化物4キロカロリーです。脂質を多く摂れば、その分高カロリーとなり、逆もまたしかりです。

1人1日当たりのカロリー供給量を地域別にみると、**欧米諸国で高く、アジア・アフリカ諸国で低い**傾向にあります。想像通りですね。欧米諸国の人たちは動物性タンパク質の摂取量が多いため、その分脂質の消費量が高くなっています。

消費カロリーの内訳をみると、欧米諸国の多くは動物性由来が30%前後。しかしアジア・アフリカ諸国は多くても20%前後で、10%に満たない国も数多く存在します。

1日1人当たりのカロリー供給量（2013年）

国境線データ：©The World Bank

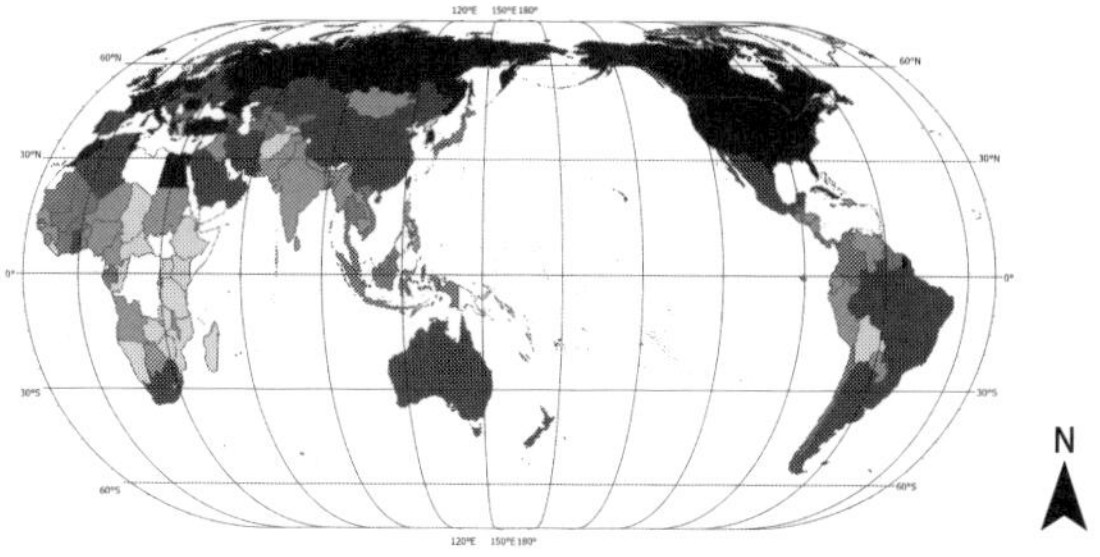

凡例（キロカロリー／人・日）　≦2300　≦2700　≦3000　≦3300　>3300　データなし

出典：Food and Agriculture Organization（国際連合食糧農業機関）

ヨーロッパが起源とされる農業に商業的混合農業、酪農、園芸農業、地中海式農業の4つがあります。西北ヨーロッパは年中平均して降水が見られ、気温の年較差（最暖月と最寒月の平均気温の差）が小さい気候（西岸海洋性気候）が展開します。そのため、**1年を通して穀物栽培が可能**なことから、自給用だけでなく飼料用穀物の栽培も行われ、**家畜の頭数を増やす**ことができました。こうして人口増加により肉類の需要が高まっても、それを満たすだけの肉類の生産が可能だったわけです。

家畜の飼育と穀物栽培を組み合わせた農業を混合農業といいます。しかし、産業革命（本格的な貿易の始まり）が起こると、新大陸から安価な穀物が輸入されるようになり、ヨーロッパの農家は大打撃を受けました。これを受けて、ヨーロッパの農家は農業を進化させ、分化して専門性を高める努力をしました。こうして、商業的混合農業、酪農、園芸農業が生まれます。

ヨーロッパ人のタンパク源は肉類が多く、１人１日当たりの肉類消費量は、多くの国で２００グラムを超えます（日本は１４１グラム）。牛乳・乳製品の消費量も非常に多くなっています。ヨーロッパ起源の農業は新大陸へも伝播し、より大規模に営まれるようになり、新大陸国家でも肉類や牛乳・乳製品の消費量が多くなっています。

アジア、アフリカの食文化は？

一方、**アジアでは魚介類の消費量が多い**こともあり、肉類の消費量は欧米諸国ほど多くはありません。穀物や野菜などの消費量が多くなっており、低タンパク・低脂質の食生活が見て取れます。

また**アフリカの熱帯地域ではいも類の消費量が多くなっています。**いも類は地力が低くてもある程度は育つ傾向がありますので、熱帯地域では重宝されます。

NO. 59

UNDERSTANDING ECONOMICS: A STATISTICAL APPROACH

インドが世界一の米輸出国になれた理由

緑の革命（インドの米の生産性）

「世界最大の米の輸出量を誇る国」として「タイ」と記憶している方が多いと思いますが、222ページでも述べた通り、現在は「インド」が世界最大の米輸出国となっています。この背景にある**「緑の革命」**について説明します。

緑の革命とは、高収量品種の導入によって、土地生産性の向上を実現させた農業技術の革新を指した用語です。

高収量品種とは、文字通り「高い収量が期待できる品種」を指します。稲であれば、「米の粒数が通常の品種よりも多い」というイメージです。

1960年代、稲、小麦、トウモロコシの品種改良が進みました。1962年にはフィリピンのマニラに国際稲研究所（IRRI）が設立されると、IR8という品種の

インドにおける米の生産性と貿易の変化

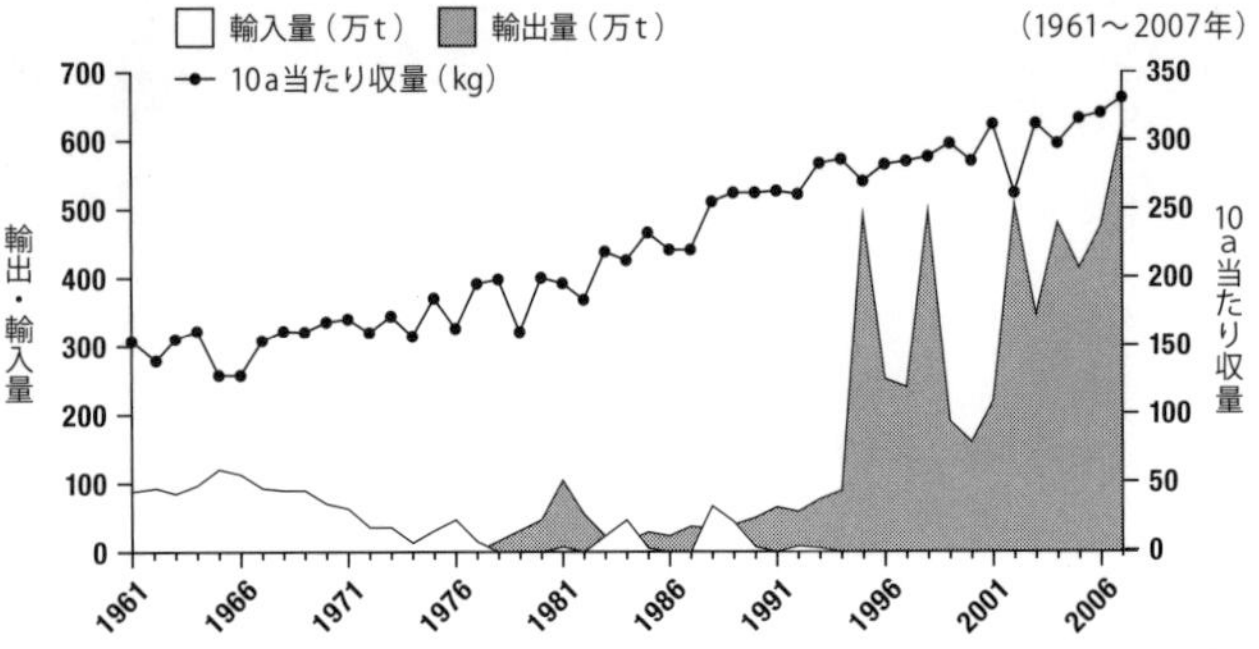

※FAO統計により作成

出典：愛知教育大学前期試験・地理（2011年）

稲が開発されます。これが発展途上国の食料不足を解消すると期待され栽培が進められました。

フィリピンの米の生産量は１９６５年には約４００万ｔでしたが、１９８５年には約８８０万ｔへと倍増しました。しかし、栽培には農薬や肥料の使用、灌漑設備の充実など多額の資本を必要とします。そのため零細農家は恩恵にあずかれず、富裕農家との格差が拡大したといわれています。

大飢饉からの食料革命!

インドでは１９６１年に大飢饉が発生し、そこでＩＲ８を導入して食料不足の解消を急ぎました。最初に選考された生産地はパンジャブ地方。同地方にはインダス川が流れ、古くから灌漑農業が行われており、生産地として最適でした。

1960年のインドの人口は4億4831人。当時も人口大国であり、食料需要は非常に大きかったと想像できます。右図を見ると、1961年の10a当たり収量は150kgほどしかなく、**人口増加に食料生産が追いついていない**ため、米の輸入を行っていました。

しかしIR8の導入によって10a当たり収量は年々増大し、2006年には約340kgにまで増加しています。その間、1970年代後半には米の輸出国に転じて、特に1990年代前半からは米の輸出量が大幅に伸びました。インドの人口増加は鈍化しておらず、1980年には6億9895万人、2000年には10億5657万人と、約20年間で1・5倍になりました。**人口を上回る水準で米の増産を実現**し、それにともなって輸出余力が大きくなると、ついにはタイを抜いて、世界最大の米の輸出国となりました。「緑の革命」以来、インドでは一度も飢饉が発生していません。

世界の人口は「穀物生産量」と比例している

NO. 60

UNDERSTANDING ECONOMICS: A STATISTICAL APPROACH

穀物の期末在庫量

日本では4月から翌年の3月までを「年度」として区切って生活します。同様に、農作物においても生産・消費の周期性を考えて期を設定し、その**期の最終時点の在庫量を「期末在庫量」といいます。**また年間消費量に対する割合は期末在庫率と呼ばれていて、17〜18％程度が最も良いとされています。ある程度の期末在庫量がないと、次年度に何らかの要因で食料不足が発生してしまった場合に対応できなくなります。そのため、**食料の安全保障のためにも期末在庫量は存在しなければなりません。**

次ページの図は、１９７０〜１９７１年度から２０１６〜２０１７年度までの世界における穀物期末在庫率の推移を表したものです。穀物の生産量、消費量ともに増加傾向を示しています。

穀物（米、小麦、トウモロコシ）等の需給推移

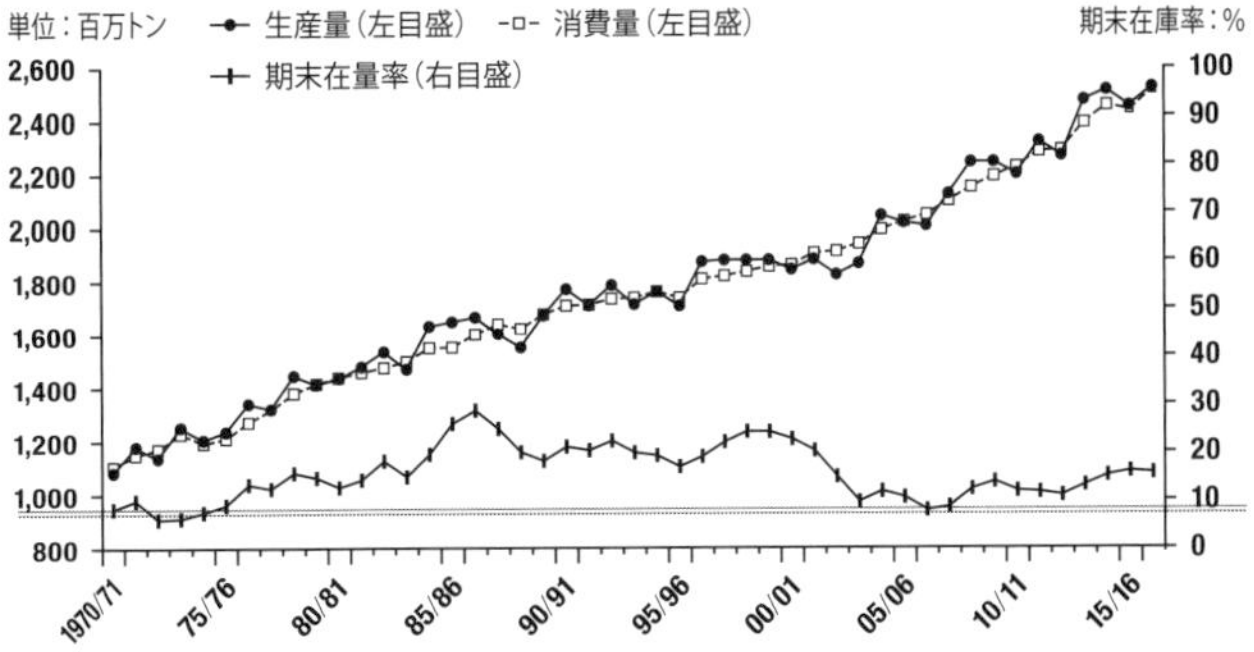

※USDA「World Agricultural Supply and Demand Estimates」、「Grain:World Markets and Trade」(July2016)、「PS&D」をもとに作成

出典：農林水産省

１９７０～１９７１年度と２０１６～２０１７年度を比較すると、生産量は２・34倍、消費量は２・27倍に増加しています。世界銀行によると世界の人口は、１９７０年は約37億人、２０１６年は約74億人でしたので、この間、２倍に増加しました。

特に**発展途上国での人口増加が顕著**であり、また生活水準の向上によって穀物消費量は増加しました。生産量も同様に増加していますが、こちらは穀物収穫面積がほぼ横ばいで推移しています。耕地面積の拡大ではなく、**単位面積当たりの収穫量（単収）が増加したことが主因**と考えられます。

この期間の単収の増加は、アジアにおける緑の革命やＥＵの共通農業政策が大きな要因です。前述したように、緑の革命はイ

ンドの食料不足を解消しただけでなく、輸出余力を増大させ、インドを世界最大の米輸出国にまで押し上げました。

ＥＣ（当時）が設立されたのは１９６７年のことで、その後、共通農業政策によって加盟国は単収を増加させました。これを背景に、１９７０年代後半には期末在庫率が安定供給ができる安全な水準を上回り、この傾向は２０００年代初頭まで続きました。

しかし、２００６～２００７年のオーストラリアでの干ばつ、２００７年のヨーロッパの天候不順による生産の停滞、アメリカ合衆国でのバイオエタノール需要の増大、さらには中国などでの飼料用穀物の需要増大で消費量が増加したこともあり、世界における期末在庫量は急減していきました。

NO. 61
UNDERSTANDING ECONOMICS: A STATISTICAL APPROACH

水はこれからどうなる？――急激に増えた工業用水

国別の１年間当たりの水の使用量

福岡県北九州市に本社を置くＴＯＴＯによれば、国や地域、ライフスタイルによって差はあるものの、「１人１日当たりおよそ１８６リットルの水が必要」とのことで、日本人はその２倍もの量を使用しているそうです。**特に「風呂」と「トイレ」で全体の61％を占める**そうです。一口に「水の使用量」といっても生活用水だけでなく、農業用水や工業用水も含まれます。

次ページの図１・２は東京学芸大学の入試（２００８年度前期試験・地理）で出題された問題に使われたものです。図１は国土面積の大小を地図上の国の面積で、図２は国別の１年間の水の利用量の大小を地図上の図の面積でそれぞれ表したものです。指標の大小に応じて面積を変化させて作成した地図はカルトグラムと呼ばれます。

世界のどこで水が使われている？

図1. 国別の国土面積を表す地図

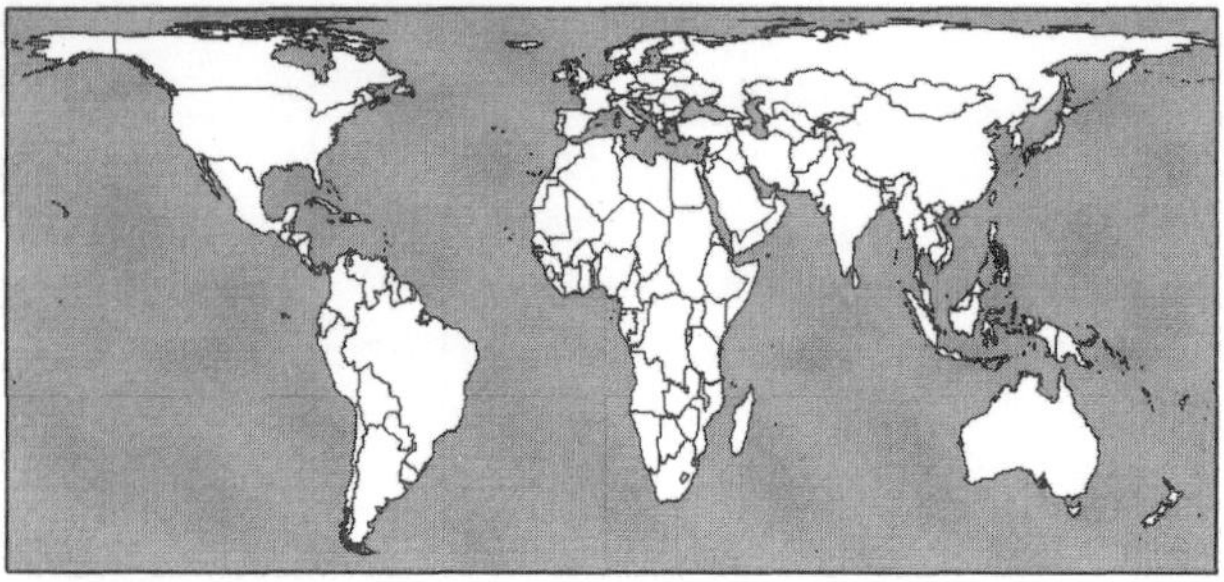

図2. 国別の水の利用量（年間）を表す地図

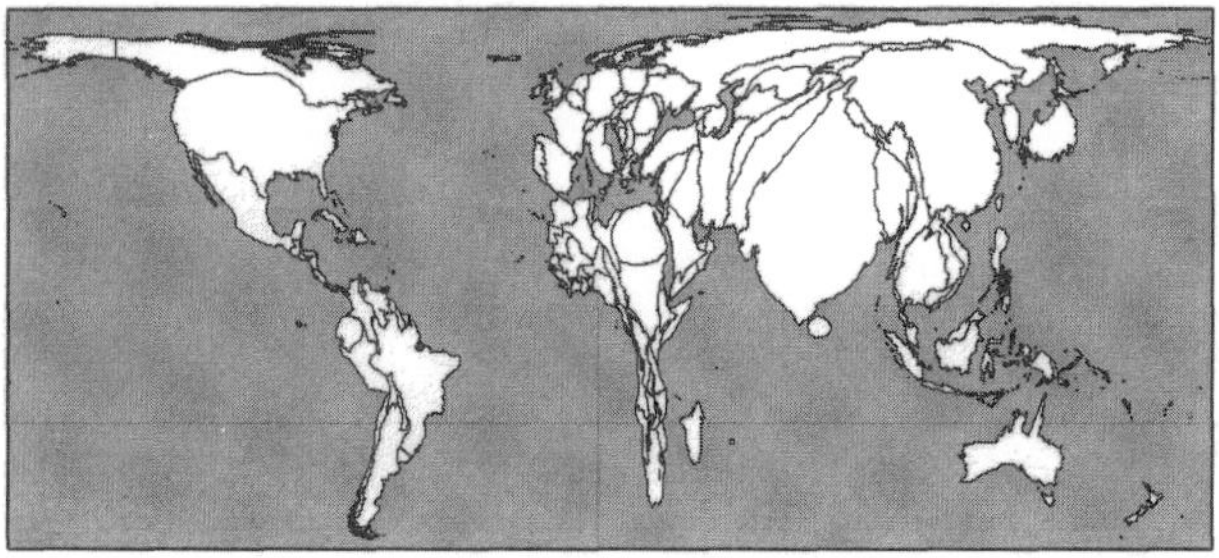

水の利用量には生活用水、農業用水、工業用水が含まれる。
データ年は2000年。南極大陸とグリーンランドは省略。

POINT

インドやタイなど農業国の使用が目立つ

※http://www.worldmapper.org、FAO「AQUASTAT（2003）」などにより作成

出典：東京学芸大学前期試験・地理（2008年）

水の使用量トップ10（2017年）

単位：km³／年

1. インド	761.00	6. メキシコ	86.58
2. 中国	598.10	7. ベトナム	82.03
3. アメリカ合衆国	485.60	8. フィリピン	81.56
4. パキスタン	183.50	9. 日本	81.45
5. イラン	93.30	10. エジプト	77.50

※農業用水・工業用水・生活用水の合計量

POINT

人口が多く、農業が盛んな国がランクイン

出典：Food and Agriculture Organization（国際連合食糧農業機関）

図1は「国土面積の大小」が指標であるためベースとなった世界地図（正積円筒図法による世界地図）とほぼ同じですが、図2は大きく変化していることがわかります。

2017年の世界の水使用量はインド、中国、アメリカ合衆国、パキスタン、イラン、メキシコ、ベトナム、フィリピン、日本、エジプトが上位国です。このうちイラン（8291万人）、ベトナム（9646万人）を除けばすべて1億人以上の人口を有する国であり、**人口が多ければその分水の使用量が多くなる**ことは当然といえるでしょう。

インドネシアは農業用水の統計データが存在しないので上位にランクされません

が、2億7062万人の人口規模、農業の中心が稲作であることを考えれば水の使用量は多いと考えられます。

オーストラリアは先進国に分類されますが、人口数が小さく、また乾燥気候が広く展開する地域では用水の利用が難しいため、水の使用量は少ない国です。また降水量の多い国であっても、アフリカのように工業化の進展が遅れている国々は水の使用量が小さくなっています。

農業国の「水事情」とは?

農業用水の使用量が多い国は、インド、中国、アメリカ合衆国、パキスタン、イラン、ベトナム、フィリピン、メキシコ、エジプト、日本です。**稲作が盛んな地域では、畑作が盛んな地域よりもはるかに水の使用量が多くなります。**インドや中国、ベトナム、フィリピン、日本といった稲作が盛んな地域で顕著です。他にタイやバングラデシュなども多くなっています。

パキスタンやイラン、エジプトは乾燥気候が展開する国であり、本来、水使用量は少ないと考えられます。しかし外来河川(湿潤地域に源流をもち乾燥地域を貫流して海洋に注ぐ河川）や地下用水路を利用することで灌漑農業をしているため水の使用量が多くなっています。

パキスタンにはインダス川、エジプトにはナイル川がそれぞれ流れ、イランではカナートと呼ばれる地下用水路が利用されています。かつてパキスタンではインダス文明、エジプトではエジプト文明がそれぞれ発展しました。これは、外来河川を利用した灌漑農業による食料増産が人口増加を後押ししたこと、外来河川を利用した交易が行われたこと、それを記録に残すために文字が発明されたことなどが要因でした。

産業の血液、工業用水の重要性

一方、工業用水の消費量が多い国はアメリカ合衆国、中国、カナダ、インドネシア、フランス、インド、ブラジル、日本、オランダ、フィリピンです。

工業用水は「産業の血液」と称されていて、重要な役割をもっています。**鉄鋼業における冷却水、化学工業などでの使用量が多く**なっており、これらの産業が発達した国が上位を占めています。

ここで国全体の水使用量のうち、工業用水比率を見てみましょう（２０１７年）。アメリカ合衆国51・2％、中国22・3％、カナダ80・2％、フランス71・5％、インド2・2％、ブラジル17％、日本14・3％、オランダ88・1％、フィリピン10・1％と、国によってまちまちです（インドネシアはデータなし）。中国やインド、日本、フィリピンといった稲作が盛んな国では農業用水のほうが断然多くなる傾向があり、比率は低めです。田んぼに水を張るには大量の水を必要とすることからも理解できます。

近年、ＩＣ産業や医薬品産業などの先端技術産業においても高品質の水が求められています。特に中国は粗鋼の生産量が急増していることもあって、工業用水の使用量が比例して増加しています。しかしアメリカ合衆国や日本、カナダ、フランスなど、**早くから工業化の進展が見られた国は減少傾向**にあり、節水努力が実を結んでいます。

古代の四大文明が大河川沿いに発達したことでもわかるように、人類の歴史は水とともにありました。人類の水の使用量が年間１０００㎦に達するまで、実に数千年を要しています。しかし、２０００㎦に達するのにそこからわずか30年。さらに３０００㎦に達するまで20年しかかかっていないそうです。特に生活用水や工業用水の使用量が著しく伸びたことが背景にあります。

NO. 62
UNDERSTANDING ECONOMICS: A STATISTICAL APPROACH

カボチャが教えてくれる「経済と気候」

日本に流通する外国産カボチャ

2018年の世界のカボチャ生産量は、中国とインドがトップ2です。以下、ウクライナ、ロシア、メキシコ、スペイン、アメリカ合衆国、トルコ、バングラデシュ、イタリアと続きます。日本では毎年12月21日（年によっては22日）は冬至と呼ばれ、太陽の回帰の影響によって1年で最も昼の時間が短くなります。転じて次の日から夏至に向けて、徐々に日が長くなっていきます。そのため冬至を「1年の終わり」と認識して、運を呼び込むために「ん」で終わる食材を食べる習慣がありました。その1つが「なんきん」と呼ばれるカボチャです。こうして、**日本では12月になるとカボチャの需要が高くなりました。**

日本におけるカボチャの伝来は、16世紀にポルトガル人によってもたらされたといわれています。ポルトガル語で「カンボジア」を意味する「Camboja（カンボジャ）」が「カボチャ」になったといわれています。**カボチャは本来は夏野菜**であり、春に種をまいて夏から秋にかけて収穫します。つまり、本来は冬から春にかけて、日本でカボチャは端境期（品薄時期）といえます。ところが、日本では1年を通してカボチャを食べることができます。これは一体なぜなのでしょうか？

日本でカボチャが1年中食べられる理由

次ページの図は、東京都中央卸売市場における２０１８年11月以降の外国産カボチャの入荷量および卸売価格の推移を表したものです。カボチャは「夏野菜」なので、６月下旬から11月中旬は国内産等入荷量の割合が大きく、それ以外の時期は外国産カボチャでまかなっています。主な輸入先はメキシコとニュージーランドです。

２０１８年の日本のカボチャの輸入先はメキシコ（51・４％）、ニュージーランド（43・３％）、韓国（１・８％）、トンガ（１・８％）、ニューカレドニア（１・４％）です。メキシコとニュージーランドへの依存度が高いことがわかります。

日本は北半球に位置しているため、南半球に位置しているニュージーランドとは夏と冬が逆です。**日本で品薄になる冬から春にかけて、ニュージーランドでは生産時期**になるわ

外国産カボチャの入荷量及び卸売価格の推移

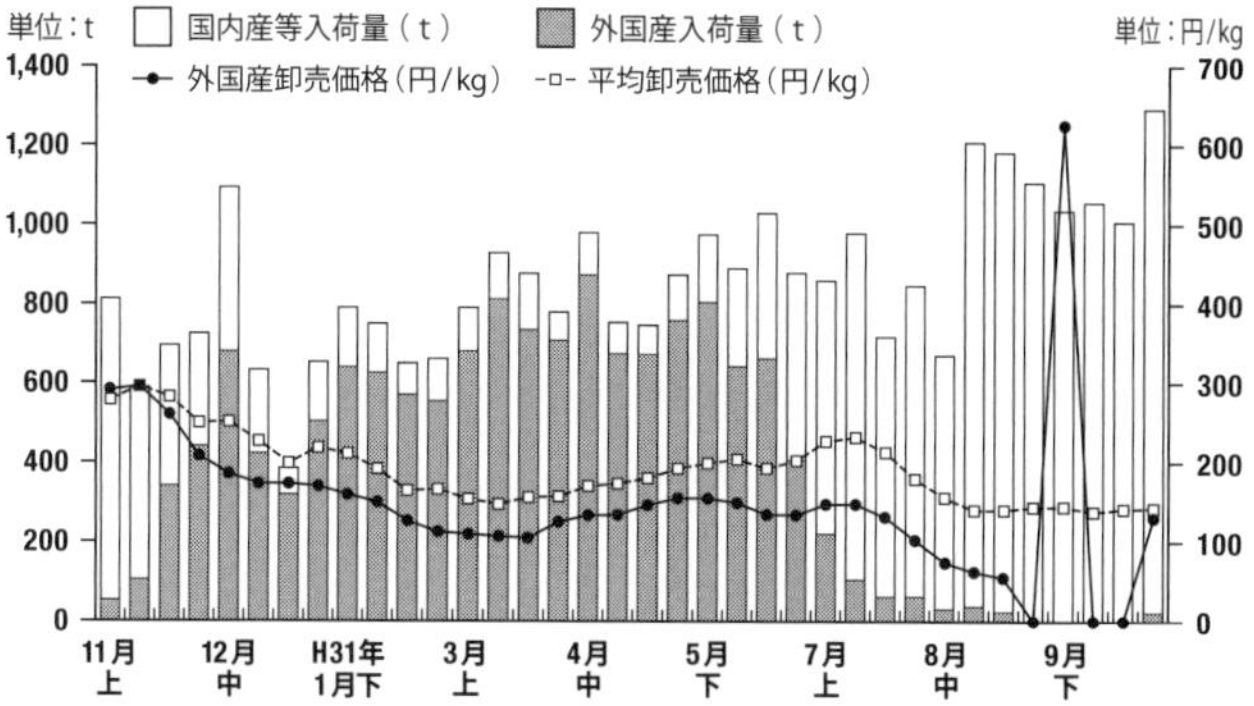

出典：関東農政局

けです。一方のメキシコは、その地理的位置から熱帯気候が展開する低緯度帯に位置しています。そのため気温の年較差が小さくなります。そして首都メキシコシティは標高2240mに位置しており、気温の逓《てい》減《げん》（だんだんと減っていく）が働いて温帯気候が展開します。

つまり、**年間を通して同じような気候が展開するため、1年中カボチャの生産が可能**です。もともとメキシコでのカボチャの生産は、日本から種子を導入した後に拡大しました。1980年代に、日本のカボチャ輸入業者がメキシコ北部のシナロア州の農家に生産を依頼したことが始まりとされています。その後はアメリカ合衆国との国境付近のソノラ州での生産が始まり、現在ではメキシコ産カボチャのほとんどがソノラ州で生産されています。

日本とメキシコが経済連携協定（ＥＰＡ）を締結して以降、対日カボチャ輸出量は増加しています。日本では、11～2月がメキシコ産、2～4月はニュージーランド産がそれぞれ市場に出回っています。こうして、日本では本来は夏野菜であるはずのカボチャが周年供給（1年を通して供給）されているのです。

両国以外では**トンガ**からの輸入がみられます。トンガの対日輸出品目は1位マグロ、2位カボチャ、3位海藻です。トンガは南半球に位置しているため、「日本への端境期出荷用カボチャの生産が可能」と考えた日本の商社が輸入を始めました。

しかし、肥料などは輸入でまかなっており、カボチャを生産するために膨大な材料費が必要です。この費用はトンガの輸出業者が農家に貸し出します。**生産者に支払われる代金はわずかで、輸出業者だけが儲かる仕組みとなっている**ようです。トンガにとってのカボチャは貴重な外貨獲得源となっていますが、貧富の差が開くようになってきました。

加えて食生活の変化でそれまで罹患《りかん》率の低かった病気に罹《かか》る人が増えました。また自動車の台数が増え、大気汚染が拡大。さらには化学肥料の使用によって地下水が汚染されるなど環境汚染を引き起こしました。目先の得を求め、生活水準は向上して利便性が上がったものの、はっきりと目に見える形で環境の悪化がみられるようになりました。

日本が本腰を入れるべきフードマイレージと地産地消

NO. 63

UNDERSTANDING ECONOMICS: A STATISTICAL APPROACH

日本の食料輸入の推移

日本の総合食料自給率（2019年）をみると、カロリーベースで38%、生産額ベースで66%。食料自給はできておらず、需要の多くを海外産でまかなっています。

日本の農産物輸入額は、**1960年と比べると、2015年統計では10・5倍へと拡大**しています。1960年の人口は9430万人でしたので、農産物輸入額の増加が単純な人口増加によるものとは考えにくいです。

食の多様化によって、国内では生産されていない農産物を求めるようになり、畜産物や油脂類の生産に必要な飼料用穀物や大豆などの輸入が増大したことが背景にあります。

1960年以降の日本の輸入農産物の品目を見ていきます。

1960年における最大輸入農産物は「小麦」でした。この頃の日本は、すでに高度経済成長期に入っており、生活水準の向上によって食生活が多様化していました。米の消費量の減少、また肉類やパンなどの需要が高まっていたのです。その日本に小麦を輸出していたのがアメリカ合衆国です。生産過剰で余剰小麦が大量に発生したため国際価格が下落、日本の小麦輸入が増加しました。

変化のポイントは「生活水準の向上」

1970年以降はトウモロコシや大豆の輸入が増加します。生活水準の向上で食の多様化が進んだ時期でしたので、肉類や油脂類の需要が高まりました。これを生産するために、**飼料用穀物や原料としての大豆の輸入が増大**します。この傾向は1980年代も続き、並行して牛肉や豚肉の輸入量も増大しました。これは肉類の需要増大に国内生産が追いつかなくなっていたことを意味します。

さらに2000年以降は、「生鮮・乾燥果実」や「生鮮野菜」、「冷凍野菜」の輸入が増えました。これらの周年供給を目指したのです。「生鮮・乾燥果実」の中にはカボチャが含まれており、メキシコやニュージーランドからの輸入が増えた背景はすでに述べた通りです。

日本の輸入農産物の推移

飼料用穀物の輸入が増えた

順位	1960年	1970年	1980年	1990年	2000年	2010年	2015年
1	小麦	トウモロコシ	トウモロコシ	トウモロコシ	豚肉	豚肉	豚肉
2	大豆	大豆	大豆	牛肉	たばこ	たばこ	たばこ
3	粗糖	小麦	小麦	アルコール飲料	牛肉	トウモロコシ	トウモロコシ
4	トウモロコシ	粗糖	粗糖	豚肉	生鮮・乾燥果実	生鮮・乾燥果実	牛肉
5	牛脂	グレーンソルガム	コーヒー豆	たばこ	トウモロコシ	牛肉	生鮮・乾燥果実

周年供給を目指して、野菜等の輸入が増えた

出典：財務省貿易統計

「食料自給率が低い」とは、輸入量が多いことを意味します。輸入は輸出国の動向に左右されます。天候不順によって干ばつや洪水などが発生し、また政変による政情不安などを受けて生産量が減少してしまうと輸出が難しくなります。これでは輸入国は安定した食料供給が困難です。

さらに輸入量が多いということは、フードマイレージが大きくなるということです。**フードマイレージとは、「食料輸入量重量」と「輸送距離」を掛け合わせた数値**のことで、「トンキロ」という単位で表します。フードマイレージが大きいほど、輸送時に輸送機関から排出される二酸化炭素が増え、環境負荷が大きくなると考えられます。

そのためフードマイレージを減少させるために、「ある地域で生産された農産物や水産物を生産地域で消費する」あるいは「地産地消の機会を増やすこと」が重要であると考えられています。

また食の安全に対する意識が高まっていることもあり、地産地消の推進は産地詐称の心配が減ることも期待されます。

「六次産業化」とは？

地産地消を進めていく上で、**六次産業化**の動きもみられます。六次産業化とは、農家が生産した農産物を直売所で販売するだけでなく、これらを材料としてレストランの経営、加工品を開発して付加価値を高めて道の駅で販売するなど、**農産物の生産と加工・販売を一体化させること**です。第一次産業、第二次産業、第三次産業を一体化していくということで、１×２×３と掛け合わせることで、「六次産業化」と名付けられています。

地域の資源を活用した産業を作り出し、新たな雇用を生み出すと期待されています。

労働者不足を補え！農業の第四次産業革命

NO. 64
UNDERSTANDING ECONOMICS: A STATISTICAL APPROACH

農業とIoT・ビッグデータ

近年、**農業分野において、IoT（Internet of Things）やビッグデータ、人工知能（AI）の活用**が注目を集めています。これはスマート農業（スマートアグリ）と呼ばれ、「第四次産業革命」に位置づけられています。

家電製品や自動車などの「モノ」が直接インターネットに接続され、ビッグデータと呼ばれる大量のデータがセンターに集められ、それが人工知能によって分析されます。それまでは画一的なサービスの提供だったのに対し、ビッグデータの分析によって、個人に最適化されたサービスの提供が可能となりました。

第四次産業革命が農業に与える可能性として、「ロボット化された超省力農業」、「ビッグデータの解析によって最適な栽培管理方法の提示やリスクの予測」、「ノウハウの共有」、

「生産・流通・販売の効率化」などがあげられます。

近年、日本経済で叫ばれているのが「労働者不足」です。総務省統計局によると2020年の日本の年齢別人口構成の割合は、幼年人口割合11・9%、生産年齢人口割合59・2%、老年人口割合28・8%となっています。1990年では幼年人口割合18・2%、生産年齢人口69・7%、老年人口割合12・1%でした。人口は1990年が1億2361万人、2020年は1億2567万人です。

つまり**人口は横ばいですが、生産年齢人口割合が10・5%も低下**しました。労働者不足が進んでいることは明らかです。また産業構造の高度化によって農業従事者は、**1990年の849万人から、2019年には277万人にまで減少**しました。1947〜1949年生まれの「団塊世代」が引退すると、さらに農業従事者が減少します。

耕作放棄地は1990年の24・4万haから、2015年には42・3万haにまで増加しました。この42・3万haという数値は、富山県の面積とほぼ同等です。また新規就農者の約半分は60歳以上で占められ、**農業従事者の65歳以上の人口割合はおよそ70%。**農業労働者の中核が高齢者であることは間違いありません。こうした農業における「人手不足」「高齢化」、ひいては「生産の停滞」といった状況下において、効率化と生産性の向上を実現するためにはスマート農業が必要不可欠といえます。将来的に、米の需要に生産が追いつかなくなる可能性は大いにあり得るのです。

ハイテク農業で何が変わるのか？

農林水産省はスマート農業の推進で「超省力・大規模生産を実現」「作物の能力を最大限に発揮」「きつい作業、危険な作業から解放」「誰もが取り組みやすい農業を実現」「消費者・実需者に安心と信頼を提供」を新しい農業のあり方として提示しています。

ドローンを利用することで作物の生育状況を把握し、害虫や病気の検出なども可能になるでしょう。適切な範囲への農薬散布や、農地の分析などもあげられます。これまでのアメリカ合衆国の大農法のように、広大な土地に飛行機を活用して肥料や農薬を大量に散布するといった「力技」ではなく、**個々の農作物に最適化した生育環境を与えることが可能**となりました。

さらに衛星写真などの宇宙データと人工知能を用いることで、耕作地に適している未使用の土地の発見など、さらなる効率化を図ることが期待されています。今後は「宇宙から地球を覗く」ような農業が展開されていくでしょう。そして、そこで生産された農作物によってわれわれの食生活が豊かになっていくのです。

NO.
65
UNDERSTANDING ECONOMICS: A STATISTICAL APPROACH

アメリカを激怒させたヨーロッパの農業政策とは？

ヨーロッパの農業と共通農業政策

ＥＵ（ヨーロッパ連合）の前身であるＥＣ（ヨーロッパ共同体）が発足したのは１９６７年のことでした。最初の加盟国は６か国。域内関税の撤廃、ヒト・モノ・カネ・サービスの移動の自由化、農業・交通・エネルギー部門の共通政策、域外関税の共通化などの政策を進めました。

そのＥＣが設立される以前の１９６２年に**「共通農業政策」**が提唱されました。「食料自給率の向上」「域内農家の保護」を目的として、外からの輸入農産物に課徴金をかけることで加盟国への農産物流入を抑えました。そして、域内で農産物の統一価格を設定して農家から買い上げました。こうして農家の生産意欲は向上したものの、**「ワインの湖、バターの山」と称されるほどの生産過剰**を引き起こしました。

食料自給率の国際的推移

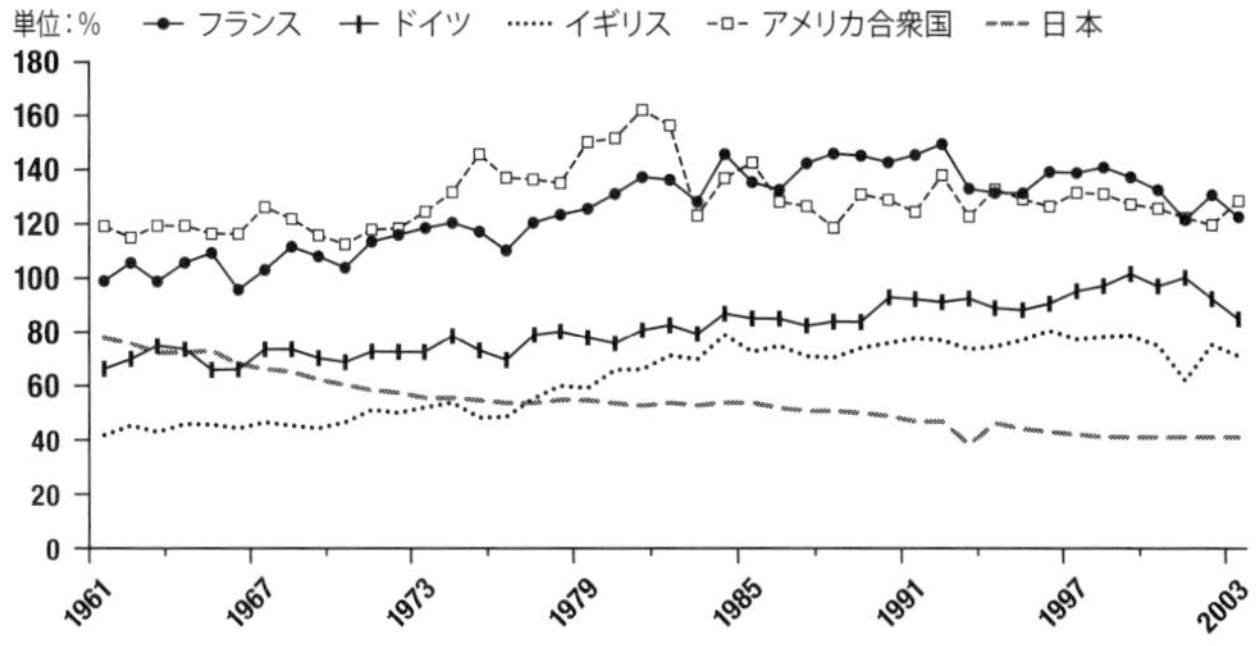

※食料需給表により作成（1961年～2003年）

出典：愛知教育大学前期試験・地理（2008年）

上図を見てもわかるように、ＥＣの発足以降、ドイツやイギリス、フランスのカロリー（熱量供給）ベースの自給率が向上しました。さらに域内で生産された農産物に補助金を支給し、安い価格で輸出されました。いわゆるダンピングです。こうした**共通農業政策がＥＣの財政を圧迫**していきました。そのため一部の農産物には生産割当制度が導入され、過剰生産を抑制する取り組みがみられました。

しかし、これに腹を立てたのがアメリカ合衆国です。ヨーロッパ市場への輸出に関税がかけられ、ダンピング輸出により第三国への輸出が盛んになって市場を奪われるなど、**アメリカ合衆国とＥＣとの間で貿易摩擦**が生じました。そこで１９８

6年から始まったGATTウルグアイ・ラウンド農業交渉は、アメリカ合衆国がECに対して輸入課徴金と輸出補助金を止めさせる場と化しました。

現在のEU主要5か国の食料自給率には、各国で特徴がみられます。もちろん各国の食文化によるところも大きいのですが、EU域内においてどの国が何の供給地となっているのかを考えると面白いですね。

フランスはやはり小麦などの穀物の供給地です。パスタの文化が発達したイタリアはフランスから多くの小麦を輸入しています。イタリアは地中海性気候であり、その気候を利用した野菜や果物の栽培が盛んです。オランダは豆類自給率が0%であり、世界第3位の大豆輸入国（1位中国、2位メキシコ）です。実は**オランダは日本のキッコーマンが初めてヨーロッパに工場進出した国**でもあります。日本から遠く離れたオランダで、輸入大豆を利用して日本企業が醤油を作る。実に面白いですね。

NO. 66

UNDERSTANDING ECONOMICS: A STATISTICAL APPROACH

農業大国インドの「地の利」に迫る

インドにおける五大農作物の生産

米、小麦、茶、綿花、ジャガイモ。この5つの農作物は、中国とインドが世界の生産量で上位2か国を占めるものです。「米小麦　お茶に綿花に　じゃが〜いも」と五七五のリズムで覚えてください。特に米と小麦は、トウモロコシとともに世界三大穀物に数えられ、これらの生産量が多い中国やインド、アメリカ合衆国、インドネシアは人口支持力（49ページ参照）が強く、人口大国となっています。

インドの気候に注目！

インドでは、米、小麦、綿花に加えて、サトウキビ、ジュート（黄麻）が五大農作物に数えられています。インドを中心とした南アジアは、夏の南西モンスーンの影響を強く受ける地域です。インド半島南西部、ヒマラヤ山脈の南側ではモンスーンの風上側となって夏に降水量が多くなる地域です。ヒマラヤ山脈の南側に位置するチェラプンジという都市は、1860年8月～1861年7月の1年間で2万6465㎜、1861年7月は9294㎜という降水量を記録しました。それほど南アジアのモンスーンは強烈です。

また雨季にベンガル湾で発生したサイクロンがやってくると甚大な被害をもたらします。1970年11月にサイクロンが上陸したさいは、20万人とも50万人ともいわれる人が亡くなりました。

これに対してパキスタンは無策でした。災害支援など、何もしてくれないパキスタンの態度に東パキスタン（当時パキスタンに属してはいたが、遠く離れた東の地域）の不満は頂点に達します。これをきっかけに**東パキスタンは独立し、バングラデシュとなりました。**現在では日本のODAによるサイクロンシェルターの建設などが進んでいます。

またその際に、パキスタンが武力で独立を阻止しようと軍を差し向けたことで多くの東パキスタン難民が生まれインドへ流出しました。そのためインドが分離独立に介入してパキスタンとの全面戦争へと突入します。こうして発生したのが**第三次印パ戦争**です。

高温湿潤の気候下では、米やジュートの生産が盛んです。ジュートは、2月から5月に

世界の五大農作物の生産量（2019年）

1. 米

単位：トン

1位	中国	209,614,000	**27.75%**
2位	インド	177,645,000	**23.51%**
	世界計	755,473,800	100%

2. 小麦

1位	中国	133,596,300	**17.45%**
2位	インド	103,596,230	**13.53%**
	世界計	765,769,635	100%

3. 茶

1位	中国	2,777,200	**42.74%**
2位	インド	1,390,080	**21.39%**
	世界計	6,497,443	100%

4. 綿花

1位	中国	23,504,576	**28.46%**
2位	インド	18,550,000	**22.46%**
	世界計	82,589,031	100%

5. ジャガイモ

1位	中国	91,818,950	**24.79%**
2位	インド	50,190,000	**13.55%**
	世界計	370,436,581	100%

POINT

中国とインドの2か国で

多くの農作物のシェアをもっている

出典：Food and Agriculture Organization（国際連合食糧農業機関）

種をまき、4か月ほどで2～3mほどに成長し、雨季である6月から9月に刈り取ります。刈り取った茎を1～2週間ほど水につけて発酵させ、さらに乾燥させて繊維として使用します。ジュートは火薬の導火線や土嚢《どのう》、畳などの材料として利用されています。年降水量1000㎜以上の地域では、米や茶、ジュートの栽培が盛んです。

綿花栽培にも向いている！

綿花はムンバイ、バンガロール、チェンナイ、ハイデラバードの4つの都市を頂点とする四角形に囲まれた地域で栽培が盛んです。この地域はデカン高原上に位置しており、ここでは玄武岩《げんぶがん》を母岩としたレグールと呼ばれる土壌が多く分布しています。レグールは「黒色綿花土《めんかど》」とも呼ばれ、綿花の栽培に適した土壌です。また**雨季と乾季が明瞭**であり、**高原上で水はけの良い土地が広がる**などの条件から栽培が盛んです。

サトウキビの栽培は、インド各地で行われていますが、特にウッタル・プラデーシュ州（北部）、マハーラーシュトラ州（中部）、タミル・ナードゥ州（南部）で盛んで、インド全体の収穫量のおよそ70％を占めています。

ロシアが穀物輸出国になるまでの険しい道のり

NO. 67
UNDERSTANDING ECONOMICS: A STATISTICAL APPROACH

ロシアの穀物生産と輸出

ロシアは国土のほとんどが北緯50度以北に位置しており、非常に寒冷な国です。しかし、穀物自給率（2017年）をみると小麦が166％、トウモロコシも152％と非常に高くなっています。国内に1億4437万人の人口を抱えており、国内需要が大きい国であることを考えると、**小麦やトウモロコシの生産量が非常に多い**ことがわかります。しかし米の自給率に関しては、寒冷な気候下であるため78％と自給できていません。

ソビエト連邦時代は社会主義国家であったこともあり、集団農場での自給自足を基本としていました。また国土が広大であることから全国的な流通システムが確立していませんでした。そのため**世界でも有数の穀物輸入国**であり、世界の穀物需給に大きな影響を与えていました。そんな中1991年にソビエトが崩壊し、ロシアでは市場経済を導入。その後、ロシアは小麦の輸出を中心に世界的な穀物輸出国となりました。

２０１７年の小麦の輸出量はロシア、アメリカ合衆国、カナダ、オーストラリア、ウクライナ、フランス、アルゼンチンが上位国です。**２０１７年、それまで長年世界最大であったアメリカ合衆国を抜いてロシアが首位に躍り出ます。**特に小麦がロシアの穀物輸出の中心を占めています。中東諸国や北アフリカ地域が主な輸出相手先であり、両地域への小麦輸出量は全体のおよそ60％を占めています。特にエジプト、トルコなどへの輸出が盛んであり、エジプトは２０１７年の小麦輸入量でインドネシアに次いで世界２位となっています。

「ソビエト崩壊」で何が起こったのか？

１９９０年代はソビエト崩壊後の社会的混乱からさまざまな要因で穀物生産量が減少しましたが、２０００年代になると穀物の純輸出国となります。特に１９９０年代に畜産業の縮小によって飼料用穀物の需要が減ったこと、小麦を中心とした穀物生産が拡大したことで輸出余力が増大しました。

１９９０年代のロシアは、ソビエト崩壊後の混乱によって国民の所得水準が大幅に低下

ロシアの穀物輸出額の推移

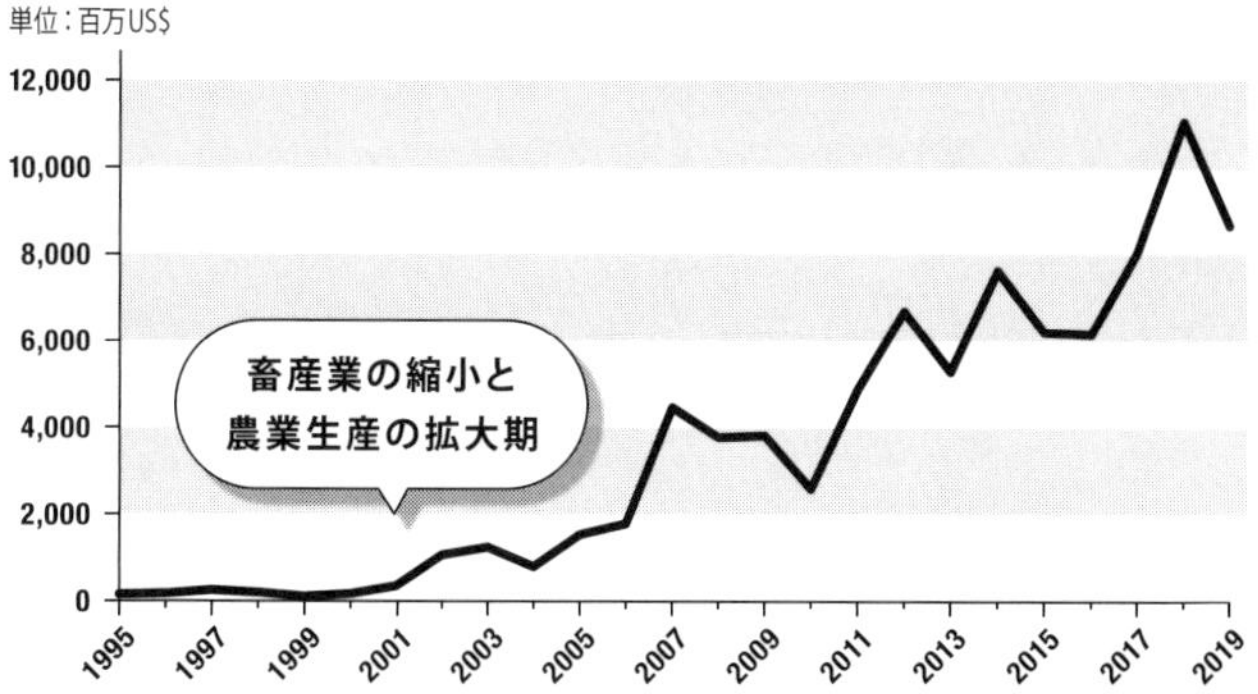

出典：United Nations Conference on Trade and Development（国際連合貿易開発会議）

し、さらに社会主義から資本主義への移行で価格の自由化が進められました。その結果、**食料品価格が高騰**します。肉類や乳製品といった穀物よりも高い価格帯のものが顕著で、肉類の国民１人当たりの消費量は「１９９０年：75kg」に対し、「１９９９年：44kg」と大幅に減少。さらに貿易の自由化によって安価な海外産畜産物が輸入され、輸入量が大幅に増加しました。

こうした背景からロシアでは、**１９９０年代に畜産業の縮小**がみられました。

ロシアの小麦の主産地は「カフカス山脈北部」と「西シベリア」です。前者では冬小麦、後者では春小麦が栽培されています。「冬小麦」とは秋に播種《はしゅ》して冬を越し初夏に収穫する小麦、「春小麦」は春に播種して夏を越し、秋に収穫する小麦のことです。近年栽培の中心が「カフカス山脈北部」へと移っており、同地域では**飼料用穀物の耕地面積が減少して、小麦栽培地が拡大**しています。これは１９９０年代のロシアの牛の飼育頭数と牛肉の生産量、豚の飼育頭数と豚肉の生産量がそれぞれ減少傾向にあることからもわかります。

ところが２０００年代半ばより、豚肉や鶏肉の需要が高まり、豚や鶏の飼育頭数が増加し、飼料用穀物需要が増大しました。しかし、ロシアでは飼料効率の改善に努め、食肉生産量が増えても飼料用穀物消費量は大きく増加はしていません。こうしてロシアの穀物輸出は安定化を実現しています。

しかし、**国内の穀物の安定供給が最重要**であるため、凶作などによって供給不足が心配されると輸出規制が行われます。２００４年の輸出関税の適用、２０１０〜２０１１年の輸出禁止が好例です。またロシア国内の穀物価格が世界市場よりも安かった場合は輸出が伸びてしまい、国内で供給不足に陥る心配があるため、２００７〜２００８年・２０１５年に輸出関税の適用がなされました。

ベトナムの米輸出量が激増したメカニズム

NO. 68

UNDERSTANDING ECONOMICS: A STATISTICAL APPROACH

ベトナムの米輸出の推移

2019年の世界の米の生産量は中国、インド、インドネシア、バングラデシュ、ベトナム、タイ、ミャンマー、フィリピン、パキスタン、カンボジアが上位国です（日本は世界11位）。稲の栽培は成長期に気温が高く、また年降水量が多い地域が適しています。米の生産量はモンスーンの影響を強く受けるモンスーンアジアで世界のおよそ90％を占めます。米は生産量7億6983万トンに対して、輸出量が4452万トン（ともに2017年）と割合が小さいため、地産地消の性格が強い穀物といえます。

2017年の米の輸出量は、インド、タイ、ベトナム、アメリカ合衆国、パキスタンが上位国です。中でもベトナムの米輸出量は年々増加傾向にあり、2020年の速報値ではタイを抜いて世界第2位の米輸出国になる見込みです。

２０２０年のタイの米輸出は、近年のバーツ高と干ばつを背景に低迷したようです。ベトナムがアメリカ合衆国を抜いて世界第2位の米輸出国となったのは１９９０年代半ばのこと（当時はタイが世界最大）。以来、ベトナムは世界的な米の供給地としてその地位を維持しています。ベトナムは北部のホン川、南部のメコン川下流域に三角州（デルタ）を形成しており、周辺は大規模な米の生産地となっています。

輸出するためには輸出余力（生産量から国内消費量を引いた値）を高めなければなりません。ベトナムで米の増産が進んだのは、**１９７５年のベトナム戦争終結後**のことでした。さらに１９８７年以降は単位面積当たりの収穫量（単収）が伸び、さらに耕地面積の拡大もあって生産量が急増しました。もちろん１９８６年から始まったドイモイ政策が増産への刺激となったのはいうまでもありません。**「ドイモイ」とはベトナム語で「新しい変化」という意味**です。日本では「刷新」と訳されることが多いですね。

「ドイモイ政策」のポイント

ドイモイ政策とは、具体的には「性急な社会主義路線の見直し」「重工業優先を見直し、農業を基本とした産業政策の見直し」「計画経済を破棄し、市場経済の導入」「国際分業

ベトナムの米の生産量と消費量の推移

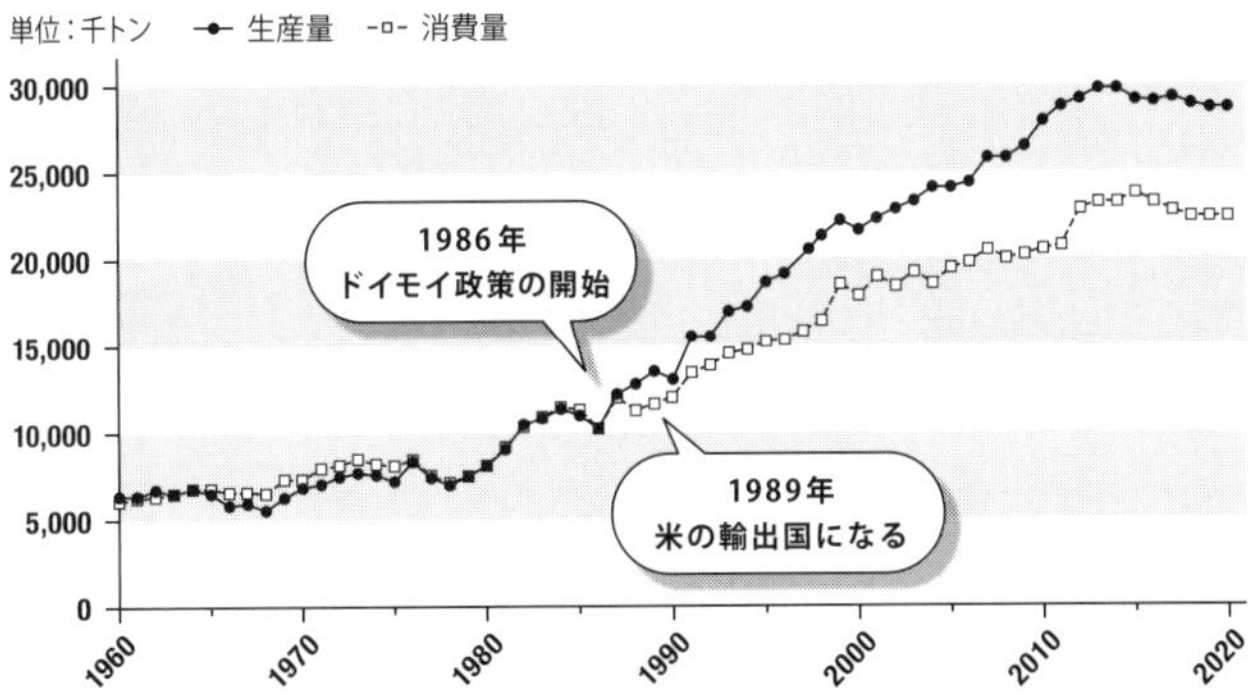

出典：United States Department of Agriculture（アメリカ合衆国農務省）

体制、国際協力体制への参加」の４つをスローガンとしています。

１９８９年からは米の輸出が開始し、農村や農業部門の開発を目的としたベトナム農業銀行の設立（１９８８年、設立時の名称は「Vietnam Bank for Agriculture Development」）、「農地法」の制定や農業普及機関の設置（１９９３年）などが農家の安定経営、輸出拡大を後押ししました。

ベトナムの米の生産量の増加は①耕地面積の拡大、②単収の伸び、③ドイモイ政策によってもたらされたと考えられます。もちろん、それ以上の人口急増によって米の国内需要が高まれば輸出余力は生まれません。ベトナムは高い人口増加率を誇るものの、以前よりはその割合は小さくなっています。

ベトナムのユニークな政策

ベトナムの米の輸出政策は適宜「禁輸措置（輸出禁止）」を行うことです。**①国内消費量を確保すること、②農家の所得を保証することが目的**とされています。

ベトナム政府は年間の需給状況を判断し、輸出余力を計算します。民間業者の輸出は、農家への価格保証を約束した上で許可がおります。さらに政府間取引（G&G方式）の輸出が多いことも特徴で、米の輸出全体の60～70%で推移しています。

特にフィリピン向け米輸出が行われており、フィリピンは米輸入国として知られています。フィリピンは世界的にも米の生産量が多い国ではありますが、**近年の急激な人口増加によって国内需要が高まっています。**他にはアフリカ諸国への輸出もみられます。しかし外貨獲得といった目先の損得よりも、増えゆく人口を支える国内供給量の安定化が最重要課題です。

「茶の栽培」に学ぶ植民地貿易の歴史

NO. 69

UNDERSTANDING ECONOMICS: A STATISTICAL APPROACH

茶の生産と輸出入

２０１９年の世界の茶の生産量は、中国、インド、ケニア、スリランカ、ベトナム、トルコ、インドネシア、ミャンマー、イラン、バングラデシュが上位国です。

元々、茶は中国が原産地とされています。発酵の度合いによって種類が異なりますが、緑茶、白茶（パイムータンなど）、青茶（ウーロン茶など）、紅茶、黒茶（プアール茶など）、黄茶（クンサンギンシンなど）はすべて同じ茶葉から作られます。

中国では広東語の「チャ（cha）」、福建語の「テー（te）」と地域によって名称が異なります。古代中国では、茶と馬を交換する習慣があったため「チャ」という名称は陸路で伝わっていきました。一方、福建省のアモイ（厦門）は茶の輸出港として栄えたこともあり、「テー」という名称は海路で伝わっていきました。ポルトガルだけは「チャ」が伝わりましたが、これは植民地だったマカオの影響です。戦国時代、日本の茶の湯文化に触れたポルトガル人はこれに驚愕し、ヨーロッパにその情報を伝えたとされています。

ヨーロッパに最初に茶を持ち込んだのはオランダ人だといわれています。平戸で買った日本茶と、マカオでポルトガル人から買った中国茶だったそうです。江戸時代の日本は鎖国の中にありながら、オランダとは貿易が許されていました。その後オランダはインドに東インド会社を設立すると、茶の輸入を手がけ、それをヨーロッパへと輸出していました。最初はイギリスもオランダから茶を輸入していましたが、１６６９年にオランダからの茶の輸入を禁止して宣戦布告。第三次英蘭戦争（１６７２～１６７４年）へと突入します。

イギリスはこれに勝利して中国貿易の利権を獲得すると、福建省のアモイを輸出拠点にして、イギリスが独占的に茶を輸入するようになりました。**福建省から輸入していたこともあり、イギリスでは茶のことを「tea」という**のです。

ヨーロッパで茶が栽培できない理由

茶の栽培は、高温多雨で、水はけが良く、また風通しの良い場所が適しています。そのため、イギリスはおろか、ヨーロッパで茶を栽培している地域はほとんどありません。そこでイギリスは茶を低コストで大規模生産するために植民地での栽培を始めました。

この頃、中国種とアッサム種（インドのアッサム地方で発見）の交配が進み、この交配種の栽培が盛んになっていきました。こうして**旧イギリス植民地のインド、ケニア、スリランカでの栽培が盛ん**になっていきます。また**旧オランダ植民地のインドネシアも同様**です。植民地での茶の栽培は現在においても伝統的に行われており、こうした農業はプランテーション農業と呼ばれます。

インド、ケニア、スリランカは茶の生産だけでなく、輸出も盛んであり、２０１７年の茶の輸出量はケニア、中国、スリランカ、インド、ベトナムが上位国です。ベトナムは中国文化が伝わった国としても知られ、すでに9世紀には中国から茶の文化が導入されたといわれます。そのため南部よりも中国に近い北部で茶の文化が広まっています。フランス植民地時代にはヨーロッパ向けの茶の栽培が行われており、現在でも茶の生産・輸出が盛んな国として知られています。

NO. 70

UNDERSTANDING ECONOMICS: A STATISTICAL APPROACH

アフリカの食料不足を招いた「落花生問題」とは？

西アフリカの伝統的な農業形態とその変化

２０１９年の落花生の生産量は、中国、インド、ナイジェリア、スーダン、アメリカ合衆国、ミャンマー、セネガル、アルゼンチン、ギニア、チャドが上位国です。アフリカ諸国が5か国登場しており、これを生産量上位20か国に広げると13か国も登場します。特に、ナイジェリア、セネガル、ギニア、チャド、ニジェール、ガーナ、カメルーン、マリ、ブルキナファソといった西アフリカでの生産が盛んです。

西アフリカのセネガルでは古くから集落を1か所に集めた集村形態がみられます。セネガルは乾燥気候が広く展開する国であり、水が豊富な地域ではありません。よって**水利に恵まれる場所に家屋が集まって集落を形成する**傾向があります。集村形態のほうが外敵からの防御に有利でもあります。

落花生の生産量（2019年）

国境線データ：©The World Bank

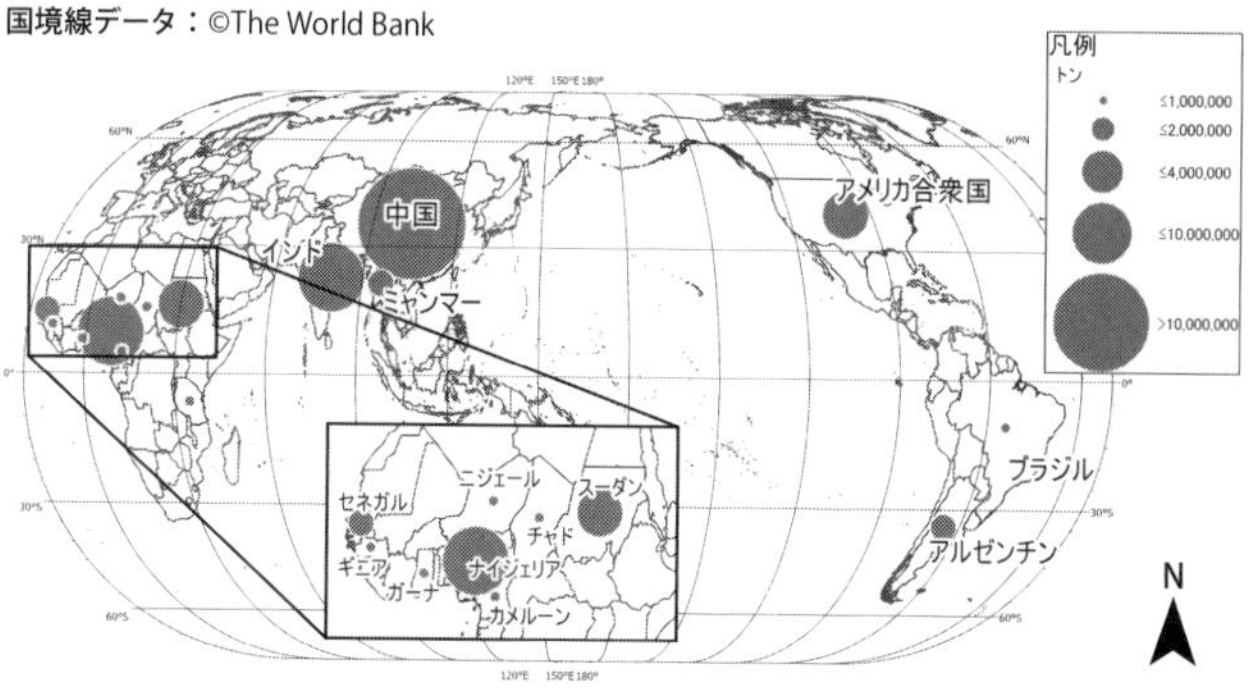

出典：Food and Agriculture Organization（国際連合食糧農業機関）

集落の周辺では林地、落花生の栽培地、雑穀の栽培地などの輪作《りんさく》を行っており、それは地力の低下や連作障害を防ぐことが目的です。

1つの農作物を同じ場所で栽培を続けると、農作物に害を及ぼす病原菌や有害線虫が多くなったり、土壌中の養分が不足して生育が悪くなったりします。そのため、**毎年場所を変えて栽培を行う輪作**によって対策を講じるのです。

1970年代になるとセネガルでは落花生の栽培が拡大していきます。これは落花生がマメ科の植物であり、栽培することで地力の回復が期待できること、**外貨獲得手段として輸出用落花生の栽培を政府が推奨**したことが主因です。

マメ科植物のすごい力

土壌微生物である根粒菌《こんりゅう》は、マメ科の植物などの根に根粒（植物の根にできるコブ）を作ります。根粒は大気中の窒素をアンモニアに変換し、この働きが土壌の肥沃度を上げてくれます。アメリカ合衆国のトウモロコシ地帯（コーンベルト）で大豆も同時に栽培しているのは土壌の肥沃度を回復させる目的があるからです。落花生と同様にカカオ豆やコーヒー豆といった農作物の栽培も拡大しました。

しかし、落花生のような換金用作物の栽培を優先させた結果、**自給用穀物の栽培があまり肥沃ではない土地で行われるようになり**、**生産性が悪くなって食料不足を引き起こすようになりました**。また落花生ばかりを栽培していることもあって、連作障害を引き起こし、耕作が困難になるなどの問題が生じるようになりました。こうした特定の農作物の栽培に傾注するプランテーション農業は、市況の影響を強く受けるため収入が不安定となりやすいなどの弱点も持ち合わせます。

バラに学ぶオランダとアフリカ諸国のつながり

NO. 71

UNDERSTANDING ECONOMICS: A STATISTICAL APPROACH

世界のバラの流通状況

世界で最もバラが貿易されている国がどこかご存じですか？　実はオランダです。オランダで取引される切り花はバラが最も多く、全体の約3割を占めるといいます。次ページの図は2013年のオランダにおけるバラ（切り花）の輸入と輸出を表したものです。この図から、**オランダがバラ貿易の中継貿易地として機能**しており、世界市場への流通の出荷元となっていることがわかります。バラを多く輸入するのはオランダを筆頭に、ドイツやフランス、イギリスなどの欧州諸国です。

世界のバラ栽培の転換は、1970年代の二度のオイルショックでした。**温室で使用する燃料費が高騰**し、比較的寒冷な気候を示す欧州諸国でのバラ栽培はコストが高くつくようになりました。

オランダにおけるバラの輸出入（2013年）

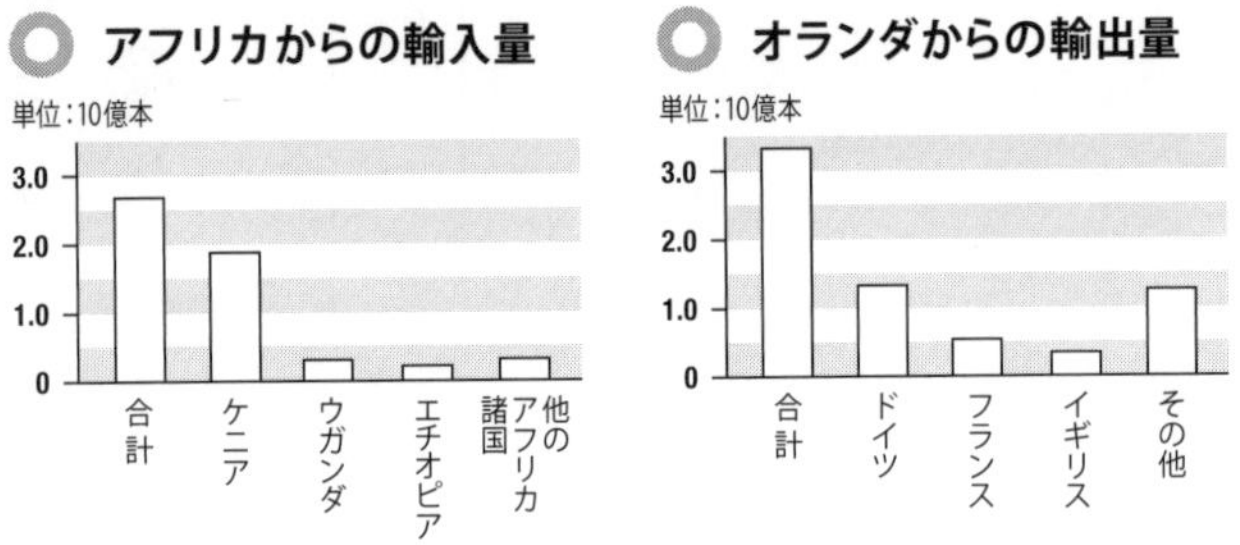

POINT

バラはオランダに集められ、世界中に輸出される

出典：Statistics Netherlands

そこで一部の生産者は南アメリカや東アフリカへと産地を移しました。移転先の各国では経済発展や雇用の創出のために、受け入れを歓迎しました。

さらに21世紀になると、**南アメリカのエクアドルやコロンビア、東アフリカのケニアやエチオピアがバラ生産国として成長**し、切り花などの花卉《かき》産業は重要な外貨獲得資源となってきました。

ケニアやコロンビアといった国が選ばれた理由の1つに、「気候条件」がありました。オランダは比較的高緯度に位置（首都アムステルダムは北緯52・4度）するため、気温の年較差（最暖月と最寒月の平均気温の差）が比較的大きくなります（オランダのデビルトの気温の年較差は約15℃）。そのため、寒冷な10～2月は日照時間が短いため、温室などの人工施設を使用する必要があります。

しかし、ケニアやコロンビアなどは赤道周辺に位置して気温の年較差が小さく、また標高が高いため「常春《とこはる》」を示し、**日照時間が長く年中バラ栽培に適しています。**加えて賃金水準が低く、低コスト生産が可能だという利点もありました。

現在、世界のバラの輸出額は、エクアドル、ケニア、コロンビア、オランダ、エチオピアの順です。上位5か国にオランダが登場することに違和感を覚えるほど、バラの生産・輸出は南アメリカや東アフリカが中心となっているのです。

漁業を見れば、「伸びる国」が先読みできる

NO. 72

UNDERSTANDING ECONOMICS: A STATISTICAL APPROACH

世界の漁業・養殖業生産量

2018年の世界の漁業生産量は、中国、インドネシア、ペルー、インド、ロシア、アメリカ合衆国、ベトナム、日本、ノルウェー、チリが上位国です。ひとえに漁業生産量といっても「海面」と「内水面（河川・池・沼等の淡水）」とで分かれます。

近年では水産資源の持続的な管理の必要性についての意識が高まっています。きっかけは、1995年10月末日、FAO総会にて採択された「責任ある漁業のための行動規範」でした。あれから四半世紀が経過し、**世界では持続可能な漁業・養殖業と、環境保護との両立を考える取り組み**が進められています。

世界の漁業生産量をみると、最近20年間はほぼ横ばいで推移しています。先進国も同様か微減傾向にありますが、一部の国では増加しています。

中国はいかにして世界一になったか?

世界最大の漁業生産量は中国です。推移をみると、１９９０年６７１万トン、２０００年１４８２万トン、２０１８年が１４８３万トンとなっており、中国は増加の一途をたどっています。これは**経済成長による生活水準の向上、食生活の変化によって水産物需要が高まった**ものと考えられます。内訳をみると、２０１８年の漁業生産量の86・８%が海面によるものです。しかし、あれだけの人口を有する国では、水産物需要を漁獲だけでまかなうことは難しく、養殖も盛んです。

中国の養殖業生産量は１９９０年８３９万トン、２０００年２９７５万トン、２０１８年６６１４万トンと増加しており、およそ30年で７・９倍になりました。国内需要をまかなうためだけでなく、輸出にも回されています。**中国は世界最大の水産物輸出国**なのです。養殖業で特筆すべきは、内水面の割合が高いこと。海面よりやや小さい程度です。中国は海に面する地域が狭いため、内陸部では内水面養殖業が盛んです。

漁業生産量で増加傾向が見られるのは、中国以外には**インドネシアやインド、ベトナム**などです。３か国とも近年の人口増加、経済成長による生活水準の向上が著しい国です。さらに加えて、バングラデシュやフィリピン、ミャンマーといった東南アジア諸国での養殖業生産量の伸びが顕著です。これらの地域ではエビの養殖が盛んです。

2016年のエビの養殖生産量は、1990年比で8・7倍となっており、四半世紀でエビの養殖池が拡大しました。しかし、**エビの養殖池を造成するためにマングローブ林（ヒルギ科などの群生）が伐採**されるケースが増えています。マングローブ林は近隣住民の薪炭材に利用されるだけでなく、鳥類や魚類の生態系の場でもあります。さらに天然の防潮機能をもっているため、マングローブ林の消失で津波や高潮被害の危険性が増します。実際に2004年のスマトラ沖地震の際に発生した津波で多くの犠牲者が出ました。

2021年度大学入学共通テスト（第一日程）の地理Bにて、漁獲量と養殖業生産量の合計上位8か国を2000年と2017年で比較する問題が出題されました。**中国だけでなく、インドネシアやインド、ベトナムの養殖業生産量が増加している**ことがわかります。ベトナムは日本の最大のエビの輸入相手国です。生鮮食料品コーナーで、「ベトナム産」と書かれたエビを見つけるのも良い地理教育になりますね。地理は、現代世界そのものを学ぶ科目です。日常生活の延長上にあるもので、日頃見聞きしている事象を詳しく学ぶことができます。地理を学ぶことでもっと見聞を広げてみませんか？

世界の漁業・養殖業生産量の推移

2000年

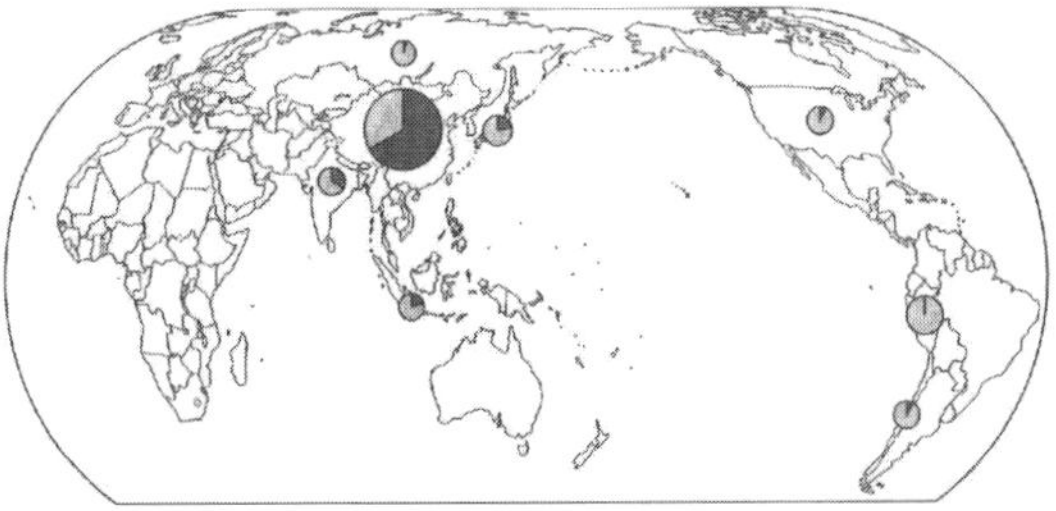

2017年

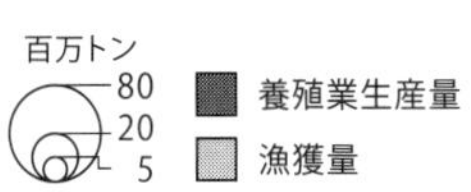

中国の数値には台湾、香港、マカオを含まない。

※FAOSTATにより作成

出典：大学入学共通テスト・地理Ｂ（2021年）

日本は世界第2位の水産物「輸入」国

水産物輸出入と1人1日当たりの魚介類消費量

NO. 73

UNDERSTANDING ECONOMICS: A STATISTICAL APPROACH

世界における漁業・養殖業生産量の実に3割以上が輸出されています。輸送技術の進展、人件費の安い発展途上国への水産物加工拠点の移転、貿易の自由化などを背景に水産物貿易は増加傾向にあります。同様に肉類の生産量に対する輸出量が14％（牛肉12・3％、豚肉13％、鶏肉12・6％）ですので、同じタンパク源でも**水産物は肉類よりも輸出が盛ん**といえます。

世界の水産物貿易をみると、日本やアメリカ合衆国、EUといった先進国・地域では輸入超過となっています。また中国やベトナム、インド、チリ、インドネシア、タイなどの**新興国では水産物輸出が外貨獲得手段の1つとなっている**ことがわかります。

2017年の世界の水産物輸出額は、中国、ノルウェー、ベトナム、インド、アメリカ合衆国、チリ、タイ、オランダ、カナダ、デンマークが上位国です。中国は早い段階から水産物輸出が盛んな国であり、**２００４年にノルウェーを抜いて世界最大**となりました。１人１日当たりの魚介類消費量が１０６ｇと高いこともあり、国内需要の大きい国ですが、養殖業が盛んであり、輸出余力を大きくしています。

ノルウェーは、１９７６年時点（水産庁の統計で確認できる最も古い記録）では世界最大の水産物輸出国でした。その後、アメリカ合衆国やチリなどに追い抜かれますが、一貫して高い水準を保っており、現在においても世界的な水産物輸出国として君臨しています。ノルウェーの人口はおよそ５３７万人（２０１９年）であり、国内消費量の小さい国です。**「沖合に潮目や浅堆《せんたい》が発達して良い漁場が存在すること」「国土の西部にフィヨルドが広く発達しており、天然の地形を利用した漁港の建設が容易だったこと」**などにより、早くから漁業が発達しています。ノルウェーの１人１日当たりの魚介類消費量は１４１ｇと世界的に見ても大きくなっていますが、人口小国で国内消費量が小さいため、非常に輸出余力が大きいと考えられます。

一方、２０１７年の世界の水産物輸入額は、アメリカ合衆国、日本、中国、スペイン、フランス、イタリア、ドイツ、韓国、スウェーデン、オランダが上位国です。１人１日当たりの魚介類消費量を見ると、アメリカ合衆国61ｇ、日本１２８ｇ、中国１０６ｇ、

主要国の水産物輸出入額

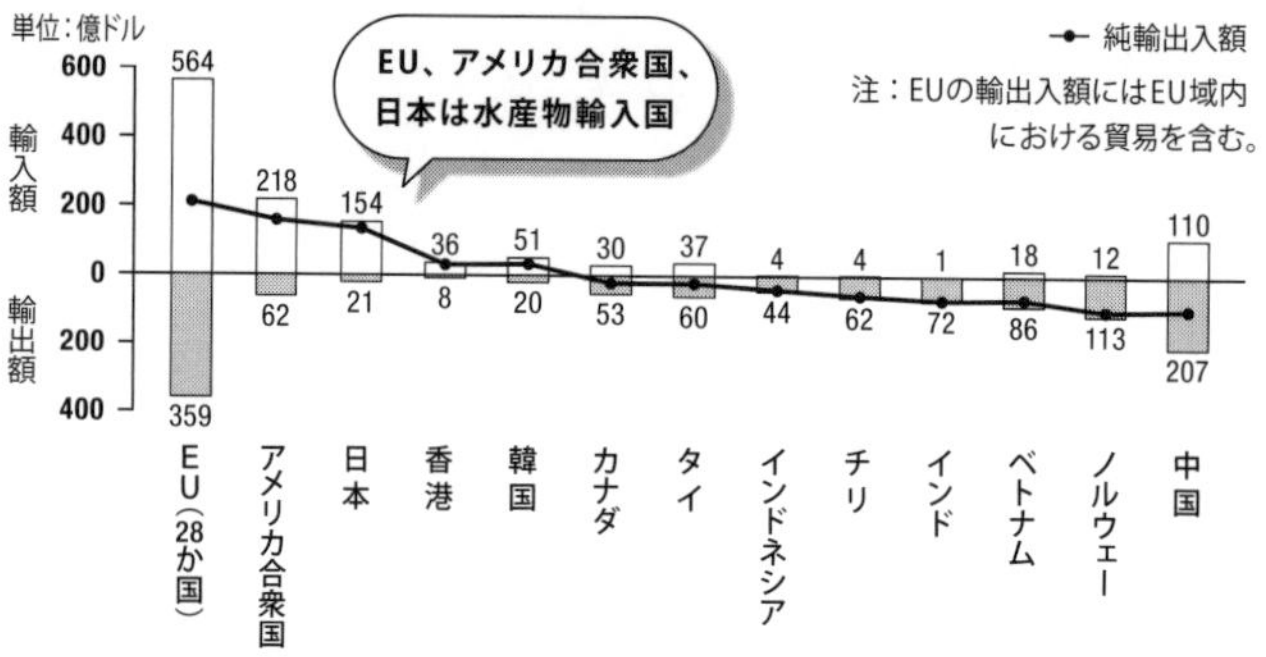

※FAO（2017年）にもとづき作成

出典：水産庁

スペイン１１６ｇ、フランス94ｇ、イタリア82ｇ、ドイツ35ｇ、韓国２２４ｇ、スウェーデン90ｇ、オランダ60ｇとなります。

アメリカ合衆国は３億２８２４万人の人口を有しているため、１人１日当たりの魚介類消費量がそれほど大きくなくても、膨大な国内需要が存在します。世界第６位の漁業生産量を誇りますが、養殖業がそれほど盛んではないため、需要のまかなえない分は輸入に頼っています。

日本はなぜ輸入国に？

日本は微減傾向にあるものの、１人１日当たりの魚介類消費量は依然として大きい国です。１億２６２６万人の人口規模を踏まえると、国内需要は大きいといえます。しかし、漁業・養殖業生産量は１９８４年がピーク（１２８２万トン）で、１９８９年に世界最大（１１９１万トン）だったのを最後に、以後減少傾向にあります。２０１８年の生産量は４４２万トンです。かつては遠洋漁業が盛んでしたが、**１９７３年の第一次オイルショックによる燃料費の高騰、その後の排他的経済水域の設定などで衰退**しました。代わって沖合漁業が盛んになっていきますが、マイワシの漁獲量の減少、北洋漁業からの撤退などを背景に、沖合漁業も漁獲量を減らしています。マイワシの漁獲量の減少は、海水温などの数十年間隔で変化するレジームシフト（魚種交替）によるものだと考えられています。

しかし、依然として日本の水産物需要は大きく、需要をまかなうために輸入していいます。日本が輸入している魚種は、**１位サケ・マス類、２位カツオ・マグロ類、３位エビ**となっています。エビは東南アジアからの輸入が中心です。また冷凍技術の発達で遠距離輸送が可能となり、マグロやブリ、サケなどが水揚げ地ではない場所での消費が増えてきています。

6

第 6 章

環境とデータ

——神が与えた「地の利」

UNDERSTANDING ECONOMICS : A STATISTICAL APPROACH | CHAPTER 6

本章で取りあげる主な統計

エルニーニョ・ラニーニャ現象と農作物生産、日本の米の生産量、文明発祥の地と人口増加、世界遺産の社会的・経済的効果、主要国の国際観光収支、アフリカ諸国の人口と農業、アフリカ諸国の宗主国と貿易、イギリスと日本のニュータウン、シンガポールの3クォータータンク法、1人当たりの二酸化炭素排出量

エルニーニョ現象が招く経済危機とは？

NO. 74

UNDERSTANDING ECONOMICS: A STATISTICAL APPROACH

エルニーニョ・ラニーニャ現象と農作物生産

エルニーニョ現象とは、監視海域（エクアドルやペルーの西沖合）の海水温の「5か月移動平均値」が、6か月以上続けて0・5℃以上上昇する現象のことです。

われわれ日本人にとっては「どこか遠くで起きている出来事」のように思えますが、実は大きな影響が出ています。**エルニーニョ現象は空間スケールだけでなく、時間スケールも大きい自然現象**です。「広い範囲」で「長い期間」発生するのです。

エルニーニョ現象によってペルー周辺は例年以上に高温多雨（大気が温められて上昇気流が強まった状態）になります。その影響を受け、東南アジアから北部オーストラリアにおいては、高温乾燥（下降気流が強まった状態）となり、干ばつや森林火災などの被害が発生しやすくなります。さらに偏西風の蛇行を引き起こすので、日本に寒気が流れ込みにくなり、暖冬が訪れます。

エルニーニョが発生するとペルー沖ではアンチョビー（カタクチイワシ科）が不漁となることがあります。アンチョビーは食用だけでなく、肥料や飼料としても利用されるため、**穀物などの価格高騰を引き起こす**可能性があります。

ラニーニャ現象とは？

ラニーニャ現象はエルニーニョの逆です。ペルー沖の海水温が低下する現象で、過去20年間で5回発生しています。

実は２０２０年夏頃からラニーニャ現象が続いていると考えられています。ラニーニャ現象は南アメリカ大陸で降水量が平年よりも減る傾向があります。ＪＡＳＭＡＩ（農業気象情報衛星モニタリングシステム）によると、２０２０年12月のアルゼンチンでの土壌水分の減少が顕著（２０１９年12月と比較）でした。

世界の四大穀物である米、小麦、トウモロコシ、大豆の生産量と過去に発生したエルニーニョやラニーニャとの相関関係を見ていきましょう。２９１ページの図を見てください。米、小麦、トウモロコシの３種類の穀物はエルニーニョ年とラニーニャ年ともに平年

エルニーニョ現象、ラニーニャ現象とは？

平常時

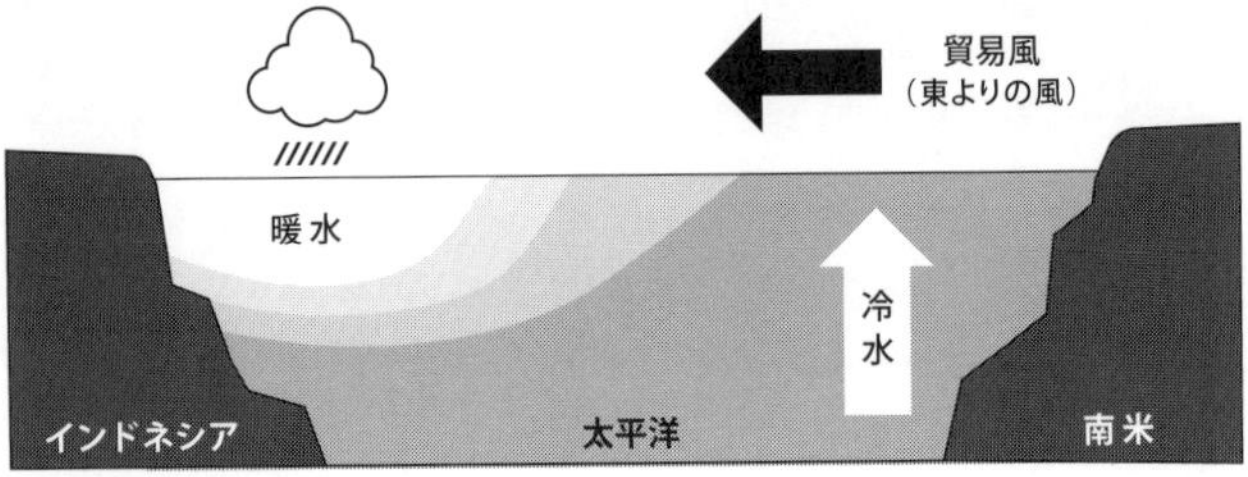

エルニーニョ現象（日本は冷夏・暖冬）

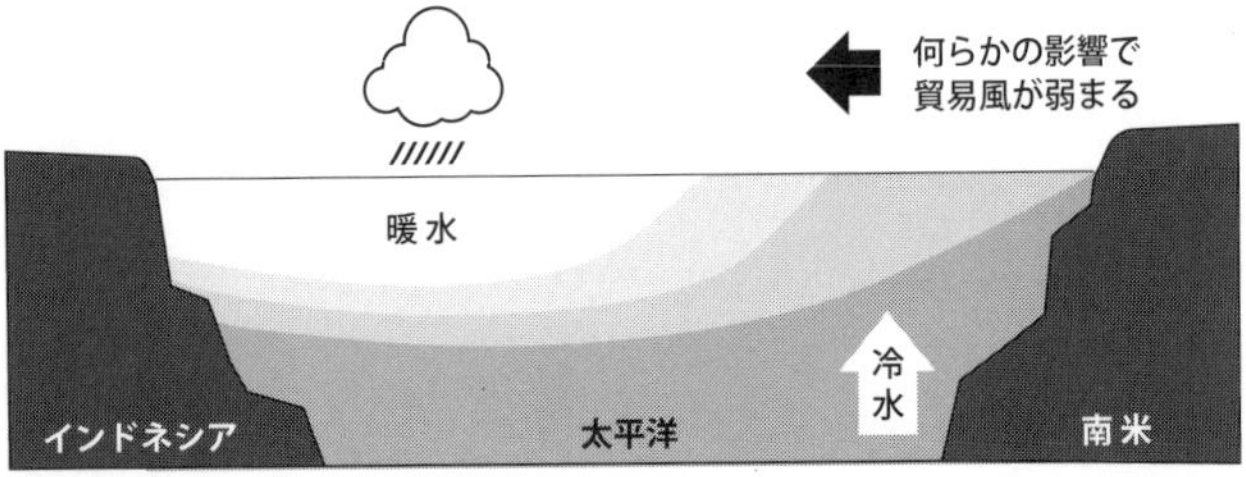

ラニーニャ現象（日本は暑夏・寒冬）

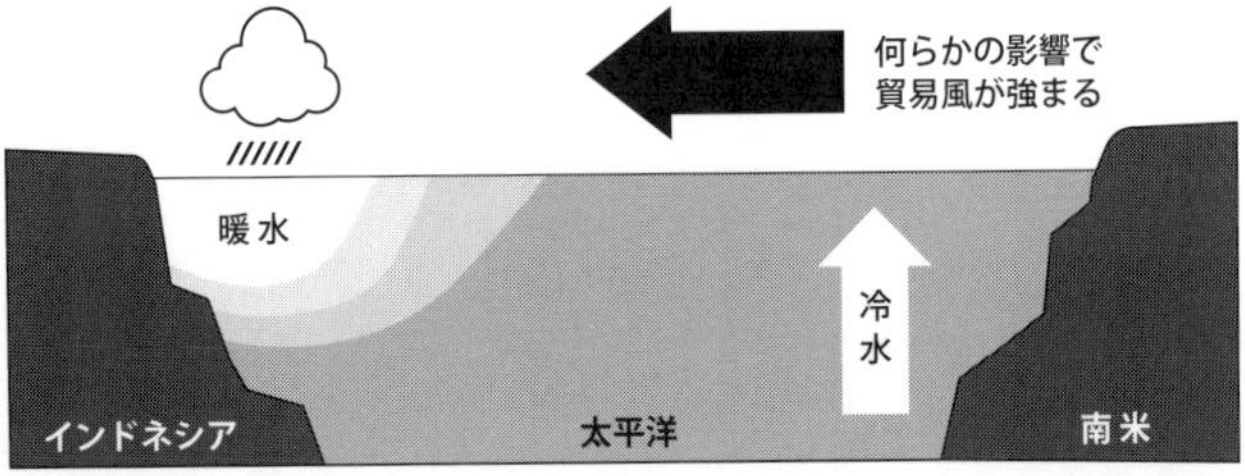

農作物生産への影響

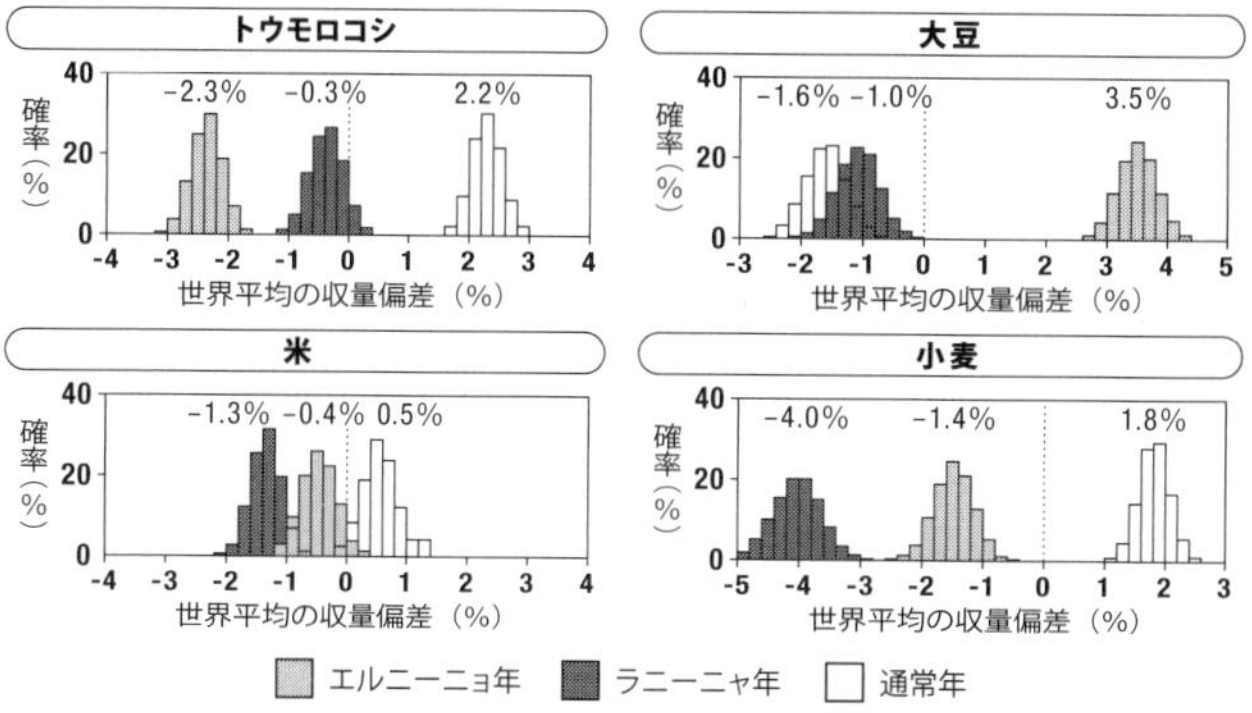

出典：農業環境技術研究所、海洋研究開発機構

よりも収穫量が減少する傾向にありました。しかし大豆は、エルニーニョ年は平年よりも収穫量が増加し、ラニーニャ年には平年よりも収穫量が減少する傾向にありました。

アルゼンチンは世界第8位の国土面積を有する国です。国土の南部（パタゴニア地方）はアンデス山脈の風下側に位置するため乾燥した風（ゾンダ）が吹き下ろします。また、沖合を寒流のフォークランド海流が流れるため、大気が冷やされて上昇気流が起こりにくいことなどから乾燥気候が支配的です。

そのため、アルゼンチンの穀物栽培地はパンパ（温帯草原）が広がるラプラタ川の下流域に集中しており、**ここでの穀物生産量の動向が国全体に強く反映**されます。国土のさまざまな地域で穀物栽培が行われているブラジルとの違いが明確です。**ブラジルは不作に備えて「リスク分散」ができている**といったところでしょうか。これが世界最大の大豆輸入国である中国への安定供給を可能としています。２０１７年現在、ブラジルは世界最大の大豆輸出国でもあります。

アルゼンチンの施策がベトナムに影響する

これまでのラニーニャ年は、その翌年度まで穀物生産量が減少する傾向がありました。トウモロコシや大豆の減産の影響から、アルゼンチン政府は国内供給量を確保するため、２０２０年12月30日に**輸出停止を決定**しました。

しかし農業団体がこれに反発してストライキを決行したため、輸出停止措置を撤回しました。こうなると**アルゼンチンから飼料用穀物を輸入している国へ影響が出ます。**

ベトナムはアルゼンチンから飼料用穀物を輸入しており、こうした背景からロシアを代替輸入先にして輸入を始めました。またさらなる飼料用穀物の確保のため、インドから砕《さい》米《まい》（精米の途中で砕けてしまった米）の輸入も開始しました。ベトナムは２０２０年には世界第２位の米輸出国となる見込みですが、このレベルの農業大国であっても大きな影響を受けるわけです。

アルゼンチン産穀物の輸出減少が懸念されると、アメリカ合衆国産の穀物の輸出成約が伸びていきました。アメリカで最大の取引量を誇るシカゴ相場が２０２０年12月から上昇へと転じると、大豆とトウモロコシの期近物《きぢかもの》（先物取引で、受渡期日が近いもの）はそれぞれ価格が高騰しました。

日本への影響は？

日本は米以外の穀物の多くを輸入でまかなっており、トウモロコシや大豆だけでなく、小麦も含めて、最大輸入相手国はアメリカ合衆国です。それも高い割合を占めています。高い輸入飼料を求めざるをえなくなるとコスト高となり、国産の畜産物価格が高騰する恐れもあります。

「風が吹けば桶屋が儲かる」的な話ですが、遠く離れたところで発生した自然現象が、われわれ日本人の足下に影響を及ぼすことがあるのです。

平成の米騒動から考える「食育」

NO. 75

UNDERSTANDING ECONOMICS: A STATISTICAL APPROACH

日本の米の生産量

「米騒動」と聞けば、「大正時代、原敬《はらたかし》を総理大臣とした日本初の本格的な政党内閣が始まるきっかけ」として習うかもしれません。しかし、ここでは１９９３年に起こった「平成の米騒動」に焦点をあてます。

１９９３年、日本は深刻な米不足にあえいでいました。同年の日本の米の生産量は９７９万３０００トンと、**前年比74・1％にまで落ち込みます**。原因は１９１３年以来、**80年ぶりの大冷夏**でした。１９９３年の米の作況指数は74であり「著しい不良」でした。また１９９１年の不足（作況指数95）により、在庫量が少なかったことも拍車をかけました。

１９９１年６月15日の**ピナトゥボ火山の大爆発**と関係があるとされています。また**偏西風の蛇行**と**エルニーニョ現象**も要因の１つにあげられます。

エルニーニョ現象は日本に冷夏と暖冬をもたらし、ラニーニャ現象は日本に夏の猛暑、冬の寒冷をもたらす傾向があります。

ピナトゥボ火山の噴出物の総量は10㎦。20世紀最大といわれ、噴煙は高度17～26㎞の成層圏にまで達しました。1か月後には北緯25度から15度にまで広がったとされています。1992年に弱い冷夏が発生し、**1993年には大冷夏**となりました。

加えて1993年は梅雨前線が長期間、日本列島付近に停滞しました。いったん発表された梅雨明け宣言が8月下旬に撤回される事態にも発展しています。梅雨前線は北側のオホーツク海気団と南側の小笠原気団との間に形成される前線です。オホーツク海気団が弱まって小笠原気団が張り出すことで梅雨明けとなりますが、1993年は小笠原気団が弱く、またオホーツク海気団が長い間強い勢力を保っていました。ここから吹き出す冷たい風を「やませ」といいます。北海道・東北地方はやませの影響を強く受けました。

「日本へ輸出できる米」など用意されていなかった

米が不足すると、価格が高騰します。これを回避すべく、外国から米の緊急輸入を進めました。まず1993年11月にタイからうるち米が輸入され、翌年には他国からも米が輸

日本の米生産量の推移

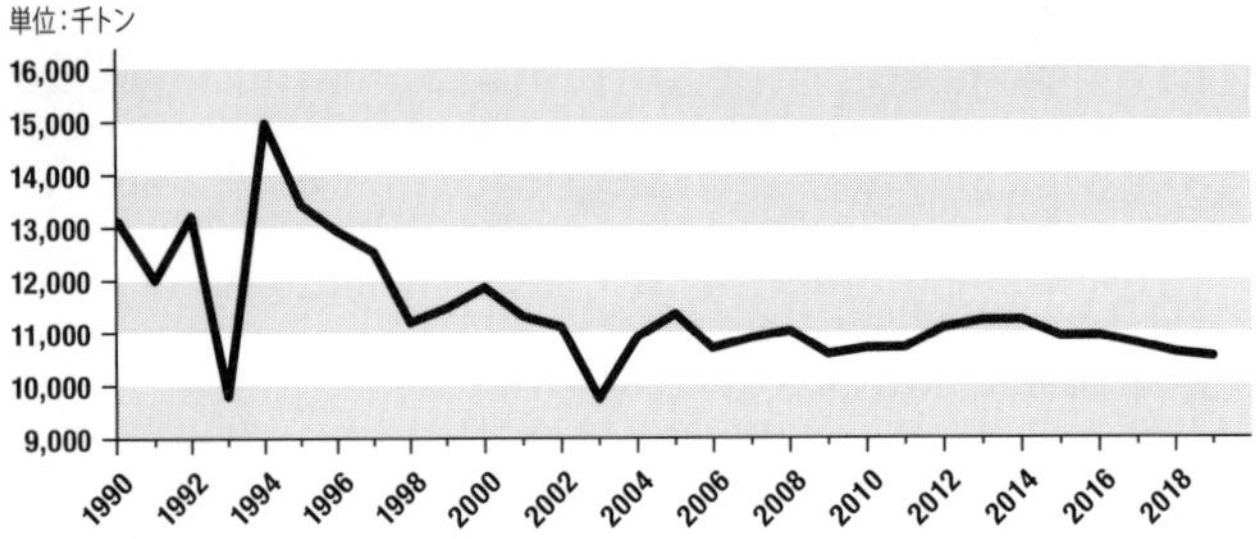

POINT

1993年の米騒動で備蓄米の整備が進む

出典：Food and Agriculture Organization（国際連合食糧農業機関）

入されました。内訳は中国から１０８万トン、タイから77万トン、アメリカ合衆国から55万トン、オーストラリアから19万トンでした。

元々、**米を自給していた日本に対して、輸出用の米を品質、量ともに生産していた国などありませんでした。**輸入によって量的不足は解消されますが、輸入米の多くがインディカ米であったため、日本人の中には「こんなまずい米が食えるか！」と輸入米に対して文句を言う人もいました。

結局、**輸入米のうちおよそ98万トンが売れ残りました。**苦しい状況を助けてもらっておきながら、この態度です。日本ではもっと「食育」を充実させる必要がありそうです。

この「平成の米騒動」は翌年には解消されました。1994年はラニーニャ現象が発生し、一転して猛暑となったことで大豊作となったのです。

それはさておき、1993年のGATTのウルグアイ・ラウンド農業合意によって米市場の部分開放が決まり、日本国内の法体系との整合性を取るためにも、食糧管理制度を見直す必要が出てきました。こうして制定されたのが**1995年の食糧法**（主要食糧の需給及び価格の安定に関する法律）であり、政府の役割は備蓄米の運営、ミニマム・アクセス米の運用に限定されていきます。

政府備蓄米とは適正備蓄水準を100万トン程度に設定して運用しており、10年に一度の不良とされる作況指数92にも対応します。毎年21万トン程度を買い入れ、5年たったら飼料用として売却されます。本来「ミニマム・アクセス」とは輸入機会の提供のことで、国内農家に悪い影響を与えないように、国が一元的に輸入して販売しています。つまり国家貿易ということです。

いつの時代も、**自然環境の変化が、われわれの生活様式に変革を迫ってきます。**「異常気象」とはいいますが、本来「同じことが続くこと」が異常なのです。こうした突発的な現象も、実はごくごく自然なことなのかもしれません。

なぜ西アジアは生産力の乏しい土地になったのか？

NO. 76

UNDERSTANDING ECONOMICS: A STATISTICAL APPROACH

文明発祥の地と人口増加

２０１９年の世界の人口は76億７３５３万人を数え、２０５０年には97億人に達し、２１００年には１０９億人にまで増加すると予測されています。

人類は誕生して以来、狩猟や漁労、採集などによって自然界から食料を確保する**「獲得経済」**を行ってきました。もちろん毎日安定して食料を獲得できませんので、増えゆく人口を支えることが困難でした。狩猟や漁労が強調されがちですが、実は植物に依存する食料獲得も盛んに行われていました。それでも獲得量は不安定でした。

しかし、今から**1万年前に穀物栽培が始まった**ことで食料供給量が安定し、西暦元年の頃には2億５０００万人にまで増加したと考えられています。これを食料生産革命といいます。つまり、農業の発祥です。食料生産革命は西アジアの一角で生まれました。最終氷期（ヴルム氷期、およそ7万年前から1万年前）が終了し、それまで地球の高緯度地域を覆っていた氷河が解けると、海水面は120〜130m上昇しました。

地球が温暖化し、現在の**パレスチナからシリア、イラン、イラクにいたる西アジア地帯で農耕が始まります。**ここを「肥沃な三日月地帯」と名づけたのはジェームズ・ヘンリー・ブレステッド（1865〜1935年）というエジプト学者でした。この場所は小麦や大麦の原産地として知られ、農業の発祥の地でもあります。穀物は動物や魚と違って長期保存が利きます。こうして人口が増大すると集落の規模が大きくなり、建築や冶金《やきん》といった各種技術が生み出され、物資の交換、文字の発明と進歩していきました。

過剰な灌漑による、土地の塩害化

テイグリス川、ユーフラテス川周辺で始まったメソポタミア文明を起点に文化が次々と東西に伝わって、インダス文明やエジプト文明といった二次的中心地を作っていきます。

これらの文明が興った地域には外来河川が流れており、河川水を灌漑用水として利用して農耕が行われました。また河川を水運交通としても利用し交易が盛んに行われました。

しかし今、これらの文明が興った地域は生産力の乏しい土地になっています。

塩害のメカニズム

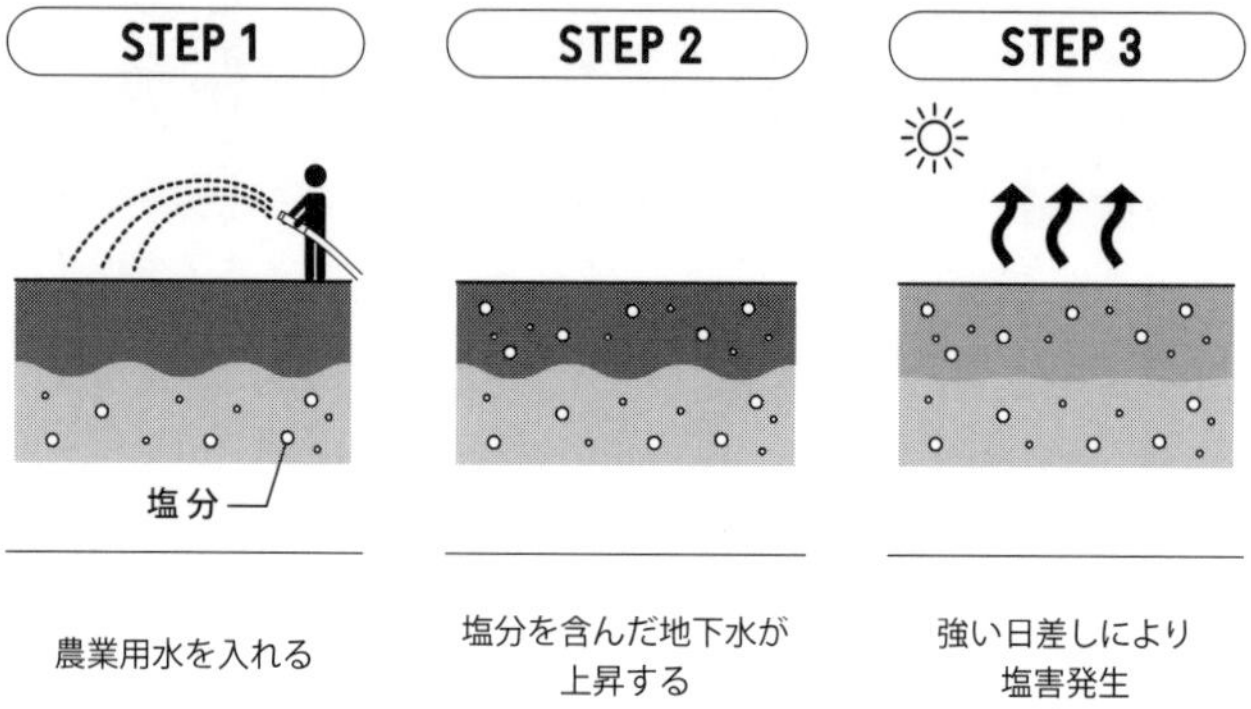

西アジアを見ていきましょう。１９５０年におよそ５１２０万人だった人口は、２０１９年には３億７８００万人にまで増加しています。人口増加による食料需要をまかなうために農業生産を拡大させなければいけません。

本来、乾燥地域が広く展開する場所であるため、河川水や地下水を利用した灌漑農業を行いますが、**過剰な灌漑は土壌の塩害化を招きます。**過剰に灌漑用水を利用することで、毛細管《もうさいかん》現象によって土壌中に塩分が集積してしまうと、土地が不毛地化してしまいます。Google Earthなどで、塩害化が起きている土地を確認すると、まるで雪でも積もっているかのように土壌が白くなっています。

エジプトが享受する世界遺産の経済効果

世界遺産の社会的・経済的効果

「世界遺産」が誕生した経緯をご存じでしょうか。実は**エジプトのアスワン・ハイ・ダム**の建設がきっかけでした。

アスワン・ハイ・ダムの建設工事は1960年に始まりますが、ダムの上流側にできるダム湖によってアブ・シンベル神殿が水没することがわかりました。そこでユネスコの呼びかけで神殿を切り分けて、5年の歳月を費やし高台に移築する工事を行いました。こうして世界的に価値を持つ文化遺産を積極的に保護する取り組みが進められていきます。これが世界遺産条約の創設につながっていくのです。

エジプトでは1979年に「メンフィスとその墓地遺跡」「古代都市テーベとその墓地遺跡」「アブシンベルからフィラエまでのヌビア遺跡群」「カイロ歴史地区」「アブメナ」

NO. 77
UNDERSTANDING ECONOMICS: A STATISTICAL APPROACH

の5つが世界文化遺産に登録されました。これによって文化財に対する理解が深まると、観光客を増加させる要因となり、観光収入がエジプト経済の柱の1つとなっていきます。

国際観光収入の対GDP比は、およそ4・1％（2019年）となっています。

しかし、観光地化すると決まって頭をもたげるのが地元住民の生活を変容させることです。ゴミ問題などの周辺環境の悪化、観光客による文化財の破壊など地元住民の生活文化や社会構造を変容させていきました。その後、エジプトは順調に観光客が増加していきますが、2011年の「アラブの春」をきっかけに政情が不安定となり、外国人旅行者数が2010年比でマイナス33・2％と激減します。さらに外国人旅行者数は低迷しますが、2016年を底に回復傾向にありました。しかし2020年のコロナ禍でエジプトの観光業は再び打撃を受けることとなります。

エジプトの収入源は「原油の輸出」「観光収入」「スエズ運河の通行料収入」「在外労働者からの送金」の4つが大きな割合を占めています。国内で生み出した生産物を海外へ輸出して外貨を稼ぐのではなく、外国の経済状況に依存する体制といえます。そのため、これまでほとんど国内産業の育成をしてきませんでした。

しかし、エジプトは人口が1億人を超えるだけでなく、さらに人口増加率が高い国（2019年は1・98％）です。また依然として**低い賃金水準を考えれば、地の利を活かし**

エジプトの外国人旅行者数（受入数）の推移

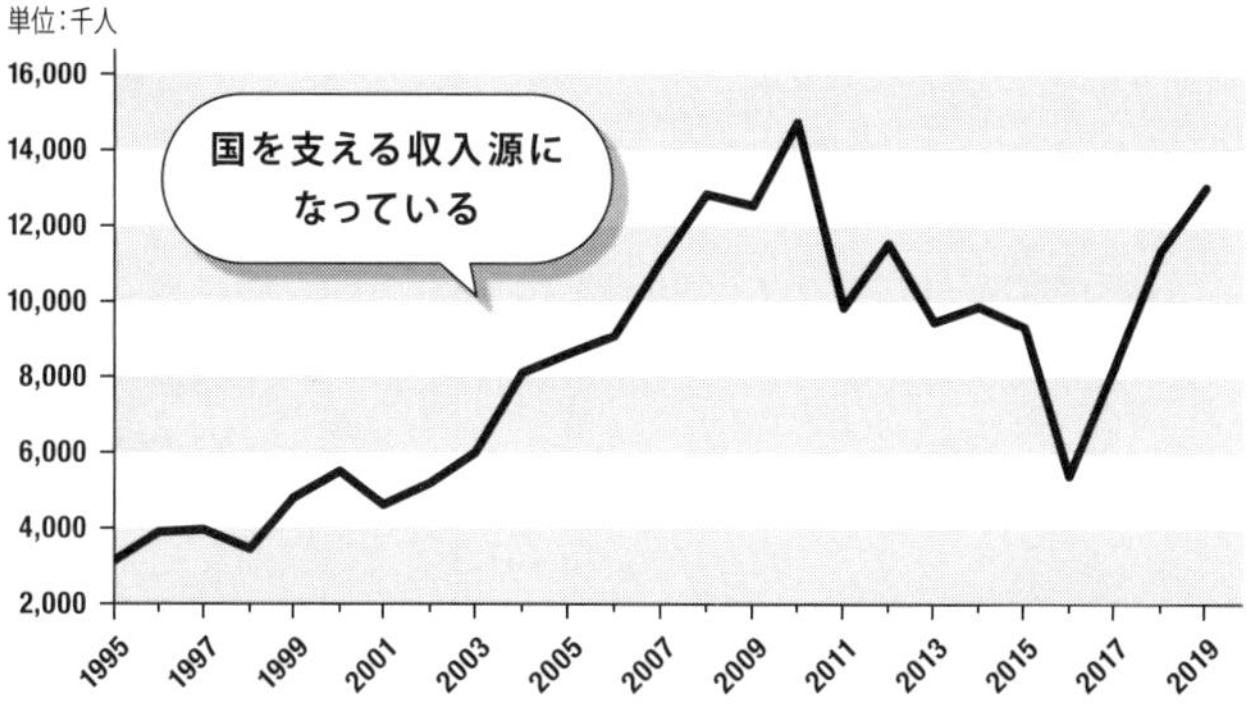

出典：World Tourism Organization（世界観光機関）

て近隣のEU向けの生産拠点として魅力的といえます。日本企業の中には巨大なエジプト市場を取り込むための進出がみられますが、輸出向け製造業の進出はまだほとんどみられません。

もう1つの柱であるスエズ運河の通行料収入に関しては、エジプトは2014年からスエズ運河の拡幅工事を行い、運河沿岸に経済特区を設定すると、通行できる船舶数を拡大しました。2023年までに対GDP比で5・2%にまで増大すると考えられています。こうしてスエズ運河の通行料を資金源として経済特区を中心に空港、物流や金融の拠点を設け、そこに政治・経済の両機能を集約させて、新しい首都を建設しようとしています。

NO.
78
UNDERSTANDING ECONOMICS: A STATISTICAL APPROACH

「先進国から発展途上国へ」海外旅行と経済

主要国の国際観光収支

2019年に発生した新型コロナウイルスの影響で、気軽に海外旅行を楽しめるようになるにはもう少し時間がかかりそうです。旅行業界は大打撃を受けています。年に2～3回は海外旅行に出かける身としては（ほとんどがスキューバダイビング目的）、1日も早い回復を期待せざるを得ません。ここではコロナ禍になる以前、2019年までの主要国の国際観光収支についてお話しします。

2019年の**海外旅行者数（出国者数）**をみると、最大は中国で1億5463万人、以下、ドイツ1億854万人、香港9471万人、イギリス9308万人、アメリカ合衆国9256万人、ロシア4533万人、イタリア3470万人、韓国2871万人、ウクライナ2781万人、インド2691万人と続きます（日本は2008万人・世界第17位）。

一方の**外国人旅行者数（受入数）**をみると、最大はフランスで8932万人、以下、スペイン8350万人、アメリカ合衆国7925万人、中国6570万人、イタリア6451万人、トルコ5119万人、メキシコ4502万人、タイ3991万人、ドイツ3956万人、イギリス3941万人が上位国です（日本は3188万人・世界第12位）。

ヨーロッパ諸国では、世界の上位20か国に、フランス、スペイン、イタリア、ドイツ、イギリス、オーストリア、ギリシャ、ポーランド、オランダがランクインします。

EU域内の海外旅行はドイツやイギリスなどの比較的高緯度に位置する国から、フランスやスペイン、イタリア、ギリシャなどの地中海沿岸国へと向かう様子が見て取れます。「太陽の恵み」を求めて、寒冷な国から比較的温暖な国へと旅行しているのです。

2019年の1人当たりのGNI（米ドル）をみると、ドイツ4万7488、イギリス4万1149、イタリア3万3373、スペイン2万9860、ギリシャ1万9444となっていますので、**豊かな北部の国からすると地中海沿岸諸国は割安感が出て、旅行しやすい**といえます。もちろん、EU域内の移動がシェンゲン協定によって自由化されていることも後押しします。これは先進国と発展途上国との間でも同じことがいえます。

発展途上国は経済水準が低く通貨の価値が低いため、先進国からの旅行は割安感が生まれます。そのため、発展途上国へは先進国から多くの旅行者が訪れますが、その逆はあまり起こりにくいといえます。

発展途上国、新興国を支える観光業

近年、急速な経済発展を遂げているとはいえ、タイは1人当たりのGNIが7407米ドル（2019年）とまだまだ低い国です。外国人旅行者数3991万人に対して、海外旅行者は1044万人しかいません。しかし、国際観光収支でみると黒字（収入超過）となっており、**国の経済活動における国際観光収入の割合は高い**といえます。

2019年の国際観光収入を使って、その国の対GDP割合を算出しました。国際観光収入上位国の値はアメリカ合衆国0・9%、スペイン5・7%、フランス2・3%、タイ11・1%、イタリア2・5%、イギリス1・8%、オーストラリア3・3%、ドイツ1・1%、日本0・9%、中国0・2%です。このことからもタイでは観光業が主産業の1つとなっていることがわかります。発展途上国や新興国ほど、この割合が高くなる傾向にあります。

国際観光収入（2019年）

国境線データ：©The World Bank

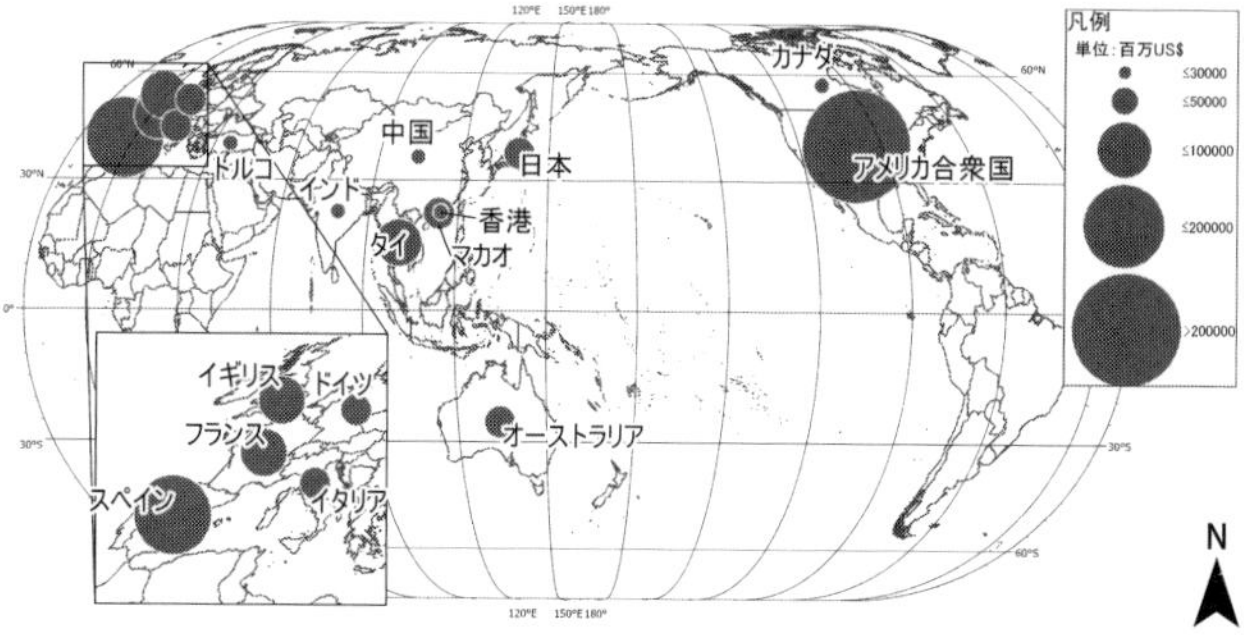

国際観光支出（2019年）

国境線データ：©The World Bank

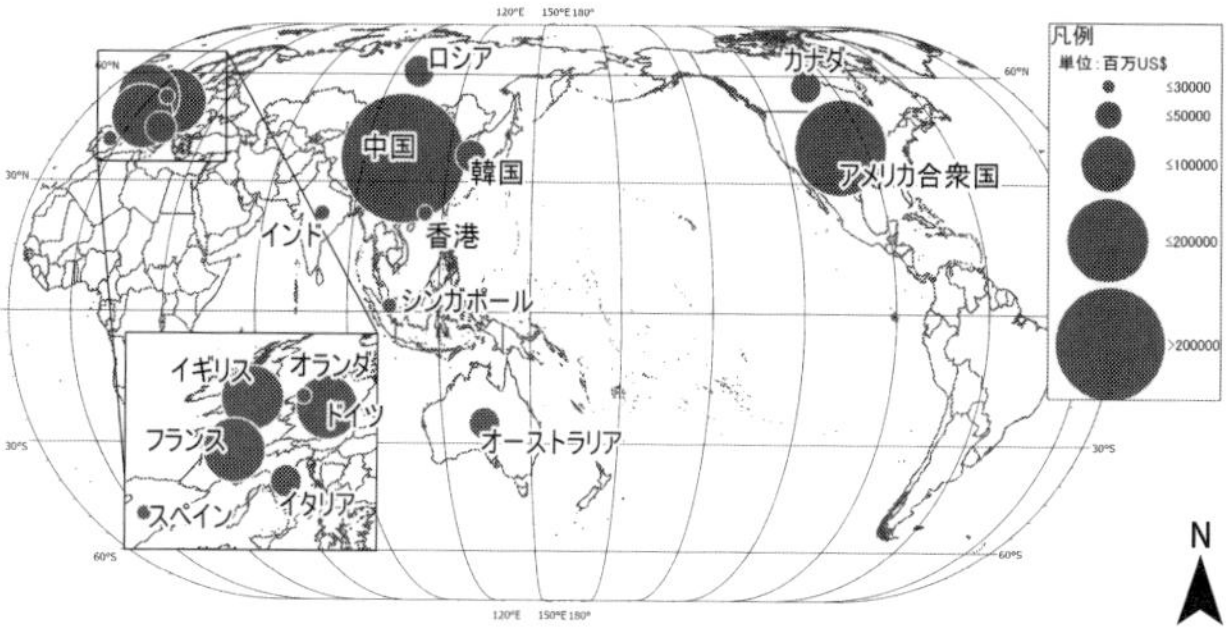

出典：World Tourism Organization（世界観光機関）

アフリカ諸国が栄養不足で苦しむ「2つの背景」とは？

NO. 79

UNDERSTANDING ECONOMICS: A STATISTICAL APPROACH

アフリカ諸国の人口と農業

アフリカ諸国には、栄養不足人口の割合が高い国が一定数あります。単純な話で、食料生産が人口増加に追いついていないからです。

この問題は「①食料生産量が思うように増加しないこと」と「②顕著な人口急増」とで別々に考える必要があります。②の理由は、「経済成長とリンクする『人口転換』とは？」（55ページ参照）で解説した通りです。

①については、自然環境の厳しさがあげられます。**アフリカ大陸は熱帯と乾燥帯の分布割合が約85%を占めていて、自給用穀物の生産が困難**です。また伝統的に商品作物栽培を中心としたモノカルチャー経済を採用している点も見逃せません。

アフリカ諸国はイギリスやフランスなどから植民地支配を受けた歴史をもっています。

産業革命による工業発展は、ヨーロッパ人の生活水準を向上させました。産業革命期は蒸気機関が改良され、蒸気機関車や蒸気船が使われるようになった時代であり、本格的な貿易の始まりでもありました。大量輸送が困難であったそれまでの時代と異なり、多くの農作物がヨーロッパに流入するようになりました。その結果、工業原料や嗜好品作物の需要が高まりました。

このため**アフリカ諸国では茶やカカオ、綿花、コーヒー豆、天然ゴム、サトウキビ、バナナなどの商品作物（換金用作物）の栽培を行う**ようになりました。

アフリカ農業の弱点

こうした農業をプランテーション農業といい、基本的に農家は単一栽培（モノカルチャー）を基本としていました。

これには経営が多角化していないため、リスクが大きく市況の影響を受けて収入が不安定となりやすい弱点があります。商品作物を栽培して輸出、外貨を獲得し、それを使って自給用穀物を輸入するため、外貨の蓄積が進まないのです。

311ページの図は、アフリカにおける栄養不足人口の割合、1人当たりの名目GDP、年平均人口増加率、国連平和維持活動（ＰＫＯ）実施国・地域を表したものです。

これによると西アフリカを中心に年平均人口増加率が高く、ここから子供を労働力として活用するために**多産の傾向**にあることがわかります。そのため１人当たりの名目ＧＤＰが低く、栄養不足人口の割合が高くなっています。またサハラ以南の国々では資源や民族境界を巡って**地域紛争が頻発**しており、政情が不安定となり、**農地が荒廃**しています。

そのため国連平和維持活動実施国・地域においても栄養不足人口割合が高くなっています。さらに自然のサイクルを超える過度な放牧や耕作によって砂漠化が進行して、食料生産が困難になっています。

アフリカの栄養不足にまつわるデータ

栄養不足人口の割合
（2006年）

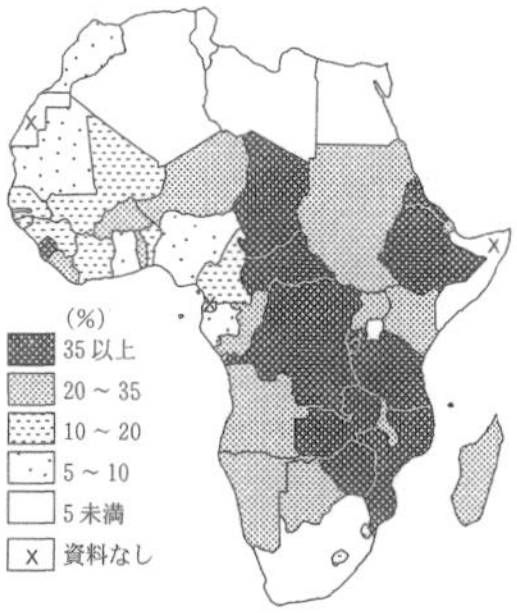

1人当たりの名目GDP
（2006年）

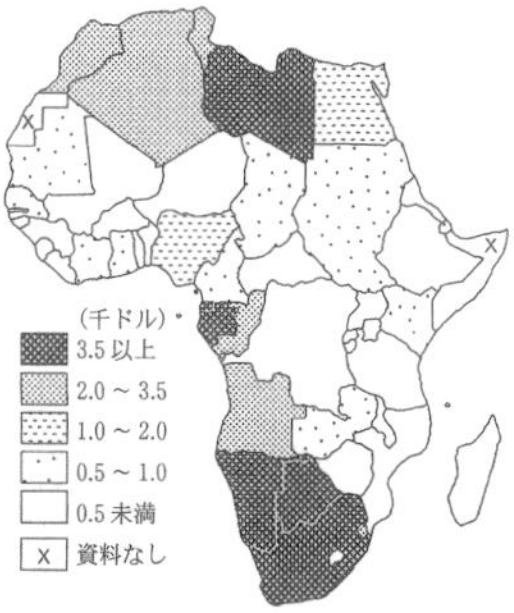

年平均人口増加率
（2006年）

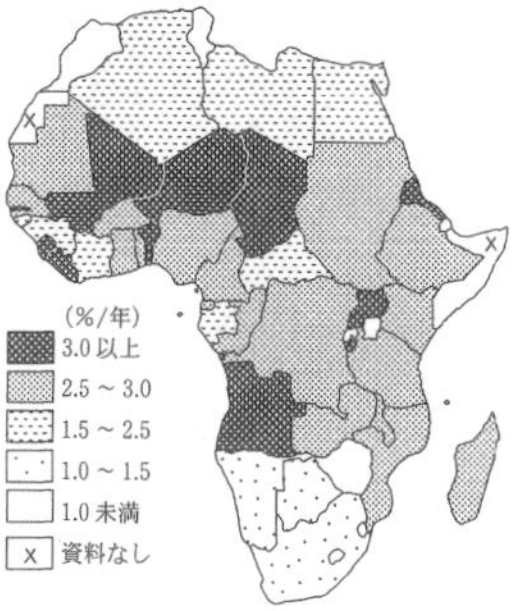

国連平和維持活動実施国・地域
（1990年～2014年7月まで）

国境線は2006年時点のものを示した
※FAOSTATおよび世界銀行データ、国連「平和維持活動の50年」等により作成

出典：東京学芸大学前期試験・地理（2015年）

NO.
80
UNDERSTANDING ECONOMICS: A STATISTICAL APPROACH

アフリカとヨーロッパを結ぶ「経済と歴史」

アフリカ諸国の宗主国と貿易

1960年は「アフリカの年」と称されます。この年に17か国が植民地支配からの独立を果たしたためです。現在アフリカ大陸には54か国が存在していますが、そのほとんどがかつてイギリスやフランスなどヨーロッパ諸国の植民地支配を経験しています。

イギリスはアフリカを南北に結ぶルートを確保するため、エジプトから現在の南アフリカ共和国までを結ぶ縦断政策を進めました。フランスはサハラ砂漠とアフリカ大陸東部を結ぶ横断政策を進めます。

この「タテ」と「ヨコ」が交わるスーダンにて英仏が衝突しますが、フランスが譲歩することで、スーダンはイギリスとエジプトの共同統治下に入りました。

オランダの経済学者ティンバーゲンは「2国間の貿易額は両国の経済規模と距離に応じ

地域内・地域間商品貿易額（2014年）

単位：10億US$

輸出先＼輸出元	北アメリカ	中南アメリカ	ヨーロッパ	CIS※	アフリカ	中東	アジア	世界
北アメリカ	1,251	214	379	17	43	79	504	2,493
中南アメリカ	173	179	114	9	18	17	170	695
ヨーロッパ	540	119	4,665	218	221	229	738	6,810
CIS※	28	7	385	131	16	22	134	735
アフリカ	39	29	201	2	98	18	152	555
中東	99	11	148	7	36	113	694	1,288
アジア	1,065	185	900	127	207	302	3,093	5,917
世界	**3,195**	**744**	**6,792**	**512**	**639**	**780**	**5,485**	**18,494**

※ロシアなどかつてのソビエト社会主義共和国連邦の構成国

POINT

アフリカはヨーロッパとの貿易のほうが盛ん

出典：World Trade Organization（世界貿易機関）

て大きくなる」と提唱しました。現在のアフリカ諸国の貿易相手国をみると、確かにそれぞれの近隣諸国との貿易額が増加傾向にありますが、それだけとは限りません。**アフリカ諸国の貿易は、依然として旧宗主国であるヨーロッパ諸国との割合が高くなっています。**

例えばマダガスカルはアフリカ大陸の東の沖に位置する国で、旧フランス植民地です。そのため現在でもフランスが最大貿易相手国となっています。

上の表は、地域内・地域間商品貿易額を表したものです（縦が「輸出元」、横が「輸出先」）。これよりアフリカ諸国の貿易額は、「アフリカ域内貿易」よりも「ヨーロッパ貿易」のほうが、輸出額が大きくなっているのがわかります。

アフリカ・ヨーロッパ間の貿易内容

特にフランスやイタリア、スペインといった地中海を挟んで対峙している国々との貿易額が大きくなっています。**アフリカの多くの国では依然として一次産品の輸出に依存し、「機械類」や「自動車」といったものを輸入**していることから、ヨーロッパ諸国との垂直貿易を行っているのが現状です。しかし、南アフリカ共和国のように早くからBMWが工場進出した国もあり（１９７３年）、現在の南アフリカ共和国の最大輸出品目は「自動車」となっています。

南アフリカ共和国は鉄鉱石と石炭が豊富なため、原料の現地調達が可能であり、また賃金水準が低い国でもあります。人口増加率が１・34（２０１９年）と比較的高いため、政情の安定が維持できれば今後も国内市場の拡大が見込まれます。

ニュータウンに学ぶ「都市・人口・経済」のつながり

NO. 81

UNDERSTANDING ECONOMICS: A STATISTICAL APPROACH

イギリスと日本のニュータウン

「産業革命」は18世紀後半にイギリスで始まりました。これによってロンドンへの人口集中が進み、さまざまな都市問題が発生します。

イギリスのE・ハワードは著書『明日の田園都市』にて、①**都市と自然との共生**、②**3万人規模**、③**職住学遊のすべてを備えた街づくりを提唱**します。これにもとづき、1903年にロンドン郊外にレッチワース、1920年にウェリン・ガーデン・シティーをそれぞれ建設しました。これらガーデン・シティーは一般に「職住近接」の性格をもちます。

この成功をうけて、1944年に大ロンドン計画が発表され、1946年になるとニュータウン法が制定されます。ロンドン市街の周囲にグリーンベルトを設け、市街地の拡大を抑制し、その外側にニュータウンが建設されました。一方「ガーデン・シティー」

は日本では「田園都市」と表されました。

日本では1918年に渋沢栄一らによって田園都市株式会社が設立され、洗足《せんぞく》田園都市（現在の東急目黒線洗足駅周辺）や多摩川台地区（現在の大田区田園調布から世田谷区玉川田園都市）が開発されました。この**田園都市株式会社が現在の東急グループの元**となります。東急電鉄が運営する田園都市線の梶が谷駅から中央林間駅の間が多摩田園都市と称されるなど、「田園都市」という名称は今でも見聞きします。

日本のニュータウンの多くは、高度経済成長期の都心に集積する人口を分散させる目的で郊外の丘陵地を切り開いて建設されました。そのため**「○○が丘」という名称が多くなっています。**また宅地開発による分譲形態が多かったので、イギリスとは異なり住宅衛星都市（大都市圏にあり、その大都市の機能の一部を分担する都市）としての性格を強くもっています。そしてここで生活する人たちは都心への長距離・長時間通勤が常態化していきます。

日本初の大規模ニュータウンは大阪の千里《せんり》ニュータウンとされており、1962年に入居が開始されました。『ウルトラマン』に登場する古代怪獣ゴモラは六甲山《ろっこうさん》付近に落下した後、千里ニュータウンに現れます。撮影自体は多摩ニュータウンで行われたそうですが、放送されたのは1967年1月8日と15日。時代を彩る1コマだったといえます。

1960年から2003年の人口変化の推移

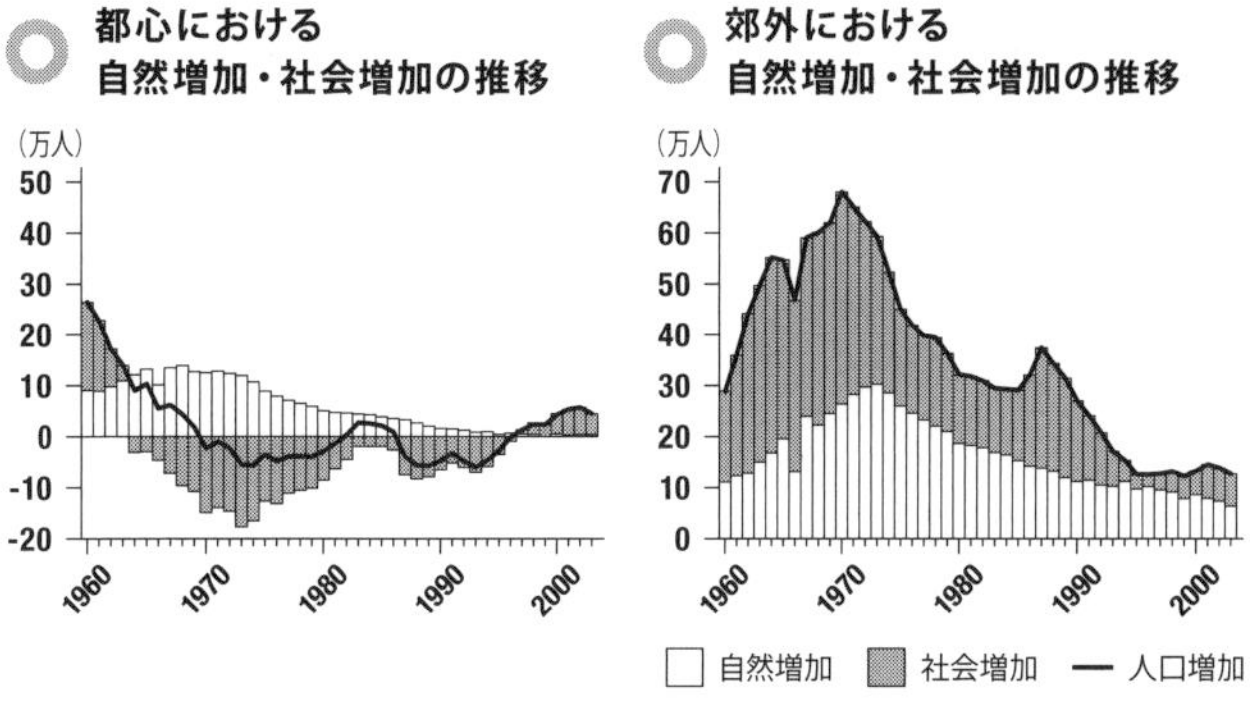

出典：首都大学東京前期試験・地理（2010年）

上図は、１９６０年から２００３年の東京都心（東京23区）と郊外（区部を除く東京都、神奈川県、埼玉県、千葉県）の人口の自然増加と社会増加を示したものです。

１９７０年前後の郊外の人口増加をみると、「自然増加」と「社会増加」のピークにずれがあることがわかります。これは**都心で生活していた者が結婚・出産を経て、手狭となった住居から、住宅費が安く居住環境の良い郊外に住居を求めた**と考えられます。そして自然増加がみられるため、毎年２００万人を超える出生数があった第二次ベビーブーム（１９７１〜１９７４年）が起こったと考えられます。ニュータウンの入居開始時に入居した世帯主のおよそ６割が20代後半から30代前半の年齢層だったことからもわかる話です。

一方1980年代後半をみると、社会増加がみられるものの自然増加数が減少傾向にあります。未婚の若年労働者を中心に郊外に安価な住宅を求めたことがうかがえます。当時はバブル景気（1986〜1991年）だったこともあり、都心部では地価の高騰によって若年労働者には住宅の入手が困難であったことが背景にあったといえるでしょう。

さらに1990年代後半から、都心でマイナスだった社会増加がプラスに転じました。都心回帰です。バブル崩壊によって都心の地価が下がり住宅を求めやすくなった時代です。そのためニュータウンにやってきた最初の世代の子世代が郊外から転入してきます。しかし**郊外では最初の世代が定住し続けているため、ニュータウンでは急速に高齢化**が進んでいます。

近年では社会減少だけでなく、自然減少も見られるようになっています。東京都多摩市域では1990年代より65歳以上人口比率が急増し、また多摩市域の人口集中地区比率が頭打ちになっているため、**これ以上の人口増加は望めない**状況となっています。そのため税収の減少、小中学校の統廃合、コミュニティーの希薄化などの問題が顕在化し、またバリアフリーを念頭においた街づくりが必要となるなど、新しい局面を迎えています。

シンガポールとマレーシアのガソリン攻防戦

NO. 82

UNDERSTANDING ECONOMICS: A STATISTICAL APPROACH

シンガポールの3クォータータンク法

シンガポールは1965年にマレーシアから分離して建国されました。両国はジョホール海峡を隔てて位置しており、**旧橋（コーズウェイ）と新橋（セカンドリンク）の2本の橋でつながっています。**

マレーシアは産油国ですが、サウジアラビアなどの中東諸国からの原油輸入も行っています。2019年1月に試運転が始まった石油精製・石油化学コンプレックス（通称「RAPID」）の燃料として、原油の輸入が著しく伸びています。こうして作られた石油製品の中にはガソリンが含まれ、マレーシアの主力輸出品となっています。

一方、シンガポールはマラッカ海峡の出入り口に位置する地の利、国際貿易に携わる企業への税制優遇、豊富な貯蔵能力などを背景に、石油製品のアジア太平洋地区の供給拠点として君臨しています。

両国のガソリンを巡る攻防戦を見ていきましょう。

3クォータータンク法とは？

3クォータータンク法とは、**「シンガポール人がマレーシアに車で移動する際、車のガソリンメーターが75%未満なら罰金を科す」**という法律です。

マレーシアのガソリンは、シンガポール国内で販売されるガソリンの3分の1程度の価格です。マレーシアは米や小麦、ガソリンなどの生活必需品の一部に補助金を支給することで価格を管理していて、周辺諸国に比べて低い水準を維持しています。そのためシンガポールからマレーシアへ、給油目的の入国が後を絶ちませんでした。

シンガポールは淡路島程度の大きさしかなく、そこにおよそ570万人が生活をしています。**人口増加に合わせて自動車保有台数を増やしてしまうと、渋滞や大気汚染などの問題が顕在化**します。そこでシンガポールは100%の自動車取得税をかけており、300万円の車を買うには600万円支払う必要があります。

こうした背景を考えれば、入国審査があるとはいえ、橋を渡ってすぐの隣国へ安いガソリンを買いに行かせるわけにはいきません。そこで３クォータータンク法が制定されたわけです。シンガポールは島国なので、車で出国できるのは２本の橋でつながったマレーシアだけです。

電気自動車へのシフト

シンガポールは２０２０年度予算案で、**２０４０年までに段階的にガソリン車を廃止**する計画を発表しました。国民の健康を守り、気候変動への対策とのことで、今後は電気自動車（ＥＶ）を中心としたモータリゼーションを構築していきます。それにともなって、現在１６００か所ある充電スポットを２０３０年までに２万８０００か所へと拡大する計画も立てています。

とはいえ、近年のシンガポールの石油精製はマレーシアやインドネシアからの委託精製の比重が高まっており、また中継貿易が中心であることなどから、「石油製品」の輸出入が完全になくなるとは思えません。ただ、「３クォータータンク法」が廃止となり、「今は昔」と過去を懐かしむ時代が来るのかもしれませんね。

NO. 83

UNDERSTANDING ECONOMICS: A STATISTICAL APPROACH

二酸化炭素からこれからの経済成長を読み解く

1人当たりの二酸化炭素排出量

IEAの発表によると、2017年の主な国の二酸化炭素排出量は**「先進国で減少傾向」「新興国で増加傾向」**を示しています。

二酸化炭素排出量の測定は「生産ベースCO_2排出量」という推計を用います。CO_2排出が実際に起こった国で排出量をカウントする方式です。一方、製品（部品等）が生産された際に排出されたCO_2は、その製品の最終消費国の排出量としてカウントする「消費ベースCO_2排出量」という指標もあります。この「消費ベース」のほうが実態を正確に測定できるという意見もありますが、統計には5年を要します。そのため「生産ベース」による測定が現行の方法となっています。

次ページの表を見てください。1990年比で急増したのは、中国、インド、韓国、イ

CO_2の総排出量と1人当たり排出量

	CO_2総排出量(単位=百万t)		1人当たりCO_2排出量(単位=t)	
	1990年	2019年	1990年	2019年
中国	2,122	9,826	1.86	7.02
アメリカ合衆国	4,803	4,965	19.20	15.14
インド	529	2,480	0.61	1.81
ロシア	2,164	1,532	14.59	10.64
日本	1,042	1,123	8.43	8.91
ドイツ	940	683	11.84	8.23
イラン	171	670	3.05	8.07
韓国	232	638	5.41	13.04
インドネシア	134	632	0.74	2.33
サウジアラビア	151	579	9.26	17.03
カナダ	420	556	15.15	14.63
世界	20,521	34,169	3.88	4.45

POINT

寒冷で国土が広大だと、1人当たりCO_2排出量が多くなる傾向がある

出典:BP plc

ラン、サウジアラビア、インドネシアなどです。これらの国々では人口増加や工業発展が見られたことで、総量ではもちろんのこと、1人当たり二酸化炭素排出量の増加も顕著です。「生産ベースCO_2排出量」で表されることを考えれば、「世界の工場」として数多くの工業製品が生産されている中国の急増が理解できます。約30年でおよそ4・6倍にまで増加しました。しかしそれ以上に増加が著しいのが燃料別二酸化炭素排出量の「石炭部門」です。次ページの図を見てください。

中国は世界最大の石炭産出国であり、石炭によるCO_2排出量は全体の51・55%(2018年)と高くなっています。また意外と知られていませんが、韓国は京都議定書

石炭によるCO_2排出量の推移

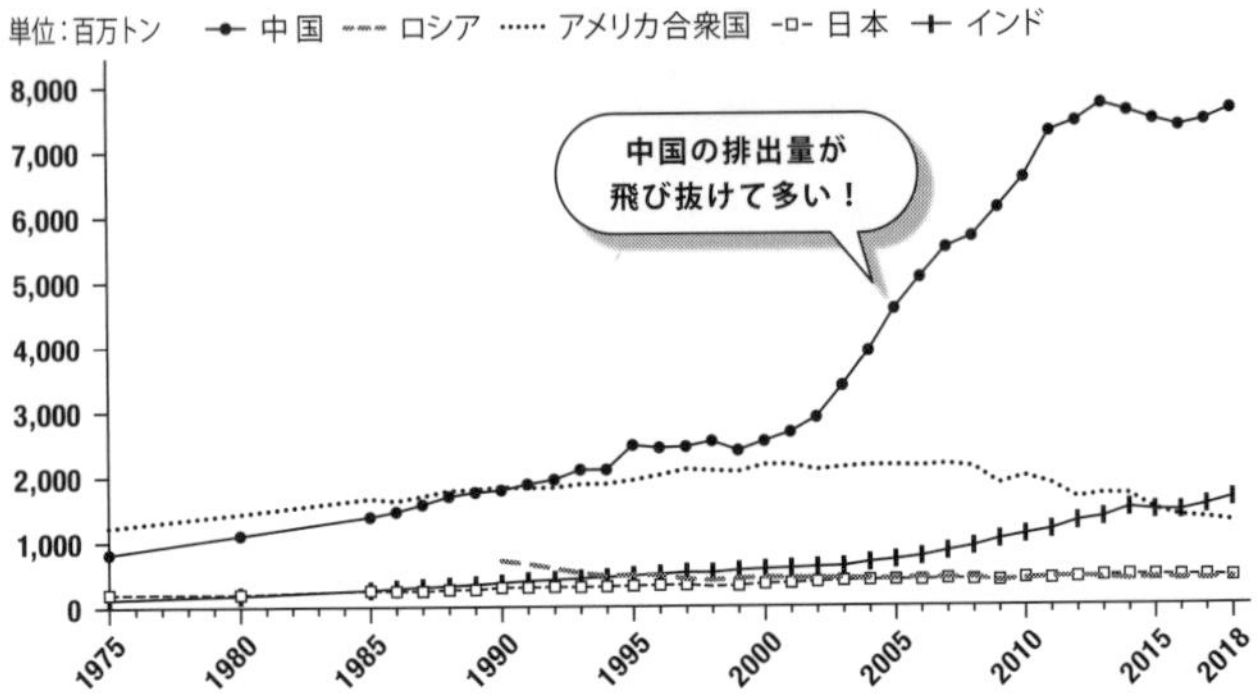

出典：International Energy Agency（国際エネルギー機関）

の二酸化炭素削減義務を負っていない国です。**削減義務を負わなかった国は経済成長を優先させ、二酸化炭素排出量が増加した**と考えられます。

脱炭素社会の実現に向けて

1人当たりの二酸化炭素排出量では、アメリカ合衆国、ロシア、韓国、カナダ、サウジアラビアなどの国が大きいです。これらの国には共通点があります。

①寒冷なため暖房設備の使用頻度が高い、②国土が広大であるため国内移動の航空機の利用頻度が高い、③省エネルギーの意識が低いなどです。人口とは関係なくエネルギー消費量が多いです。

前ページの表には登場しませんが、カタール（31・27）、クウェート（21・22）、アラブ首長国連邦（19・99）、バーレーン（19・24）など中東の産油国も多いです。エネルギーが豊富な国はその分エネルギー消費量も多い傾向があります（カッコ内の単位はトン／人）。ちなみに日本はOECD加盟国の中で9番目に多くなっています。

日本でも**2050年の脱炭素社会**の実現にむけて、「カーボンプライシング（二酸化炭素排出量に価格をつけて企業などにコストを負担してもらう手法）」の導入の是非を問う議論が出てきました。昨今は「2050年二酸化炭素排出実質ゼロ」を表明する地方公共団体が増えています。

二酸化炭素排出実質ゼロとは、**「二酸化炭素などの温室効果ガスの人為的な排出量」と「森林などの吸収による除去量」との相殺**を意味します。決して「二酸化炭素を排出しない」というわけではありません。

おわりに

地理講師として、見てきたこと・感じたこと

前作『経済は地理から学べ！』の発行から、実に4年以上の歳月が流れました。全国の書店のみなさまの販売促進により、多くの方に本書を届けることができました。そのおかげもあって、「地理学の啓発・普及に貢献した」と評価いただき、私は2017年度の日本地理学会賞（社会貢献部門）を受賞することができました。

歴史学で扱うような時間スケールよりははるかに小さいですが、4年という歳月は、統計データが蓄積されるには十分な時間です。

技術革新によって「次世代を担うもの」が登場したかと思えば、「社会的役割を終えたもの」もあり、この間の世界経済はそれまで以上のスピードで変化しています。

日々、代々木ゼミナールの教壇に立ち、受験生に地理を教える身として、ニュースで見聞きした情報を新鮮なうちに生徒たちに話して聞かせようと心がけています。その際、

「何がどのように変化したのか？」を統計データを用いて話すと、生徒たちの反応が良いように感じます。話に膨らみや説得力を持たせるために統計データを用いるのです。

そもそも「学び」とは何か？

あなたは、２０１８年現在、世界で最も地熱発電割合が高い国をご存じでしょうか？

実は、ケニアです。

その割合は46・18％。２０１３年の21・01％から倍増し、それまで世界最大だったアイスランドを抜きました。

ケニアには、地熱が豊富に存在します。こうした「地の利」を活かすべく日本の技術が投下され、ケニアの地熱発電事業が成長しました。単に「ケニアで地熱発電事業が成長した」だけでは「そうなんだ」で終わりますが、これに「過去5年間で倍増した」と統計データを示すだけで、「経済の真実」に迫ることができます。

「なぜそんなにも!?」「どこの企業が尽力した!?」「他にもそういった『地の利』を持った国はないのか!?」と興味を湧き立たせることが「学びの始まり」といえます。

なぜ地理を勉強している人が少ないのか？

2019年に文部科学省初等中等教育局教科書調査官の三橋浩志氏がまとめた「高等学校地理歴史科の科目選択に関する地理学的研究」によると、全国の高等学校における地理の平均履修率は54・7%と試算されています。内訳を見ると、最も高かったのは鹿児島県の97%、最も低かったのは愛知県の34%でした。地域差がかなりあります。

鹿児島県の地理履修率の高さが、「地理と歴史をバランスよく学ぶため」に地理教育の重要性が唱えられていると積極的に考えることもできます。

しかし、「地理だと受験できる大学が少ない」といった消極的な理由で地理が開講されておらず、その結果、地理選択者が少ない。入試において、地理が選択科目になっていない大学がいかに多いか。この現実も見逃せません。

教育熱心な地域ほど地理の履修率が低い傾向がありますが、この「教育熱心」とは「大学入試を突破すること」と同義であると邪推もできます。大学受験のために選択科目が縛られている現状は、生徒たちの学びの機会を大人が奪っているとも考えられます。

「地理は面白い！」

と思ったからこそ、私は大学でも地理学を修めました。

その場限りの面白さではなく、自分自身の行く末をも明るくしてくれる。そんな指針となり得るだけの奥深さがあると認識しています。

しかし、「テストに出るから！」という理由だけで、「山の名前、川の名前、米の生産量の上位国を丸暗記しなさい」という地理教育が、今も日本のどこかで行われています。特に中学地理においてはそれが顕著であると感じます。

２０２２年度入学の高校生から、「地理総合」が新設され、必修化されることが決定しています。これにより、すべての高校生が「地理を学ぶ」時代がやってきます。

これまでのような赤文字になっている重要用語の「丸暗記」を生徒に強いるだけの授業はやめなければなりません。そもそも「重要」の基準は入試での出題頻度に準拠しているだけ。そんなものを競って何になるのでしょうか。

本書で紹介してきたように、統計データの背景を知ることで経済の真実を知り、なぜそうなるのかと歴史を紐解き、これからの未来を読み解くことこそが、本来の学びのあるべき姿ではないでしょうか。

学びによって得た知識が連鎖し、１つの物語が作り出されると本当の経済の姿が見えてきます。これこそが、私が「地理とは、地球上の理《ことわり》である」と思うゆえんです。

高校時代の地理の恩師の言葉が忘れられません。

「一見関係なさそうな知識がつながって、1つの物語ができあがる。知識が増えれば増えるほど、それらがつながって目の前の世界がどんどん面白くなっていく」

私はこれを今でも信じています。

地理総合で日本はどう変わる?

さて、高等学校における地理・歴史科教育では、2022年度入学の高校生より「地理総合」と「歴史総合」が必修化され、地理と歴史を等しく学ぶ「本来あるべき姿」になろうとしています。

「地理総合」では、GIS(地理情報システム)や防災教育を重点的に学びます。

GISとは、「Geographic Information System」の略称で、地理情報システムともいわれます。

国土地理院のWebサイトによると、「地理的位置を手がかりに、位置に関する情報を持ったデータ(空間データ)を総合的に管理・加工し、視覚的に表示し、高度な分析や迅速な判断を可能にする技術」とあります。

わが国では、1995年1月の阪神・淡路大震災をきっかけにGISに関する本格的な取り組みが始まりました。例えば「世界の米の生産はモンスーンアジアに集中している」と耳から情報を得るよりも、「世界の米の生産上位10か国の図形表現図」があれば視覚的に理解できます。つまり、「一目瞭然」というわけです。こうした主題図を簡単に作れるのがGISソフトです。国土地理院の「地理院地図」や「Google Earth」などもGISソフトの1つです。

さらに自然災害が多いわが国ですが、GISと防災教育の導入は随分と時間がかかってしまいました。10年前の東日本大震災のさいに、もっと声をあげるべきでした。しかし、過ぎたことを嘆いてもしかたがありません。

膨大なデータを集め、それをGISによって視覚化していく。つまり真実に迫っていく。ハザードマップを見て、どこに逃げれば「命をつなぐ」ことができるのかは、状況に応じて考える必要があります。絶対的な正解はないのですから。

地理教育に限らず、教育とは、まさに生徒たちが自ら「正解を見つけられる」ようにするための存在でなければなりません。教師たちは、長年使い続け、ほこりにまみれたレジュメを破り捨て、「生徒たちを独り立ちさせるために何が必要か?」に向き合い、改めて授業法を構築していかなければなりません。

「統計は語る！」、本書で示したさまざまな「景観」が、「次の一手」を読むためのきっかけになることを期待して、筆を擱《お》きます。

最後までお読みいただき、ありがとうございました。またどこかでお目にかかれるのを楽しみにしています。

代々木ゼミナール地理講師＆コラムニスト
宮路秀作

巻末資料

比較すれば、統計はもっと面白い

14の統計に焦点を当て、およそ20年前のデータと現在のデータを比較します。この20年間で世界はどのように「表情」を変えたのか？　人間たちはどんな世界を創ってきたのか？　これを読むことで、20年前で止まっていたかもしれない「知識の針」を現代に動かしましょう。「印象」ではなく「真実」によって世界を俯瞰してください。

1 人口

上位国の顔ぶれに大きな変動はありませんが、目を引くのはインドやナイジェリア、パキスタンの著しい人口増加です。インドの出生率は減少傾向にありますが、それ以上に乳幼児死亡率の低下が著しく、平均寿命の延びにより人口増加がみられました。一方、中国は一人っ子政策（1979～2016年）によって人口増加が鈍化しました。インドが中国を抜くのは時間の問題で、2027年と予測されています。ナイジェリアやパキスタンは乳幼児死亡率の低下が著しく、依然として多産傾向にあるため人口増加が顕著です。人口数が停滞しているのは日本とロシアです。急激な少子化が背景にあります。

2000年　単位＝千人

1位	中国	1,262,645
2位	インド	1,056,576
3位	アメリカ合衆国	282,162
4位	インドネシア	211,514
5位	ブラジル	174,790
6位	ロシア	146,597
7位	パキスタン	142,344
8位	バングラデシュ	127,658
9位	日本	126,843
10位	ナイジェリア	122,284

2019年　単位＝千人

1位	中国	1,397,715
2位	インド	1,366,418
3位	アメリカ合衆国	328,240
4位	インドネシア	270,626
5位	パキスタン	216,565
6位	ブラジル	211,050
7位	ナイジェリア	200,964
8位	バングラデシュ	163,046
9位	ロシア	144,374
10位	メキシコ	127,576

出典：The World Bank（世界銀行）

2 老年人口割合

2000年には66か国だった高齢化社会（老年人口［65歳以上の人口］割合7％超）の国が、2019年には97か国へと増加しました。世界全体で出生率の低下、それにともなう老年人口割合の上昇がみられます。また2000年には存在しなかった超高齢社会（老年人口割合21％超）の国が7か国も現れました。特に日本は2000年比で11.02％も上昇し、深刻な少子高齢化社会へと突入しています。他に上昇が著しいのはマルタやフィンランド、ポルトガルなどです。出生率の低下と老年人口割合の上昇にはある程度の時間差があるため、今後は世界的にさらなる老年人口割合が高まると考えられます。

2000年 単位＝％

1位	イタリア	18.28
2位	スウェーデン	17.30
3位	日本	16.98
4位	ベルギー	16.87
5位	スペイン	16.67
6位	ブルガリア	16.59
7位	ドイツ	16.49
8位	ギリシャ	16.45
9位	ポルトガル	16.27
10位	フランス	16.06

2019年 単位＝％

1位	日本	28.00
2位	イタリア	23.01
3位	ポルトガル	22.36
4位	フィンランド	22.14
5位	ギリシャ	21.94
6位	ドイツ	21.56
7位	ブルガリア	21.25
8位	クロアチア	20.86
9位	マルタ	20.82
10位	フランス	20.39

出典：The World Bank（世界銀行）

3 移民人口

移民とは、居住する国以外で生まれた人を指し、国際連合の統計では「亡命者」や「難民」も含みます。2020年の移民人口は2000年比で、1億737万人増加し、2億8060万人となりました。最大はアメリカ合衆国で、メキシコやインドなどからの移民が多く、総数は5063万人。大きく数値を伸ばしたのはドイツです。2015年、ヨーロッパでは「欧州難民危機」と呼ばれるほど、中東諸国やアフリカ諸国から難民が殺到しました。2015年だけで100万人を超え、受け入れ最多がドイツでした。また中東の産油国では就業機会を求めて多くの移民を受けいれていますが、労働環境が過酷との指摘を受けることがあります。

2000年 単位＝人

1位	アメリカ合衆国	34,814,053
2位	ロシア	11,900,297
3位	ドイツ	8,992,631
4位	インド	6,411,331
5位	フランス	6,278,718
6位	ウクライナ	5,527,087
7位	カナダ	5,511,914
8位	サウジアラビア	5,263,387
9位	イギリス	4,730,165
10位	オーストラリア	4,386,250

2020年 単位＝人

1位	アメリカ合衆国	50,632,836
2位	ドイツ	15,762,457
3位	サウジアラビア	13,454,842
4位	ロシア	11,636,911
5位	イギリス	9,359,587
6位	アラブ首長国連邦	8,716,332
7位	フランス	8,524,876
8位	カナダ	8,049,323
9位	オーストラリア	7,685,860
10位	スペイン	6,842,202

出典：United Nations（国際連合）

4 GDP

2019年の名目GDP（国内総生産）の世界合計は2000年比で約2.6倍でした。世界最大はアメリカ合衆国ですが、2000年比で約2.1倍と世界平均よりも低い水準でした。成長著しいのは中国とインドです。2000年比で、中国は約11.8倍、インドは約6.1倍にそれぞれ増加しました。巨大な市場を活かした経済成長によって需要が増大し、これを取り込もうと海外企業の進出が目立ちます。上位国の中で唯一横ばいを示したのが日本です。名目GDPを実質GDPで除したGDPデフレーターをみると、消費税を5%に上げた1998年より2014年まで一貫して低下傾向にあります。その後上昇に転じますが、微増が続いています。

2000年 単位＝百万US$

1位	アメリカ合衆国	10,252,347
2位	日本	4,887,520
3位	ドイツ	1,943,144
4位	イギリス	1,658,116
5位	フランス	1,362,248
6位	中国	1,211,331
7位	イタリア	1,143,829
8位	カナダ	744,774
9位	メキシコ	707,910
10位	ブラジル	652,360

2019年 単位＝百万US$

1位	アメリカ合衆国	21,433,226
2位	中国	14,342,934
3位	日本	5,082,466
4位	ドイツ	3,861,124
5位	インド	2,891,582
6位	イギリス	2,826,442
7位	フランス	2,715,518
8位	イタリア	2,003,576
9位	ブラジル	1,847,796
10位	カナダ	1,741,497

出典：United Nations（国際連合）

5 人口1億人以上の国の1人当たりのGNI

人口が多ければ、1人当たりのGNI（国民総所得）は小さくなる傾向があります。世界銀行が定める高所得国家の定義は1万2236米ドル以上であり、これを満たすのはアメリカ合衆国と日本だけです。日本は2000年では世界最大でしたが、その後は伸び悩み、アメリカ合衆国に次いで2位となっています。急増したのは中国で、ロシアを抜くのは時間の問題です。ロシアや中国、ブラジル、インドネシア、フィリピンは中所得国家上位（3956～1万2235米ドル）に分類されていますが、南アジア諸国（インド・バングラデシュ・パキスタン）やアフリカ諸国（エジプト・ナイジェリア）は中所得国家下位に分類されています。

2000年 単位＝US$

1位	日本	38,874
2位	アメリカ合衆国	36,860
3位	ブラジル	3,642
4位	ロシア	1,738
5位	中国	929
6位	インドネシア	763
7位	パキスタン	532
8位	ナイジェリア	524
9位	インド	446
10位	バングラデシュ	369

2019年 単位＝US$

1位	アメリカ合衆国	65,897
2位	日本	41,513
3位	ロシア	11,281
4位	中国	9,980
5位	メキシコ	9,603
6位	ブラジル	8,523
7位	インドネシア	4,012
8位	フィリピン	3,985
9位	エジプト	3,114
10位	ナイジェリア	2,173

出典：United Nations（国際連合）

6 自動車生産台数

2019年、日本やアメリカ合衆国、ドイツ、フランスといった先進工業国は、2000年に比べて自動車生産台数を総じて減らしています。2009年のリーマン・ショックの際に大幅に生産台数を減らした後、回復傾向にありますが、2000年の生産台数を超えるほどには回復していません。韓国は2000年比で増加していますが、2011年をピークに生産台数は減少傾向にあります。増加しているのは中国やインド、メキシコといった新興国。経済成長にともなう自動車購買層の増加、原料の現地調達や賃金水準の低さなどは海外自動車企業には魅力的であり、市場を取り込む目的で、新興国への工場進出がみられます。

2000年 単位＝台

1位	アメリカ合衆国	12,799,857
2位	日本	10,140,796
3位	ドイツ	5,526,615
4位	フランス	3,348,361
5位	韓国	3,114,998
6位	スペイン	3,032,874
7位	カナダ	2,961,636
8位	中国	2,069,069
9位	メキシコ	1,935,527
10位	イギリス	1,813,894

2020年 単位＝台

1位	中国	25,225,242
2位	アメリカ合衆国	8,822,399
3位	日本	8,067,557
4位	ドイツ	3,742,454
5位	韓国	3,506,774
6位	インド	3,394,446
7位	メキシコ	3,176,600
8位	スペイン	2,268,185
9位	ブラジル	2,014,055
10位	ロシア	1,435,335

出典：Organisation Internationale des Constructeurs d'Automobiles（国際自動車工業連合会）

7 農業生産額

農業生産額上位国の多くは、栽培に適した気候環境下に広大な土地を有する国です。中国やインド、インドネシア、ナイジェリアのような人口大国は、膨大な国内需要を満たすために農業が営まれます。アメリカ合衆国やブラジル、ロシアといった国は農産物の多くを輸出しており、近年ではブラジルは大豆、ロシアは小麦の輸出がそれぞれアメリカ合衆国を抜いて世界最大となりました。他にはイランの増加が目立ちます。イランは人口がおよそ8300万人と国内需要が大きいだけでなく、農業科学系分野での学術論文数が増加しており、隠れた農業大国として頭角を現してきています。

2000年 単位＝百万US$

1位	中国	180,511
2位	インド	100,394
3位	アメリカ合衆国	98,300
4位	日本	75,072
5位	ブラジル	30,519
6位	イタリア	29,323
7位	フランス	28,585
8位	トルコ	27,520
9位	インドネシア	24,988
10位	メキシコ	23,524

2019年 単位＝百万US$

1位	中国	1,064,896
2位	インド	463,890
3位	アメリカ合衆国	175,400
4位	インドネシア	142,329
5位	ナイジェリア	103,949
6位	ブラジル	81,978
7位	ロシア	59,476
8位	日本	59,312
9位	イラン	58,388
10位	パキスタン	55,185

出典：United Nations（国際連合）

8 電気機器の輸出額

2000年の電気機器の輸出額はアメリカ合衆国が世界最大ですが、その後は微増となり、中国や香港、台湾といった国や地域に抜かれ4位に後退しています。やはり、近年「世界の工場」となった中国の大躍進が目立ちます。中国は安価で豊富な労働力が得られるため、加工組立企業の世界的な製造拠点となっています。香港は人口が小さいため市場規模が小さく、また製造できる工業製品の数にも限界があるため、中国からの輸入品を輸出に回します。いわゆる中継貿易です。そのため、中国の成長に沿って香港の輸出額が急増しました。

2000年 単位＝百万US$

1位	アメリカ合衆国	110,335
2位	日本	84,465
3位	ドイツ	46,165
4位	シンガポール	39,235
5位	台湾	34,060
6位	香港	31,978
7位	韓国	31,836
8位	メキシコ	26,187
9位	マレーシア	24,132
10位	中国	24,023

2019年 単位＝百万US$

1位	中国	344,800
2位	香港	204,379
3位	台湾	135,923
4位	アメリカ合衆国	123,961
5位	ドイツ	123,434
6位	韓国	122,567
7位	シンガポール	99,523
8位	日本	89,209
9位	マレーシア	69,674
10位	メキシコ	47,009

出典：United Nations Conference on Trade and Development（国際連合貿易開発会議）

9 再生可能エネルギー発電量

近年、環境負荷の観点から再生可能エネルギー発電量が拡大しています。2025年には再生可能エネルギーが世界の総発電量の3割に迫ると予想されています。世界最大は中国で、2000年比で232.5倍になりました。実に世界の26.1%を占める再生可能エネルギー大国です。日本をはじめ、世界的に再生可能エネルギー発電量は増加傾向にあり、この流れは変えられません。特に発電コストが安価な太陽光発電と風力発電が競争力をもっており、世界では「再生可能エネルギーは安い！」が常識となりつつあります。しかし、日本では依然として「再生可能エネルギーは高い！」という認識が根強くあります。

2000年 単位＝TWh

1位	アメリカ合衆国	72.75
2位	日本	16.56
3位	ドイツ	14.30
4位	フィリピン	11.63
5位	カナダ	9.20
6位	フィンランド	8.67
7位	ブラジル	7.86
8位	イタリア	6.68
9位	メキシコ	6.38
10位	スペイン	6.24

2019年 単位＝TWh

1位	中国	732.33
2位	アメリカ合衆国	489.80
3位	ドイツ	224.10
4位	インド	134.93
5位	日本	121.16
6位	ブラジル	117.65
7位	イギリス	113.36
8位	スペイン	77.49
9位	イタリア	67.62
10位	フランス	54.91

出典：BP plc

10 航空貨物輸送量

航空機輸送は高価格製品の輸送が中心です。半導体や集積回路（IC）といった小型・軽量で高付加価値製品が主に運ばれます。高速輸送が可能であるため、肉類や魚介類、野菜などの高鮮度保持を要する物品の輸送にも利用されます。2019年世界合計は、2000年比で約1.8倍に増加。世界全体でこれらの物品の航空機輸送が拡大したことがわかります。「世界の工場」となった中国からの輸送が急増しており、ここで生産されたスマートフォンやタブレットなどが世界市場へと輸送されています。また国内に有する空港がハブ空港として成長したアラブ首長国連邦やカタールの増大が目を引きます。

2000年 単位＝百万トンキロ

1位	アメリカ合衆国	30,172
2位	日本	8,672
3位	韓国	7,651
4位	ドイツ	7,128
5位	シンガポール	6,005
6位	フランス	5,224
7位	イギリス	5,161
8位	香港	5,112
9位	オランダ	4,367
10位	中国	3,900

2019年 単位＝百万トンキロ

1位	アメリカ合衆国	42,498
2位	中国	25,395
3位	アラブ首長国連邦	14,762
4位	カタール	12,740
5位	香港	11,739
6位	韓国	10,664
7位	日本	8,919
8位	ドイツ	7,764
9位	ルクセンブルク	7,188
10位	トルコ	6,816

出典：The World Bank（世界銀行）

11 水使用量(工業用水)

工業用水の需要は、「エネルギー需要の増加による発電用冷却用水の増加」「産業活動の拡大による製造用工業用水の増加」などによって増えます。そのため「工業用水は先進工業国で増加傾向にある!」と思ってしまいそうです。しかし1997年比では、先進工業国のほとんどが減少、もしくは横ばい傾向にあります。少量の工業用水でも工業製品を製造できるよう技術開発が行われてきたことが背景です。ここでも中国の著しい増加に目が止まります。中国は水使用量に占める工業用水割合は1997年に17.62%でしたが、2017年には22.32%にまで上昇しています。経済成長著しいインドネシアも急増しています。

1997年 単位＝km^3/年

1位	アメリカ合衆国	303.90
2位	中国	92.55
3位	ロシア	47.50
4位	ドイツ	37.80
5位	カナダ	32.91
6位	フランス	21.10
7位	インド	15.00
8位	日本	14.01
9位	ウクライナ	13.50
10位	イタリア	12.50

2017年 単位＝km^3/年

1位	アメリカ合衆国	248.40
2位	中国	133.50
3位	カナダ	33.12
4位	インドネシア	24.65
5位	フランス	21.61
6位	インド	17.00
7位	ブラジル	12.72
8位	日本	11.61
9位	オランダ	9.45
10位	フィリピン	8.25

出典：Food and Agriculture Organization(国際連合食糧農業機関)

12 G20諸国の1人当たりの二酸化炭素排出量

上位国は、国土面積が広大であり国内移動に航空機を利用する頻度が高いこと(アメリカ・カナダ・オーストラリア)、寒冷地域であり暖房設備の使用頻度が高いこと(ロシア・カナダ)、省エネルギーの意識が低いこと(サウジアラビア)、京都議定書に削減義務を課されなかったこと(韓国)などが要因で排出量が多くなっています。中国は世界最大の二酸化炭素排出量を誇りますが、世界最大の人口大国でもあるため1人当たりの二酸化炭素排出量は小さくなっています。それでも2000年の2.46トン/人から6.84トン/人へと急増しています。先進国が減少傾向、発展途上国は増加傾向にあります。

2000年 単位=トン/人

1位	アメリカ合衆国	20.29
2位	オーストラリア	17.59
3位	カナダ	16.41
4位	サウジアラビア	11.35
5位	ロシア	10.06
6位	ドイツ	9.97
7位	韓国	9.19
8位	日本	9.05
9位	イギリス	8.84
10位	イタリア	7.38

2018年 単位=トン/人

1位	オーストラリア	15.32
2位	カナダ	15.25
3位	アメリカ合衆国	15.03
4位	サウジアラビア	14.59
5位	韓国	11.74
6位	ロシア	10.99
7位	日本	8.55
8位	ドイツ	8.40
9位	南アフリカ	7.41
10位	中国	6.84

出典:International Energy Agency(国際エネルギー機関)

13 農業科学系分野の学術論文数

先進工業国は同時に先進農業国でもあります。そのためアメリカ合衆国は農業科学系分野の学術論文数が多い国です。近年急増しているのが中国とブラジルです。両国の2000年と2018年を比較すると中国は451から12580、ブラジルは886から5234へと増加。国土面積が大きく、広大な耕地を有し、古くから農業が主産業の1つであることが「背景」といえます。同様に国土面積が広大なインドやオーストラリアも2000年比で増加していますが、中国とブラジルの増加のほうが顕著です。他に目立つのは韓国とイランです。韓国は179から1328、イランは41から1531へとそれぞれ増加しています。

2000年 単位＝件

1位	アメリカ合衆国	4,756
2位	インド	1,715
3位	日本	1,191
4位	オーストラリア	1,000
5位	イギリス	974
6位	ドイツ	954
7位	カナダ	920
8位	ブラジル	886
9位	フランス	786
10位	スペイン	765

2018年 単位＝件

1位	中国	12,580
2位	ブラジル	5,234
3位	アメリカ合衆国	5,089
4位	インド	3,281
5位	イタリア	1,767
6位	スペイン	1,657
7位	イラン	1,531
8位	韓国	1,328
9位	ドイツ	1,295
10位	オーストラリア	1,202

出典：National Science Foundation（アメリカ国立科学財団）

14 地熱発電量

地熱発電は地熱資源量が豊富な国で行われます。日本は地熱資源量がアメリカ合衆国、インドネシアに次いで多いにもかかわらず、自然公園内の地熱開発が抑制されていたこと、温泉事業者等からの慎重な意見などにより地熱発電事業は停滞しています。地熱発電は枯渇の心配がなく、昼夜を問わず安定した発電が可能ですが、主力電源として機能させている国はほとんどありません。近年、地熱発電量を大幅に伸ばしたのがケニアです。ケニアは地体構造上、地熱資源が豊富であり、日本の技術資本によって地熱発電事業が発達しました。総発電量に占める地熱発電割合は46.18%と世界最大です。

2000年 単位＝TWh

1位	アメリカ合衆国	14.09
2位	フィリピン	11.63
3位	メキシコ	5.90
4位	インドネシア	4.87
5位	イタリア	4.71
6位	日本	3.35
7位	ニュージーランド	2.92
8位	アイスランド	1.32
9位	コスタリカ	0.98
10位	エルサルバドル	0.79

2018年 単位＝TWh

1位	アメリカ合衆国	15.97
2位	インドネシア	13.92
3位	フィリピン	10.44
4位	ニュージーランド	7.51
5位	トルコ	6.29
6位	イタリア	5.76
7位	アイスランド	5.75
8位	ケニア	5.13
9位	メキシコ	5.02
10位	日本	2.28

出典：The U.S. Energy Information Administration（アメリカ合衆国エネルギー情報局）

参考資料一覧

主に以下の書籍、データベース等の統計データを引用しました。

書 籍

公益財団法人　矢野恒太記念会編『日本国勢図会　2020／21年版』(公益財団法人　矢野恒太記念会)

公益財団法人　矢野恒太記念会編『世界国勢図会　2020／21年版』(公益財団法人　矢野恒太記念会)

二宮書店編集部編『データブック オブ・ザ・ワールド　2021年版』(二宮書店)

国際連合統計局編『国際連合貿易統計年鑑 1961』(原書房)

国際連合統計局編『国際連合貿易統計年鑑 2010』(原書房)

データベース

The World Bank, World Bank Open Data
https://data.worldbank.org/

United Nations, Statistics Division
https://unstats.un.org/home/

International Labour Organization, ILOSTAT
https://ilostat.ilo.org/

International Energy Agency, Data and statistics
https://www.iea.org/data-and-statistics

BP plc, Energy economics
https://www.bp.com/en/global/corporate/energy-economics.html

The U.S. Energy Information Administration, ANALYSIS & PROJECTIONS
https://www.eia.gov/analysis/

Food and Agriculture Organization of the United Nations, FAOSTAT
http://www.fao.org/faostat/en/#home

Food and Agriculture Organization of the United Nations, Global Forest Resources Assessment 2010
http://www.fao.org/forestry/fra/fra2010/en/

International Monetary Fund, IMF DATA
https://www.imf.org/en/Data

Organisation for Economic Co-operation and Development, OECD Data
https://data.oecd.org/

World Steel Association, STEEL STATISTICS
https://www.worldsteel.org/steel-by-topic/statistics.html

Organisation Internationale des Constructeurs d'Automobiles, Production-Statistics
https://www.oica.net/production-statistics/

United Nations Conference on Trade and Development, UNCTADSTAT
https://unctadstat.unctad.org/EN/Index.html

United States Department of Agriculture, PSD Online
https://apps.fas.usda.gov/psdonline/app/index.html#/app/downloads

World Tourism Organization, TOURISM STATISTICS DATA
https://www.unwto.org/tourism-statistics-data

World Trade Organization, Documents and resources
https://www.wto.org/english/res_e/res_e.htm

National Science Foundation
https://www.nsf.gov/

GLOBAL NOTE
https://www.globalnote.jp/

FRASER, Survey of Current Business June 1978 Part I
https://fraser.stlouisfed.org/title/survey-current-business-46/june-1978-part-i-9878

Statistics Netherlands, 2.8 billion roses imported from Africa
https://www.cbs.nl/en-gb/news/2015/07/2-8-billion-roses-imported-from-africa

財務省貿易統計, 最近の輸出入動向
https://www.customs.go.jp/toukei/suii/html/time_latest.htm

日本貿易振興機構, 直接投資統計
https://www.jetro.go.jp/world/japan/stats/fdi.html

国連UNHCR協会, 数字で見る難民情勢（2019年）
https://www.unhcr.org/jp/global_trends_2019

日本自動車工業会, 生産・販売・保有・普及率・輸出
https://www.jama.or.jp/world/world/index.html

農林水産省, 穀物の生産量、消費量、期末在庫率の推移
https://www.maff.go.jp/j/zyukyu/jki/j_zyukyu_kakaku/pdf/zyukyu_1607.pdf

関東農政局, 野菜の輸入動向（月間速報）
https://www.maff.go.jp/kanto/seisan/engei/yasai-yunyu/attach/pdf/index-37.pdf

水産庁, 世界の水産物貿易
https://www.jfa.maff.go.jp/j/kikaku/wpaper/r01_h/trend/1/t1_3_2.html

農業環境技術研究所, エルニーニョ／ラニーニャと世界の主要穀物の生産変動との関係性を解明
http://www.naro.affrc.go.jp/archive/niaes/techdoc/press/140515/

# 宮路 秀作
（みやじ・しゅうさく）

●

代々木ゼミナール地理講師、コラムニスト。鹿児島市出身。

「共通テスト地理」から「東大地理」まで、代々木ゼミナールのすべての地理講座を担当する実力派。地理を通して、現代世界の「なぜ?」「どうして?」を解き明かす講義は、9割以上の生徒から「地理を学んでよかった!」と大好評。講義の指針は、「地理とは、地球上の理（ことわり）である」。

一部の講師しか担当できないオリジナル講座を任され、これらの講座は全国の代々木ゼミナール各校舎・サテライン予備校にてサテライン放映（衛星通信を利用して配信）されている。生徒アンケートは、代ゼミ講師1年目の2008年度から全国1位を獲得し続けており、また高校教員向け講座「教員研修セミナー」の講師や模試作成を担当するなど、いまや「代ゼミの地理の顔」。

2017年に刊行した『経済は地理から学べ!』はベストセラーとなり、これが「地理学の啓発・普及に貢献した」と評価され、2017年度の日本地理学会賞（社会貢献部門）を受賞。大学教員を中心に創設された「地理学のアウトリーチ研究グループ」にも加わり、2021年より日本地理学会企画専門委員会委員となる。

またコラムニストとして、「Yahoo!ニュース」での連載やラジオ出演、トークイベントの開催、YouTubeチャンネルの運営、メルマガの発行など幅広く活動している。

著書に『経済は地理から学べ!』（ダイヤモンド社）、『目からウロコのなるほど地理講義（系統地理編）・（地誌編）』（学研プラス）、『マンガで地理が面白いほどわかる本』（KADOKAWA）、『くわしい 中学地理』（文英堂）、『改訂版　中学校の地理が1冊でしっかりわかる本』（かんき出版）などがある。

・公式ウェブサイト　https://miyajiman.com/
・Twitterアカウント　@miyajiman0621

経済は統計から学べ！

2021年6月29日　第1刷発行

著　者――――――――宮路秀作
発行所――――――――ダイヤモンド社
〒150-8409　東京都渋谷区神宮前6-12-17
https://www.diamond.co.jp/
電話／03･5778･7233（編集）　03･5778･7240（販売）
装丁・本文デザイン・イラスト―中村勝紀（TOKYO LAND）
校正――――――――鷗来堂、加藤義廣（小柳商店）
製作進行――――――ダイヤモンド・グラフィック社
印刷――――――――八光印刷（本文）・加藤文明社（カバー）
製本――――――――ブックアート
編集担当――――――中村明博

ISBN 978-4-478-10432-3